賢首教儀　蓋一代之貫攝　大藏之統會也

賢首五教儀開蒙增註

賢首能集人也　五教儀所集法也

（清）通理法師◎撰述

敬刻教儀略本增註序

賢首教儀。蓋一代之貫攝。大藏之統會也。浙水慈雲法師。僧倫俊彥。法苑干城。刪集廣本。文豐義博。聽衆茫然。不知終始。復撮精要。錄成略本。冀開蒙學。以便憶持。嘗聞　達祖初住遺光。屋不蔽日。食難充口。為衆講演之餘。特取教儀略本加意增修。註釋甫完。通序懸示。三時十儀。繼還嘉興香界。以至拈花。三十餘年。於斯教儀。不繫一字。後辭印潛修。復續前註。卒畢其事。惜其草創桑榆。晚景未及練覆而潛暉矣。　先師繼席未幾。為病魔所纏。遂萬緣放下。一志精修。晝夜念佛。期生淨土。而於註疏一事。不遑顧焉。於戲。有爲夢幻。豈能久留。化緣既畢。逐日西沉矣。申　領院事以來。謹守成範。陪衆念佛。每憶敎儀增註。圓覺義疏。乃先人之遺澤。愚爲後屬。豈忍坐視。以是興懷。謀於監院福兄。願捐常住有餘之資。助修刊板無漏之行。先將藁本請示　香界法伯。詳加校讐訂正。次付剞劂。刻印裝緝。求經一白。工已告竣。允爲慶幸。無任欣歡。遂援筆敘其顛末。誌於年月日云爾。

時

乾隆五十八年十月結制日　法孫通申謹識

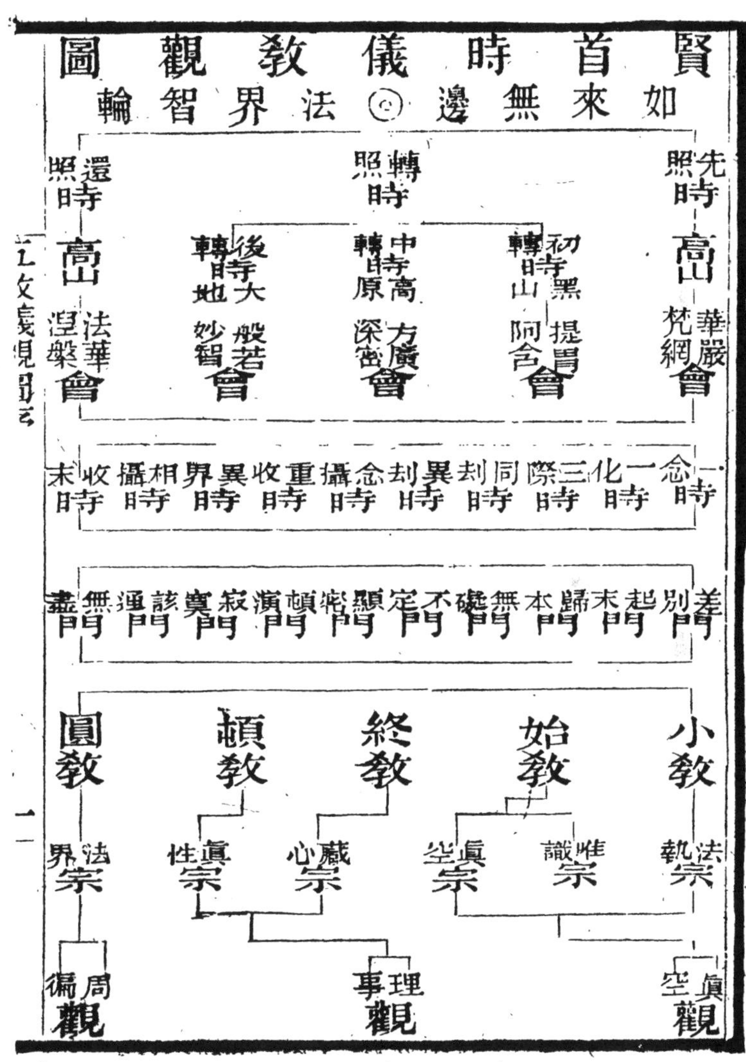
賢首時儀教觀圖
如來無邊⊙法界智輪
先照時
轉照時
還照時
高山
初時黑山轉
中時高原轉
後時大地轉
高山
華嚴梵網會
提謂阿含會
方廣深密會
般若妙智會
法華涅槃會
一念時
一化時
三際時
同刦時
異刦時
念攝時
重收時
異界時
相攝時
收末時
差別門
起末門
歸本門
無礙門
不定門
顯密門
頓演門
寂寞門
該通門
無盡門
小教
始教
終教
頓教
圓教
法執宗
唯識宗
眞空宗
藏心宗
眞性宗
法界宗
眞空觀
理事觀
周偏觀
一

賢首大師判釋如來一代時教。不出右圖。三觀。初祖杜順集成。五教。二祖雲華草創。儀等。四祖清涼添足。宗等。五祖圭峰加揀。今圖獨三祖賢首一師者。蓋教觀由三祖而圓備。宗儀由三祖而建興。述作功德。推尊獨在。故不舉餘祖耳。後之學法者務知開宗立教之主。餘祖自該顯矣。

雲山灌頂行者續法識

賢首五教儀開蒙增註卷一

賢宗後學通理述　嗣法門人心興校訂

將釋教儀開蒙三　一通序來源　二懸示大意

三隨文註釋　初三　一序題　二序主　三序

文　初

賢首五教儀開蒙序

上五字廣本通題賢首能集人也五教儀所集法也此以人法爲名詳如後釋次二字略本別目開猶啟也蒙猶昧也謂初學蒙昧廣本浩繁周覽尚難況能悟解故儀主復出略本而開啟之序云實

爲行遠登高之要訣是也。又開字屬教，蒙字屬機。此以機教爲名，非廣無以成略，故先標通題，次出別目，令知此畧乃即廣之略。故序義有三，謂次由述也。序分四科：初敘自悟次第，次敘化他次第，皆次序也；三敘壽梓緣由，乃由序也；後敘述略深意，乃序述也。序題竟。

二序主

古杭慈雲灌頂沙門續法題

上四字序主依處。古杭，通處也，通衆所依，故古稱杭州，宋改臨安，今仍之，境在浙江，故後以浙水稱

之慈雲寺名。別處也。別所攝依故寺供佛像。額彰
佛德以如來大慈如雲。故灌頂者。秘密號。五部中
受持灌頂部也。沙門通稱。續法。別名俱詳於後。題
者。題序開蒙興起之顛末耳。

三序文四　一序自悟次第　二序化他次第

三序壽梓緣由　四序述略深意　初二　一因

廣出略　二由淺悟深　初

丙午出教儀六卷。欲誦之而未能也。己酉略成一卷。
練習之以爲日課。久久漸得其奧妙。

所詮大意。已見廣本序中。故玆不敘。直出集錄時

節丙午康熙五年也教觀時儀宗散在諸章疏中。集以行世故云出也文盈六卷顯是廣本欲誦未能者文言浩瀚故住持事繁故由斯二義無能背本成誦己酉八年也略成一卷者括繁從要故隨便可誦故由斯二義故能諳練熟習以爲日課者温故也久漸得妙者知新也宜乎其悟解判釋講演傳授而爲人天師矣因廣成略竟。

二由淺悟深

初集錄也知教觀之創於華嚴諸祖次閱藏也知教觀之本於經論後精純也知教觀之從於自心流出。

不從遮那佛口所宣從茲於如來一代時教或判或釋無有不當者矣。

集錄者集一家之綱要錄爲廣略本也教觀亦該時等華嚴諸祖者指順等五世順祖立三觀儼祖創五教等集而錄之乃知其所自出矣次閱藏者欲證所集錄故知其本於經論則諸祖非臆見而集錄可行世也精通純熟每有新得故曰自心流出若遮那佛口所宣唯是故有故不從也經云成就慧身不由他悟信非虛語矣從茲者從茲以後也如來依心說教令悟教從心出以心會心故判

釋俱當序自悟次第竟。

二序化他次第二　一講廣本　二授略錄　初

乙卯秋講全本教儀一遍聽衆茫然辛酉再講落堂考之衆亦不知教觀義之終始此皆不熟究之故也

乙卯康熙十四年也講全本者欲後學悉其詳故茫然者全無所知之貌蓋以教觀精微乍聽河漢耳辛酉二十年也再講堂考者婆心忘倦故教義觀義各有終始如教則圓終小始觀則周終眞始又五教之中隨一一教所詮之義各有終始三觀之中隨一一觀所顯之義各有終始自非熟練其

文究通其旨者不能知也又不知終始者非同茫然但披詁舛錯故斥其爲不熟究之故講廣本竟

二授略錄

遂於篋中出是略本普令錄之晝夜研誦然後各各慶其不月而工成教觀義果燦發於心華入室禮謝時問之果然豁通而無礙焉

篋箱屬藏書具也向備自覽藏之篋中今以廣本不對時機遂出之以開蒙學普令錄之者各備一本便研誦故研謂究其義誦謂熟其文兼晝與夜者極言其用力之勤也然本略則易精力勤則易

通不月工成固其宜矣各各自慶者用力少收功多故教義觀義是所得故喻之以果從心所發是能得故譬之以華燦光明之貌發顯現之義謂教觀義果燦然發現於心華之上也入室者求印證故禮謝者感法恩故問之者勘虛實故果然者審實爾故豁通者豁然貫通無礙者首尾圓照所謂無不到無不明也序化他次第竟

三序壽梓緣由

因請梓流傳予曰詳而又略不亦贅乎衆曰詳之略之各有其益非略本不能開蒙童便記誦非詳本不

能訓久學。施化導。苟能利於生物。幸勿秘惜也壬戌春募資刊之。

初請梓未允。學眾因略得悟。思欲公之天下後世。故請梓流傳。梓刻書。流無滯。傳無礙也。予我也。曰者意。不欲而辭却之也。既有詳本。又出略本。如身外生瘤。故云不亦贅乎。眾曰下。固請雙益。眾曰者。眾猶固請。各有其益者。總明雙益。別明中。先出略本有益。謂辭雖簡而理明。蒙童可解。義雖富而文略。記誦偏純。故非此不開。非此不便也。次明詳本有益者。謂盡教觀之綱宗。久學宜悉。分時儀之統繫。化導可依。故非彼莫訓。非彼莫施也。苟者設若意。幸者欣望意。言設能利物。卽望刊行。一有秘藏恪惜。則墮慳貪。此事不可。故以勿啟。壬戌下募資以酧。壬戌二十一年也。學者固請。勢不容辭。囊鉢一空。資緣無力。故募資刻之。其爲人爲法之意已深切矣。序壽梓緣由竟。

四序述略深意

蓋大千之人莫不有法界心。具法界心者。莫不以法界昭廓。俾現前知見而成普賢甚深知見。則此略本。非僅應蒙童之求耳。實爲行遠登高之要訣也。學佛法者。顧可負諸。
蓋者總括。謂總括其述略之深意也。大千之人。且就一佛化境言之。以此乃釋迦教儀。大千之人。是其所正為故。有法界心者。明其可化。以凡是有心。皆當作佛故。法界昭廓者。雖具法界之心。但以眾生蔽於無明。局於有質。要須以法界為教。昭之使明。以法界為觀。廓之使通。廓之使通則普。昭之使明則深。故曰俾現前知見等。現前知見。即本具法界心也。在眼曰見。在意曰知。不言聞覺等者。同一體故。可例知故。然既經法界昭廓。一一皆成無盡。

廣大肖聖故曰普賢知見深奧隣極又稱甚深知見因略得廣故非僅應蒙求由淺及深故爲高遠之訣顧語辭負背也可諸皆疑詞蓋以學佛法者背此無由能入故假設疑詞令其意得之耳通敘來源竟

二懸示大義六　一教起因緣　二諸藏所攝　三義理分齊　四教所被機　五能詮體性　六所詮宗趣　初

第一教起因緣者夫如來說經通有所爲菩薩造論各據其由諸祖判釋儀主集錄本分廣略豈無因緣

廣本因緣。已見科註。今明開蒙因緣。各具五義。因五義者。一為契佛心明佛法故。謂諸祖以遮那心源。埋於故紙。一代教理。或於陳言。自既契之。明之理應判釋。二為示佛法續佛種故。謂諸祖以人迷教理。門昧修證。斷滅佛種。浩劫輪迴。特為示之。續之理應判釋。三為申祖意顯正說故。謂儀主以賢宗教儀。散在諸部。人少見聞。致令祖意未申。又以台教久行。世多遵習。反令正說不顯。今為申之顯之。特此集錄。四為折異斥開正見故。謂儀主以台宗學者。妄斥賢宗。或謂不識斷證。或謂遺於觀門。各逞異執。障自正見。今為折之開之。特此集錄。五為接初機通深法故。謂儀主以廣本浩瀚。初機迷門。開蒙無方。深法莫證。今為接之通之。重節略本。緣五義者。一為遇盛時故。謂藏教東流。至唐而備。諸祖身際此會。故得判釋愜當。二為具勝辯故。謂藏教雖備。非智莫窮。法門既多。離辯焉盡。諸祖智辯具足。故得判釋精詳。三為有稟承故。謂儀主遠宗諸祖。近接乳峯章疏之所熏鍊。智辯之所提撕。故得集錄周備。四為承加被故。謂時當末法。人少正見。眞宗或於異說。慧命危若單絲。儀主以三寶加持。諸祖攝授。故得集錄圓成。五為能方便故。謂先講全本。聽衆茫然。面命尙爾。況復私淑。儀主有善方便。故得依廣節略。　略明因緣。合此十種。細推教興。實各無盡。教起因緣竟。

二諸藏所攝

第二諸藏所攝者。諸藏有二。一三藏。二二藏。三藏者。經藏律藏論藏也。經正詮定。律正詮戒。論正詮慧。兼亦互通。從多分說。各以藏名。二藏者。一菩薩藏。二聲聞藏。卽前三藏。詮示聲聞理行果故。名聲聞藏。詮示菩薩理行果故。名菩薩藏。今此敎儀。於三藏中。屬論藏攝。以判釋佛敎。有類菩薩造論釋經故。若據所引。亦兼餘二。二藏之中。屬菩薩藏攝。以辨教理明修證。契佛果化衆生故。若據所判所釋。亦兼聲聞諸藏所攝竟。

三義理分齊

第三義理分齊者。依起信論。從本起末。略有五重分齊。可對五教義理。初惟以一心爲本源。是心則攝一切世間出世間法。即圓教分齊。二依一心開二門。一者心眞如門。所謂心性不生不滅。即頓教分齊。始教空宗。亦密示此門。由彼不知空處即眞。故非其分。二者心生滅門。所謂不生不滅。與生滅和合。名爲阿賴耶識。即終教分齊。分教相宗。亦密示此門。由彼不知依如來藏。有生滅心。故非其分。三依生滅明二義。一者覺義。謂心體離念。等虛空界。即始教空宗分齊。二者不覺義。謂不如實知眞如法一故。四依此義生三細。謂以不覺故心動名業相。由動故能見名轉相。由能見故有境界妄現名現相。即分教相宗分齊。謂攝所歸能唯一業相故。五依現相生六麤。謂由境界妄現。而起分別名智相。由分別故相續不休。名相續相。

此二屬法執由相續故執取爲我名執取相由執取故依執計名名計名字相此二屬我執即小敎分齊以是彼所斷故由計名故循名起業名起業相由起業故能招當果名業繫苦相即人天分齊今此敎儀普攝諸法同歸一心正齊圓敎隨機分領亦兼餘四義理分齊竟

四敎所被機

第四敎所被機者有二門一料揀二普收料簡有四一約三慧謂有聞思修者皆爲所被反是非器二約四分謂有信解行証者均屬機宜離四非根三約三

聚謂正定及不定者是此所爲邪定非機四約五性謂正被三乘兼被不定闡提無性不堪爲被若普收者如上所揀亦可爲作遠因以一切衆生皆有佛性多刦熏成自業解脫是知教儀無一不被

五能詮體性

第五能詮體性者從淺至深開爲十門一音聲語言體以若離音聲無別名等故二名句文身體以能詮諸法自性差別二所依故（謂名詮自性句詮差別文爲上二所依）三通取四法體謂假實體用交資故四兼攝所詮體謂文隨於義義隨文故五諸法顯義體如香飯光明等皆

爲佛事故。六攝境唯心體。謂總收前五。並不離識故。
七會緣入實體。謂眞如隨緣變起識等。識等無性。惟
一眞實故。八理事無礙體。謂前七門中初五爲境。第
六爲心。皆事也。第七爲性。乃理也。然理無事外之理。
事無理外之事。故或依理成事。或依事顯理。交相融
徹而爲教體。九事事無礙體。由上第八門理與事無
礙故。故令前之六門。一一同第七門。而融通無礙。十
海印炳現體。如上九門差別。無盡教法。皆是如來海
印定中同時炳現。令此教儀。諸祖判釋。儀主集錄。通
收前之四門。若依前四。觸類旁通。法法明宗。頭頭見

道。則是第五若文若義等。皆依諸祖及儀主心識所現。則是第六。若心若境。皆依眞性。即是第七。八。九。二門。可思而知。若第十者。亦依諸祖及儀主海印定現。以由本願力故。如來加被力故。頓於因心。懸契果定。能詮體性竟。

六所詮宗趣

第六所詮宗趣者。有總有別。總以文字般若為宗。觀照實相般若為趣。別開五對。一。教義對。崇三時稱機教說為宗。達十門化儀義意為趣。二。事理對。舉化儀事緣為宗。顯化法教理為趣。三。境智對。緣五教斷證行位境爲宗。發六宗所尙差別智爲趣。四修證對。修成宗中六重地位爲宗。證入觀內四種法界爲趣。五因果對。因歷六位。照徹四種法界爲宗。果圓妙覺。還歸一眞法界爲趣。如是五對。前後展轉。相因生起。懸示大意竟。

三隨文註釋二　一總銷題目　二別註文義

初二　一正釋題目　二兼釋儀主　初

賢首五教儀開蒙

初二字標能立人。大疏云。體性至順。調善曰賢。吉祥勝德超絕名首。華嚴有賢首菩薩。賢首如來。師之因迹。權同菩薩。師之果本。實是如來。故兜率陀天。語郭神亮曰。現有賢首菩薩降迹。開闡華嚴。準知師乃佛菩薩現身也。此是師號。亦是師字。諱法藏。賢首品云。信無垢濁心清淨。乃至亦爲法藏第一財等雲華取彼偈義。爲立其名。取彼品號。爲立其字。欲其具信法財。爲三賢首攝五位成正覺故。後來高宗武后。並署字爲號。玄宗亦勅署爲謚。故他教美之。以斯別其宗。自宗尊之。以斯名其教焉。中宗賜號國一。睿宗加封大乘。俗姓康氏。其先康居國人。高曾相繼。爲彼國相。祖自康居來朝。占風聖代考諱謐。太宗贈左侍中。弟諱寶藏。爲中宗朝議郎。師托胎時。母夢呑日光而孕。年十六。煉一指於岐州舍利塔前。作法供養。誓悟佛乘。曾於雲華講華嚴。口有光明。出現成蓋。又講十地品。天花四散。五雲凝空。證聖元年。詔同實叉三藏。再譯華嚴。譯堂前開百葉蓮華。餘諸神異德業。詳如傳銘。次三字。彰所立法。五教者。小始終頓圓也。雲華草創。依三觀立其大綱。賢首承用。以一代別其細目。用判佛教。義無餘蘊。較功論德。賢首居多。故獨得其名。儀有四意。具見全本註中。今謂儀者儀式。且不指十儀之儀。以既無十字。不得與五教而並列故。蓋卽指教中之儀。謂五教對機。施設儀式。各不同故。如小教聲聞三轉。緣覺二轉。始教相宗。有相轉。空宗。無相轉。終教照轉。頓教遮轉。圓教遮照同時。重重無盡。不可思議轉等。皆儀式也。然教必具儀故云五教儀耳。又儀者法則。謂五教卽儀。以是度生之法則故。據集中前有時儀。後有宗觀。而題中獨標五教者。別正兼故。以此集正爲判教。蓋以時爲教依。儀爲教式。宗爲教意。觀爲教用。相因兼至故。又法必依時。化必有儀。身必有意。體必含用。而

五教爲法爲化爲身爲體攝餘四故未二字出略
集名蒙有二義一者童蒙謂童稚之年蒙昧無知
初學佛法者如之二者愚蒙謂賦性愚暗遇事昏
蒙久習不了者如之開亦二義一者開導謂初學
蒙昧難授廣本先以略本而開導之俾由蒙而至
明故二者開啟謂久習廣本昏蒙不了重出略本
而開啟之令因略而知廣故總此一題略作四對
一賢首能立人也五教儀所立法也爲人法一對
亦可云能所一對二五教總也教所具儀復各不
同別也爲總別一對亦可教總一代五別異法爲

總別一對。三開字屬教。蒙字屬機。爲機教一對。四者上五字題其廣本。下二字名其略目。爲廣略一對。此爲不廢古式。例推對實復多。若作離合釋者。賢首有五教儀。有財釋也。非天台四教儀等相違釋也。五教帶數釋也。五教之儀。依主釋也。五教卽儀。持業釋也。雲華草創。名標賢首。隣近釋也。五教儀之開蒙。亦依主釋。略本卽開蒙。亦持業釋。七種立題中人法受稱。是複非單。又蒙字亦可約喻。則是具非複。正釋題目竟。

二兼釋儀主

清浙水慈雲沙門續法集

清國朝也儀主生當順治寂在雍正行道於康熙之年身經三帝時際一統故獨以國朝冠之浙水處所也序中以州標處儀中以水定方陸泊俱通顯名盛也慈雲寺名見前沙門者釋子通稱具云沙揭門囊此翻勤息謂勤修三學息滅三毒故又勤以聖法息滅他非故類分四道謂聖說活汚若儀主者能說正法兼修善品當其二三或亦聖道謂內證難思非凡可測故然儀主以四依云亡五乘莫鬱慨慧燈之失焰希法鼓以重聲白晝貪緣

暮夜翻教。捜龍宮之秘藏。窮華藏之玄門。輪叅乳峯智流香海。出入大部。扶竪賢宗。教儀則廣略齊行。利濟則顯密並進。著刻傳通。約有五十餘般。帙分卷列。不下二百餘本。故得五祖面目重開。諸佛心宗圓現。則續法之實。已預兆於命名之初矣。序中別稱灌頂之號者。因受持灌頂部立。前已略出。又或以續佛傳法。蒙如來智水灌頂。又或以具信超位。如太子灌頂受職。皆儀主自知自證。非妄立也。未見本傳。餘不悉集。有三義。一會集。謂會集時儀宗觀。同爲教儀一書。如文兼四法。題惟標教是也。二集錄、謂集錄親聞。以補採摭不足。如廣本序云。爰將先師所樂說者。錄之是也。三採集、謂採集諸部要義。令後學免攝繁文。如廣本序云。復尋諸大部所切要者。集之是也。廣本既爾。略集亦然。以此乃卽廣之略耳。總銷題目竟。

二別註文義三　一通標總名　二別釋五門

三指廣顯略　初

賢首大師。判釋一代佛教。不出三時。十儀。五教。六宗。三觀。

賢首華嚴第三祖也。注見題名。大師者德業高勝。

可規可範故。判釋二字。義有兩向。上爲能判釋人。下爲所判釋法也。若訓其義者。判謂判其總綱。釋謂釋其別目。言具下五門。則一代佛教中總綱別目。具判然冰釋矣。由始及終曰一。始起終盡曰代。蓋指如來說法四十九年。(廣註云。五十年。從古紀載不同。)爲一代也。佛卽能說之人。教卽所說之法。人有法報應化。總爲一覺。故名曰佛。法有頓漸偏圓。同歸於正。故號爲教。不出者。罄盡之義。三時等釋作二門。一通申次第。二略出名數。通申次第者。時爲所依。應時有儀。稱儀有教。教必有宗。契宗須觀。故爲此次。略出名數者。時謂時分。適化所及之時分也。如法華云。正是其時。蓋指感應道交。機教相扣之會耳。廣本序云。其分時也。有先有後。（對待顯中）故說爲三。儀謂儀式。前後說法之儀式也。法華云。如三世諸佛。說法之儀式。蓋亦三世通有。不惟今佛耳。廣本序云。其敘儀也。有本有末。（該前四門）有顯有密。（亦該前八。又本末顯密。亦各通後二。以後二無別。即是前八通融耳。）故說爲十。敎爲敎道。如來被下之言也。如法華云。廣演言教。又云但說無上道等。蓋若權若實。皆須言教耳。廣本序云。其立教也。有始有終。有頓有圓。（待大顯小）故說爲五。宗爲宗尚。當敎所尊崇也。如法華云。令離諸着。又云惟爲一事等。蓋權實各有所宗耳。廣本序云。其判宗也。有小法執宗有大對小說大。凡指空宗。有相相宗有性即該三宗。謂緣起寂滅圓融。故說爲六。觀爲觀察。智冥法界也。如法華云。觀一切法空。如實相。不顚倒不動不退不轉。如虛空。無所有性等。楞嚴云。作是觀者。名爲正觀。般若云。一切有爲法。如夢幻泡影。如露亦如電。應作如是觀等。蓋一切敎宗。皆由觀契耳。廣本序云。凡夫見色爲實色。見空爲斷空。故開眞空門。乃至如是於理則可矣。於事猶未也。復開理事門。乃至如是以理望事則可矣。以事望事。猶未也。又開周遍門等。故說爲三。總此五法。統收一代。故上云不出。如廣本序云。教觀旣周。時儀已備。則判釋佛法。至矣盡矣。無復加矣。問。三觀初祖首成。五教二祖草創。宗等五祖加減。何以專標三祖耶。答。教觀至三祖圓備。宗等由三祖建興。述作功德。推尊獨在。況旣標宗主。則一家俱該矣。通標總名竟。

二別釋五門五　一三時　二十儀　三五教　四六宗　五三觀　初二　一總標通別　二分門釋義　初

言三時者。有別。有通。

如來觀機逗教。必得其時。時或有乖。機教違矣。故五中首判其時。言宣也。謂宣彼所判意也。如來說經。時有無量。大分分之。略說有三。例彼歲分三際。日分三分等。下欲分門。故置者言牒之。別謂歷別。前後各別故。通謂融通。始終互通故。非別三時。無以見說法之次第。非通三時。無以見應化之圓融。故二義俱有。

二分門釋義二　一別三時　二通三時　初三

一日出先照時　二日昇轉照時　三日沒還

照時　初三　一正明　二引證　三結經　初

別三時者。第一日出先照時。爲圓頓大根衆生。轉無上根本法輪。名爲直顯教。令彼同教一乘人等。轉同成別。所謂或日初分時入。初善是也。

初句總牒三時。次句下。別明第一。有標有釋有結。標中云。日出先照時者。依華嚴義立。出現品義云。譬如日出。先照須彌山等諸大高山。如來應正等覺亦復如是。成就無邊法界智輪。常放無礙智慧光明。（此合日出）先照菩薩摩訶薩等諸大山王。（此合先照高山）法喩分明。指在成初。故卽以此爲第一時。釋中言爲者意之所破也圓頓大根者因深緣熟智利德厚一聞便悟一見便證如華嚴妙嚴品云此諸眾會已離一切煩惱心垢及其餘習摧重障山見佛無礙如是皆以毘盧遮那如來往昔之時於刼海中修菩薩行以四攝事而曾攝受等法華云是諸眾生世世已來常受我化亦於過去諸佛恭敬尊重種諸善根又云始見我身聞我所說卽皆信受入如來慧等皆指圓頓大根言也轉卽說也具動顯運起四義謂動宣言教顯揚妙理運聖道以聲前起眞智於言後亦由法旣稱輪說便名轉皆約

喻言故古釋流演圓通名輪自我之彼名轉也無上者別教一乘逈別餘教故華嚴云毘盧遮那佛願力周沙界一切國土中恆轉無上輪法華云我於伽耶城菩提樹下坐得成最正覺轉無上法輪等其指華嚴以爲無上言根本者一眞法界攝四法界依此能生一切諸法爲諸教本故華玄疏云非海無以潛流非本無以垂末將欲逐機漸施末教先示本法頓演此經華嚴五十二云此法門名爲如來秘密之處名演說如來根本實性等其指華嚴以爲根本故吉藏指此爲根本法輪天台指

此爲乳教。以乳是酪等諸位本。故此法稱輪者。略具四義。一四法（教理行果）圓備。如轂軸輻輞皆具足。故二摧壞煩惱。如輪王乘此摧未伏。故三已伏煩惱令勢轉遠。如輪王乘此鎮已伏。故四依此修行。從因至果。如乘此輪者能遠到。故名直顯教者。直稱本懷。顯示自證。揀異餘教。曲隨他意。故又不同法華開權顯實。對偏說圓等。故唐初印師指此爲平道教。以平即直也。教與輪異。輪兼所詮。教惟能詮故。令者教之所致也。同教等。原註多義。今另作二解。一約過去。二約現在。約過去者。謂宿世根熟。已入同教蒙佛授記。今爲滿彼所記因故。來入別會。約現在者。謂他方佛會同教之機。知佛成道重欲增明所得法故。依附勝緣。一乘人等者。等彼三乘。及於人天。以彼雖受同益。習相報相猶未轉變。亦爲各據。一類攝生存異迹也。轉同成別者。進修普賢廣大願行。契法界。證佛果故。原註三義。前二似濫同教。不錄。結中所謂者。指他文。以結此中義故。日初分時入者。華嚴十定品云。菩薩摩訶薩。於彼諸世界中。入此三昧。或日初分時入。或日中分時入。或日後分時入等。今但取文。不取其義。蓋借此以喻三時教耳。日譬如來智輪。初分譬華嚴直顯。中分譬中間方便。後分譬法華開會。入譬稟教悟入。三轉三成。初善者。法華經云。過去有佛號日月燈明。演說正法。初善中善後善。古德釋此三善異說不同。今依原註。以華嚴爲初善。以中說三乘爲中善。以法華爲後善。在彼旣順。於此亦合。然三皆稱善者。適時適機故。又同歸至善故。正明竟。

二引證二　一引華嚴證　二引法華證　初

華嚴云。譬如日出先照須彌山等。諸大高山。如來亦復如是。成就無邊法界智輪。常放無礙智慧光明。先照菩薩摩訶薩等。諸大山王。

時依此立。故先引此文爲證。佛境難思。擧事類顯。令諸有智。以譬喻得解也。日出者。東洲將晡南洲始現也。日在平下。光臨於上。故云先照高山。須彌。此云妙高。七寶所成。出九山故。等即等於九山。謂須彌最高。餘雖漸落。望彼黑山等。依然爲高。故具嶪先照也。九山者。華嚴云。一雪山。二香山。三軻梨羅山。四仙聖山。五由乾陁山。六馬耳山。七尼民陁山。八斫迦羅山。九宿慧山。合須彌爲十山。十地品。用喻十地。今總喻圓頓大根衆生也。合中如來者。

十號之一。做同先德號也。隨教淺深。釋有多義。今依本宗。法身名如。起報名來。雖法先報後。而報非法外。來卽同如。亦做先義。亦復如是。者。總合也。障盡德圓。名曰成就。理極智滿。名曰無邊。法界理也。智果智也。理智圓通。合名爲輪。此合日體寶之與明。成輪相故。常放者。顯後無間。無礙者。權實具足。而復一多混融。此卽依上。一眞法界之智。顯現四法界智也。以此四法智。流衆法光。普照機暗。故云光明。此兼轉照及還照言之。但喩中無文。若以義合者。此合日出光無間故。今且約第一時言。故云先照菩薩略梵語也。具云菩提薩埵。此云覺有情。
約自利。則是能覺悟之有情。約利他則是能覺悟
於有情。兼二利。則是上求佛覺。下化有情。隨擇俱
得也。摩訶薩埵者。薩埵同上。摩訶云大。顯此先照
所被乃圓頓之機。菩薩中之大菩薩。故據迹而論
更兼多眾。故末置等言。就本而說均屬圓頓。故並
稱山王。山王者法中帶喻。取義顯故。引華嚴證竟。

二引法華證二　一引方便品文　二引信解品

文　初

法華方便品云。我始坐道場。時卽自思惟。若但讚佛

乘。眾生沒在苦。不能信是法。破法不信故

儀中前後引經。多就義超間文。雖不足。而義乃略備。若註中更出全文。恐涉繁廣。今亦惟就所引現文會意。釋之前後倣此。既出經名。復彰品目者。便揀討也。我者。如來自謂。揀賓主故。顯法身故。不同異計。及於偏執。如來得菩提。實不繫於日。今依建化門中。此番爲化之初。故云始也。道場在摩竭提境。佛坐此處。修治得道。故名道場。時卽句。意攝華嚴。以不離菩提場。遍至一切處。故但標本會。卽該末會。明知此是說華嚴時也。但方便品。別對小機。

唯彰思惟。未顯華嚴。要知正思惟時。即是說華嚴時。乃隱顯秘密意耳。即自思惟者。見衆根鈍。擬欲息化也。若但讚佛乘者。顯是已說華嚴。但自覺讚說無益。故設言以欲息化衆生沒在苦者。正顯讚說無益。不能信是法等。轉明沒苦之由。蓋以不信必破。破及不信。故當墮惡道。求出無期。豈非沒在苦耶。故本經次下即云。甯不說法。疾入涅槃。亦如來無可奈何。假言息化耳。引方便品文竟。

二引信解品文

信解品云。爾時長者。處師子座。眷屬圍繞。諸人侍衛。

出內財產註記券疏窮子見父馳走而去即勅使者追捉將來窮子驚喚迷悶躃地

就所引文義分二初喻教不契機爾時者依本經卽子至父舍時也以上云爾時窮子到父住城傭賃展轉遂至父舍（庸人任力取利所獲無多謂之傭賃行踪無定忽進忽却名曰展轉）此喻小機與佛同生三界向修異道空修無實忽解回頭雲集覺場也長者年高德重喻如來眞窮惑盡師座表威勢受用身喻如來依果顯證明知此是華嚴會也眷屬喻諸世間主昔嘗攝受今來大會法性相親故如眷屬圍繞者如雲籠月似

星拱辰。喻各證毘盧一德。助發玄化之義。諸人喻五位會主。各據一位。略示行布。故如諸人侍衛者。侍從衛護。喻代佛宣揚諸位法門護持佛種之意。出內財產者。出財與人。內利歸己。喻施法得機。注記券疏者。注寫券約記載疏簿。喻依因記果。如妙樂云。入法界品。旁論授記是也。又不必旁論。凡經中論行論德。皆爲依因記果。非局授記。窮子。喻小機無法財。缺功德。故云窮也。昔曾受化。有子義。故。見父者。門側遙見。喻小機比知報體。非現量。故。馳走而去者。急離父舍。仍向貧里。喻小機不堪大法。

退修異道。是謂大法不契小機。故致爾耳。卽勅下。機不契教。使者卽前諸人。仍喻說法菩薩。卽勅者。長者急命。喻如來神力速加。如華嚴法慧等。皆云承佛神力等。正此義也。追捉者強牽意。將來者欲留意。喻菩薩承佛神力。強以大法攝持。留爲大乘種性。所謂雖知根鈍。且稱本懷也。驚者驚其見殺。喻小機未達法空。聞說菩薩之行。恐入壓無力。反並小根俱失耳。喚者望其釋放。喻小機欲退大心。聲言鳴志也。迷悶者驚極氣噎。躃地者失聲不起。喻小機懼大生謗。墮苦失善。方便品中。所謂破法不信故當墮三惡道是也。引證竟。

三結經

其所說經。卽是華嚴梵網等也。

其者指法之辭。言上雖總明輪教。未曾的指何經。今乃的指謂其時所說經也。梵語修多羅。古譯爲契經。契謂契理合機。經謂貫穿攝化。蓋是以契理合機爲用。貫穿攝化爲相。合聲名句文爲體。故卽是者。決定非餘經。故華嚴者。具云大方廣佛華嚴。清涼釋云。大以曠兼無際體也。方以正法自持相也。廣則稱體而周用也。合此三法。非卽非離。總爲一法界玄妙法也覺斯玄妙故稱爲佛雖稱爲佛但是理成故須更以萬行因華莊嚴果體如是則理事交成法報齊圓是爲如來自證因果稱此說經故爲名也廣如彼疏梵網者彼經云佛觀大梵天王宮因陁羅網千重文彩不相障礙因爲說無量世界猶如網孔一一世界各各不同諸佛教門亦復如是蓋約喻爲名略顯圓教中重重無盡意故又經云爾時釋迦牟尼佛初坐菩提樹下成無上正覺已初結波羅提木叉準知此經與華嚴同在初時略舉二經餘或更有故置等言第一日出先照時竟

第二日昇轉照時二 一總明轉照 二別名三

轉 初三 一雙標總別 二先明總義 三引

經證成 初

第二日昇轉照時。先總後別。

光明漸起曰昇。從東至西曰轉。高下俱臨曰照。法

中卽是從本起末。自小至大。三根俱被也。同一中

時。同一漸教。故先總。轉有分齊。漸有淺深。故後別。

成論指為中年所說者。蓋謂成道涅槃之中。非以

生年論中也。

二先明總義

總者此轉照時爲下中上三類衆生轉依本起末法輪名爲方便敎令彼三類人等轉三成一所謂或曰中分時入中善是也

初牒總標時次辨敎明益辨敎中爲字如前下中上三類者謂下類中類上類也然類有二義一約敎分類二直就機分約敎分類者阿含敎機尚生爲下類方等敎機漸熟爲中類般若敎機正熟爲上類若直就機分者二乘機爲下類大乘機爲中類一乘機爲上類若以前義望後義者下類惟攝二乘中類攝大兼二上類攝一兼三若以後義望

前義者。下類當彼阿含。中兼於下。當彼方等。上兼中下。當彼般若。或有作三根釋者非也。以類寛而根狹故。依本起末者。華嚴頓說爲本。三會（阿含。方等。般若）漸說爲末。然雖說於末。不離乎本。故云依本起末所謂無不從此法界流也。名方便教者。曲順機宜。隨他意語故。又揀異別圓直稱本懷同圓隨自意說故。法華云。佛以方便力。示以三乘教。又云於道場知已導師方便說等。故印師齊此。指爲曲屈教也。（問。三類。既攝一乘。何得俱名方便。答。漸中一乘。實意不足。對彼圓教。仍屬方便。如叡公云。至於般若諸經。深無不極。大無不包。然其大略。皆以適化爲本。應動之門。悟物雖弘。於實體不足。皆屬法化。固宜矣。其明益中轉三成一者。初轉。轉凡成聖。未得名一。以小聖有二故。中轉。轉小成大。亦未名一。以大乘有權實故。後轉。轉三成一。乃可稱一。今兼三轉。故從後爲名。以前必至後故。又此中轉三成一。是密意說。不同法華開會顯了說。故亦是帶權說實。不同華嚴直顯稱實說。故蓋爲引攝三乘。說轉說成也。所謂下。指他卽此。註見先照時中。先明總義竟。

三引經證成三　一引華嚴　二引楞伽　三引法華　初

故華嚴經云。但以山地有高下。故照有先後。

此是先照所引之結文耳。山地有高下者。義具三重。一者山山相對。十山高。黑山下。二者山地相對。黑山高。高原下。三者地地相對。高原高。大地下。今取後二重。以喻轉照三會機也。照有先後。望上亦有三重。一者。照十山爲先。照黑山爲後。二者。照黑山爲先。照高原爲後。三者。照高原爲先。照大地爲後。今取後二重。以喻轉照三會之敎也。故彼經法合文云。如來智輪。亦復如是。隨諸衆生。根欲不同。智慧光明。種種有異。其義可思。然此中黑山喻阿含機等於下別明中詳釋。引華嚴竟。

二引楞伽

楞伽云。日出光等照。下中上眾生。

有本於次下加如來照世間。為分部諸法。以為法合之文。愚謂上引華嚴。旣無法合。此引楞伽。亦應惟喻。故從無者。釋義則日出。喻如來出現。光等喻如來智輪。照下中上等。喻如來法隨機差。眾生言下中上者。喻從依處為名。蓋以近東所居為下。中央所居為中。近西所居為上。依此喻阿含方等般若之機。其義可思。然此中以近東等。分上中下者。

以閻浮提地。西高東下。如水多東流可知。引楞伽竟。

三引法華

法華方便品云。復作如是念。我出濁惡世。如諸佛所說。我亦隨順行。以方便力故。為五比丘說。為諸眾生類。分別說三乘。雖復說三乘。但為教菩薩。

偈雖前後錯綜。同屬方便品文。故總標出處。偈中初六句。證阿含會也。經中此前有諸佛現身。勸以開三之偈。世尊既聞勸諭。擬欲隨順。故云復作是念。是念卽開三之念也。開三之念。未勸已有。既勸方決。故云復作我出句。明開三之意。濁惡世者。五濁惡世時也。當此之時。眾生邪見覆心。見濁義 煩惱障性。煩惱濁義 加以人命無常。命濁義 倏忽易報。眾生濁義 四相競作。難可教化。劫濁義 若無善權。須是永捨。為此所以有開三之舉也。如諸等明開三之由。既諸佛通說。亦諸佛通行。我若不行。將違先範。故須隨順。隨順意決。觀所應度機在鹿苑。於是脫珍着弊。遊化於彼。是皆如來善巧隨機。故云方便力也。五比丘者。一陳如。二十力迦葉。此係母族二人。三頞鞞。四跋提。五摩訶男。拘利 此係父族三人。佛初出家。入山修道。父王思念。遣五人伴修。後因不能隨佛。一時捨去。同奔鹿苑。各修異道。佛於初時。爲轉四諦法輪。漏盡心開。成阿羅漢。故稱五比丘也。偈中後四句。乃此前諸佛勸諭所說。然世尊既曰隨順。故不妨取彼作隨行之語。然此處應用是語。經中無者。譯從略耳。儀主補之。以證前義。爲諸二句。證前方等會也。以方等引小入大。有三乘故。雖復二句證前般若會也。以般若融權入實。惟菩薩故。總明轉照竟。

二別明三轉二　一通標三轉　二分科別釋

初

別者。於日中分。照有三轉。謂初轉。中轉。後轉時也。初二字牒。次八字標。後一句列。初轉者。移卑至高。喻阿含時。轉凡成聖。中轉者。從東過西。喻方等時。轉小成大。後轉者。帶高就普。喻般若時。轉權成實。法喻歴然可思。

二分科別釋三　一初轉時　二中轉時　三後轉時

初三　一正明　二引證　三結經

初

初轉時者。謂佛初於鹿苑。爲鈍根下類衆生。轉小乘法輪。名爲隱實教。令彼凡夫外道。轉凡成聖。

初牒次釋。釋中佛初者。成道之初。以三七日後。卽說阿含。故又初約時言。謂漸教之初也。鹿苑地名。古國王曾設苑養鹿於此。故又古仙所居。名仙苑。依樹彰名。稱柰園等。諸經論中。互出不同。故其地在波羅柰境。故法華云。卽趣波羅柰。乃五比丘得道處也。鈍根指小乘之機。遇大便室。故稱鈍根。下類衆生。不止五人。總該聲聞緣覺類。故小乘法輪者。四諦十二因緣法也。對根鈍說者。但詮生空。故名爲小。名隱實教者。隱一乘實。施二乘權。故凡夫外道。卽指小乘之機。以彼雖具小機。未遇佛時。尚論凡外卽五比丘等未聞四諦法時。亦但云凡外耳。轉凡者破外計。翻我執出三界也。成聖者了緣生悟無我登四果也。正明竟。

二引證二　一引華嚴　二引法華　初

華嚴云。次照黑山。如來智輪。次照聲聞緣覺。

次照者對上先照而言。黑山者俱舍云。南洲從中向北。各有三重黑山言各有者。謂三重山各有合高低。低者受障。故黑也。中以聲聞緣覺配者。謂愚法二乘。爲法所障。如背高黑山。爲高所障故。

二引法華

法華云。長者知子愚癡狹劣。卽以方便更遣餘人。眇目矬陋無威德者。汝可語之。云當相雇。除諸糞穢。倍與汝價。窮子聞之。歡喜隨來。爲除糞穢。淨諸房舍。

法華云者。卽次前先照所引文也。由前迷悶躄地。故知子愚癡。由前喜向貧里。故知子狹劣。法中謂不信佛乘。故愚癡。偏喜他修。故狹劣也。卽以方便者。設法誘引。喻如來以權智攝化。更遣餘人者。非前侍衞諸人。蓋另是一類。喻佛不遣法身大士。別勅內秘實德。外現權相人。故眇目者。一目而小。喻示現偏空之智。矬陋者。形短而醜。喻示現偏枯之身。既無長者之威。亦無諸人之德。喻偏枯之身。不似報體尊特。及法眾具德也。汝可語之者。教以誘引之語。喻如來密遣權人。教以攝受之方也。云當相雇者。示以賃身依主。喻佛命權人。示以化彼從佛也。除諸糞穢者。喻教以知苦斷集。倍與汝價者。喻教以修道證滅。言向在異道。空修無獲。又凡夫戒善。止出三途。外道伏惑。惟生上界。今示以一旦歸佛。即獲四果。即超三界。所得勝前。故喻以倍價也。受勅往求。具陳上事。故云窮子聞之。甘為下事。投其心性。故云歡喜隨來。喻權人密示四諦小機適願隨順之義爲除糞穢者喻依教斷惑見思旣盡三界絕生故云淨諸房舍房舍喻三界者同爲所依取易知喻難知故或有以房喻六入舍喻五陰者蓋以惑淨則根身淨耳引證竟

三結經

其經卽是提胃阿含等也

提胃經名依人立題也新云地利富婆此云胡苽百法鈔云是碎葉國人因與五百商人南海採寶遂至如來成道之處菩提樹神現諸霖霆車馬溺泥不能前進遂祭樹神欲希止雨樹神報言悉達

太子於此成道汝若供養功德無窮提胃聞已卽往佛所說偈問言未審誰家子親族是何人安然寂不動今者何所須世尊答曰我是金輪王淨飯王太子成道來七日無人施我食於是提胃卽獻密麨如來受已卽說三歸五戒等法故齊朝隱士劉虬指此爲人天教也阿含亦經名單法爲題也正云阿笈多此云教亦云無比法謂出世教法非世間法所能比故是則大小二教皆號阿含以四教一增壹阿含明人天因果二長阿含破邪見三中阿含明眞寂深義四雜阿含明諸禪定而通說無常知苦斷集慕滅修道居設法之首故獨得總名等指緣

生經。五部律等。一類小乘法故。準釋氏譜。佛成道後無獻食者。時惟提胃經過見之。上以麨密。佛受食已。爲說歸戒。然後往波羅奈。爲五人說等。故文中爲此次也。又人天小乘。次第應爾。初轉時竟。

二中轉時三 一正明 二引證 三結經 初

中轉時者。謂佛次於中時。爲中根一類眾生。轉三乘法輪。名爲引攝教。令彼二乘人等。轉小成大。

亦先牒。次釋。釋中但標時。不言處者。以此時處多不定故。後轉例知。中根指權教菩薩。對前小乘爲利。對後實乘爲鈍。前後兩間。故名爲中。一類亦兼二乘。以可囘心者。亦此攝故。轉三乘輪者。謂於大乘中。具說三乘法相。以大接小也。如深密等經。瑜伽等論。所明諦緣度等是也。名引攝教者。旁引小乘。正攝大乘。亦可引接小乘。攝入大乘故。轉小者。破小見。翻法執。出五果也。成大者。了唯識悟假有。入二空也。

二引證二　一引華嚴　二引法華　初

華嚴云。次照高原。如來智輪。次照決定善根眾生。隨其心器。示廣大智。

次照者。次黑山而後照也。以高原對下地為高。對黑山猶低。故照亦次前也。高原者。地高而平。法華以去水尙遠。喻二乘不聞法華。去菩提尙遠。但平故待雨而潤。亦可繁生。喻二乘漸逢大化。亦漸生大善也。今亦同彼義。惟通約三乘爲少異耳。決定眾生者。謂入正定聚。揀非邪定。及不定也。約指卽是有三乘善根者。因有三乘善根。如來卽隨其心性器質。以三乘法而教化之。然雖以三乘教化。不過權施引攝其意。總爲發趣大乘。故復示以如來廣大智慧。令其興發上求下化心耳。此是密意。所謂斑鳩樹上啼。意在蘇畬裡也。引華嚴竟。

二引法華

法華云。長者有智。漸令入出。經二十年。執作家事。

此引偈頌之文。與長行文勢稍變。應先出長行。次釋偈文。則對待易明。長行云。爾時（阿含已後時也）窮子。雖欣此遇。自謂客作。由是之故。於二十年中。（正喻方等。以方等前通阿含。後通般若。喻二十年中。）常令除糞。過是已後。（喻方等般若相交之時。）心相體信。入出無難。然其所止。猶在本處。偈中略去初三句。長者有智。喻佛有權巧之智。知其志意狹劣。善用調伏之方也。漸令入出者。入見父理家務。出仍除諸糞穢。喻如來令諸二乘。有時進闡大法有時退守小行此頌長行二十年中常令除糞義也經過也言以上漸令入出即二十年中之事此約二十年後言之故名爲過法中即是方等般若相交之時此頌長行過是已後義也執作家事者言旣經二十年後心相體信雖未嘗明示庫藏時或同父執作家中事務喻二乘人等旣經方等之後心相體信雖未嘗明示知見時或同佛助揚大乘法化此頌長行心相體信入出無難義也

引證竟

三結經

其經卽是深密方廣等也。

廣本云方廣深密今雖爾隨便說故釋依彼次方廣者諸部總名卽寶積央掘勝鬘楞伽圓覺維摩寶篋佛冠經等通於性相兩宗如建立法相者卽屬相宗分教會相顯性者卽屬性宗終頓圓教總持諸法曰方普攝羣機曰廣又五教並談曰方三根普被曰廣約法詮被立稱也若約時儀前不通華嚴（以華嚴雖稱方廣非此所攝）後不通總持（以總持雖稱方廣別在涅槃時說故）等惟收阿含以後深密以前諸方廣經以前屬華嚴後屬般若法華涅槃部故若論通時亦攝前

後一切方廣深密亦經名方廣中別部爲顯分齊故獨出其名因詮法深密從義爲名也等指佛說解節經等二類大乘經故中轉時竟

三後轉時三　一正明　二引證　三結經　初

後轉時者謂佛次於後時爲利根上類衆生轉大乘法輪名爲融通教令彼權教三乘轉權成實

大乘輪者對小名故又大乘有六謂分教名法相大乘始教名無相大乘終教名法性大乘頓教名眞性大乘同圓名會極大乘別圓名具德大乘今是始教及於終頓以分教屬中轉同圓屬還照別

圓屬先照故問般若帶小何獨云大答爲別中轉故從正不從兼故據廣本名一乘輪者以勝該劣故又一乘亦有多種詳於科註名融通教者謂融會三乘通達一乘故轉權教三乘指中轉時中所被以法相大乘並所引攝之二乘皆屬權宗謂覆性故愚法故轉權者謂破權迷翻二空出三乘也成實者開實悟了眞空成一乘也正明竟

二引證二　一引華嚴　二引法華　初

華嚴云然後普照一切大地如來智輪然後普照一切衆生乃至邪定亦皆普及爲作未來利益因緣令

成熟故。
然後者。然於照高原之後也。以高原之日稍移。則普照大地耳。大地有三。一肥而潤。自能生物。喻正定聚能生三乘因果。問。此與中轉時三乘何異。答。廣慧二乘。不同愚法故。利根菩薩。不同中根故。二瘠而燥。待緣方生。喻不定聚。遇緣乃生。不遇不生。三沙而鹵。長時不生。滄桑迭變。或生。喻邪定聚。長時不生善根。改形易報。內熏外資力故。或有生時。合中普照一切。總配大地。乃至者。超略正定及不定故。配前肥潤及瘠燥也。邪定普及。未來成熟。配沙鹵滄桑。亦生法喻可見。

二引法華

法華云。爾時長者。自知不久。示其金銀。眞珠玻璃。諸物出入。皆使令知。

此段所引文兼長行偈頌。長行云。爾時長者。自知將死不久。語窮子言。我今多有金銀珍寶。倉庫盈溢。其中多少。所應取與。汝悉知之。偈無初二句。儀主準長行補之。釋義則爾時者。謂既過二十年中。喻般若時也。般若之後。即說法華。法華之後。即轉雙林。故以自知不久。喻之。示其金銀眞珠玻璃者。喻如來於般若會上。以佛功德。示與二乘。令其轉教。此頌長行語窮子言。我今多有金銀珍寶。倉庫盈溢義也。諸物出入者。持法轉教爲出。化功歸已爲入。出入有法。貴在識時。故以皆使令知喻之。此頌長行其中多少。所應取與。汝悉知之義也。與長行對辨益明。引證竟。

三結經

其經卽是妙智般若等也。

廣本先般若後。妙智。今釋亦仍彼。般若。此翻智慧。五不翻中。尊重不翻。金剛刊定記云。般若類有八部。謂大品。小品。放光。光讚。道行。勝天王。文殊問。金剛唐譯六百卷。二百七十五品。一十六分。總名般若。從所詮法爲名也。然般若通於空性兩宗。謂破遣名相者。卽屬空宗始教。會空顯性者。卽屬性宗。終頓圓教。妙智亦經名。般若中別部。亦約法立題也。問。華玄鈔云。大乘妙智經。未見經本。但依賢首引耳。旣無經本。何可爲憑。荅。智光論師。立三時教。引大乘妙智經說。然彼旣依之立敎。西域自有經本。況彼妙智在第三時。與今後轉正齊。彼顯心境俱空。與今般若正齊。籍此等義。故可爲憑。等者。等於般若理趣。金剛三昧。楞嚴。密嚴。諸佛心印。如來藏等。一類空性之經也。日昇轉照時竟。

三日没還照時三　一正明　二引證　三結經

初

第三日没還照時。爲上上根衆生。轉攝末歸本法輪。名爲開會教。令彼偏教五乘人等。轉偏成圓。所謂或日。後分時入。後善是也。

初句標。問。華嚴無還照之喩。依於何義而立此時。答。出必有没。没至地而還同初出。出既照高。没亦應爾。取例立也。次句下釋。對前利根上類顯最勝故名上上根。以既經方等彈斥。般若淘汰。時至機熟。堪受佛說。如法華云、我見佛子等。志求佛道者。咸以恭敬心。皆來至佛所。又云。父知子意。漸已通泰。成就大志。自鄙先心。又云、若如來自知涅般時到。眾又清淨。信解堅固。了達空法等。皆指上上根言也。轉義輪義同前。攝末歸本者。統收轉照三會。阿含方等般若之教。歸於法華涅槃。此約經部。若約化法者。則是統收小始終頓。歸於同圓。現前同圓。卽是當來別圓。故得名本。從前偏教。卽是成圓之偏。故得名攝。若以喻明者。譬如一樹。有根有枝有果。然一根之中。卽具多枝之性。故依一根。能生多枝。多枝之中。各具一分結果功能。時節既至。統攝多枝。共結一類之果。果具根性。若還種時。又成當根。以是義故。果即是根。合者。樹喻法輪。根喻別圓。枝喻四教。果喻同圓。然別圓之中。義具四教。故爲根本法輪。四教既從別圓流出。各具一分圓義。但以時節未至。不得會圓。故爲枝末法輪。同圓統收前四。歸於一極。若還說時。即爲當來別圓。故爲攝末歸本法輪。如法華云。種種因緣。乃至演說諸法。是法皆爲一佛乘故。又云。修習學小乘者。我今亦令得聞是經。入於佛慧等。皆攝末歸本義也。名開會教者。開權顯實。會三歸一。如法華云。佛以方便力。示以三乘教。世尊法久後。要當說眞實。又云。開方便門。示眞實相等。皆開顯義也。又云。隨宜說法。義趣難解。又云。汝所住地。近於佛慧。又云。汝等所行。是菩薩道。漸漸修學。悉當成佛等。皆會歸義也。偏教者。小始終頓也。小教偏有。分教偏相。始教偏空。終教偏照。頓教偏遮。俱名爲偏。五乘者。小教具四。（謂人天聲聞辟支。）後四唯一。（謂菩薩。又雖亦旁化餘乘。從正說故。）合爲五乘。等者。等於無性闡提。六師外道。力士邪魔。地獄鬼畜。莫不獲益。以法華但有聞法。涅槃凡有心者。皆當成佛。故。轉偏成圓者。轉異成同。會偏入圓。泯五乘等。歸於一乘。法華云。是諸眾生。從佛聞法。究竟皆得一切種智。又云。菩薩聞是法。疑網皆已除。千二百羅漢。悉亦當作佛。又云。知天人等類。深心之所念。更以異方便。助顯第一義等。皆轉偏成圓義也。所謂句結。亦準前。正明竟。

二引證二　一引華嚴　二引法華　初三　一引古說　二引十定　三引法界　初古取出現意說即同華嚴。

故古德取出現文意說云。如日沒時。還照高山。如來智輪。最後還照菩薩。諸大山王。

古德指清涼。如華玄疏云。為教本者（教起十因之一也）一為開漸之本。出現品云。如日初出。先照高山。二為攝末之本。如日沒時。還照高山。是義取出現品中。日出先照文義。例日沒還照義。以說此時。喻中可知。合中。法華涅槃。唯明一極。被上上根。卽是還照菩薩。如法華云。但化諸菩薩。無聲聞緣覺。又云。說是大乘經。名妙法蓮華。教菩薩法等。皆還照高山義也。

二引十定

十定品云譬如日天子周行照曜晝夜不住日出名晝日沒名夜菩薩亦復如是

此是次第徧往諸佛國土三昧文也日喻菩薩周行照曜喻徧往諸國晝喻出定說法夜喻入定觀機出則顯照入則冥照故云不住日出名晝日沒名夜者喻眾生不知菩薩冥顯俱照但謂菩薩出定化生入定不化其實菩薩化用不息故經中次此復云晝亦不生夜亦不滅法合準知今引用者不取其義惟取日出以喻先照日沒以喻還照不住以喻轉照晝夜喻此界他方互爲隱顯蓋但借

其喻以明有出必有沒耳。

三引法界

法界品云。譬如日輪。無有晝夜。但出時名晝。沒時名夜。菩薩智輪。亦復如是。無有分別。但隨心現教化眾生。

日輪無晝夜。喻菩薩智輪無生滅。日出名晝。喻菩薩智輪隨機顯現。沒時名夜。喻菩薩智輪隨機隱沒。蓋以眾生心水有淨濁。致令菩薩智輪有隱顯。故合云但隨心現教化眾生。今亦不取彼義。但就出必有沒。以證還照不無。然此二喻。俱約菩薩者。

以華嚴菩薩卽同佛故。又惟取日喻。不須法故。若直就佛說者。如法華云。我見諸衆生。沒在於苦惱。故不爲現身。令其生渴仰。卽日沒名夜之義。又云。因其心戀慕。乃出爲說法。卽日出名晝之義。引華嚴竟。

二引法華二　一引方便　二引信解　初

法華方便品云。我見佛子等。志求佛道者。我卽作是念。如來所以出。爲說佛慧故。今正是其時。正直捨方便。但說無上道。教化諸菩薩。無聲聞弟子。

時節旣至。根器已熟。故以佛子稱之。志求佛道者。

成就大志。自鄙先心。具超權之資。有進圓之力。所謂上上根衆生是也。我即作是念者。因上上機。思上上法故。所以出世。爲說佛慧者。還念本懷。惟爲一事也。是者。對非而言。如阿含得少爲足。非其時也。方等猶在門外。非其時也。般若無希一食。非其時也。今乃復經少時。漸已通泰。故云正是其時。正直者。不用曲順機宜。捨便者。不須更用權巧等賜一乘無有餘乘。故云但說無上。所謂攝末歸本法輪是也。教化諸菩薩者。轉偏成圓。無聲聞弟子者。開迹顯本。所謂還照諸大山王是也。

二引信解

信解品云。父知子心。漸已曠大。卽聚親族。說是我子。
凡我所有。舍宅人民。悉以付之。恣其所用。子念昔貧
今於父所。大獲珍寶。甚大歡喜。

此超間引重頌之偈。準長行首句之上。有復經少
時四字。義合補入。以喻法華之初時也。父知子心
者。喻如來因時觀機。曠則有遠圖之志。大則無下
劣之執。以喻時至機熟。有進圓之資。具超權之力。
長行所謂。成就大志。自鄙先心是也。卽聚親族者。
喻如來集衆作證。說是我子者。喻如來開迹顯本。

凡我所有等喻如來與之授記舍宅喻國土八民喻眾生國土記以當取眾生記以當化故以悉付恣用喻之子念昔貧者喻二乘憶先習小大獲珍寶者喻二乘今日領大習小領大慶出望外故以甚大歡喜喻之引證竟

三結經

其經卽是法華涅槃等也

法華者從便略稱具足應云妙法蓮華釋義則妙法者卽諸佛之心宗蓮華者喻心宗之玄微法喻爲名也又心宗稱妙者惟佛與佛乃能究盡餘無

能及故喻法指蓮者惟蓮與蓮乃能酷似餘無能比故此約所詮以釋若約能詮者妙法二字通指全經以此經一言一句皆成種智之因一字一行咸資菩提之果如析旃檀片片皆香若碎珊瑚枝枝是寶故通稱爲妙蓮華二字總喻玄微以此華方華即果喻此法爲圓頓法門歷耳爲因便成道種初發心時即攝五位成正覺故涅槃者亦從便略稱具足應云摩訶般涅槃那此云大圓寂入西語仍倒順此迴文當是入大圓寂入者證入謂依於此經能證大圓寂法故又佛入圓寂而說此經

因事立名又大即法身圓即般若寂即解脫爲三德之秘藏是衆聖之幽歸如來證入依此說經單法爲名也又涅槃有三一性淨二圓淨三方便淨性淨體大圓淨相大方便淨用大故總名爲大性淨者本性入圓淨者眞證入方便淨示現入故總名爲入又有三種一有餘小乘子縛雖斷果縛猶存二無餘小乘因亡果喪灰身泯智三無住處大乘不住此岸不住彼岸今是後一故稱爲大證此非餘故名爲入等指無量義經普賢觀經金光明經大乘方廣總持經受決經母子相見經像法決

疑經等。一類之經也。別三時竟。

二通三時十　一惟約一念時　二盡該一化時　三徧周三際時　四攝同類刧時　五攝異類刧時　六以念攝刧時　七刧念重收時　八異類界刧時　九彼此攝入時　十以本收末時

初

通三時者。第一惟約一念時。謂於一剎那中。卽遍法界無盡之處。頓說無量諸法門海。

初句寄言總牒。次句就初別標。惟約一念者。不必長時。方徧諸處。但一念卽遍。以剎那尙爾。念可知故謂於下正釋其義俱舍云時之極少名爲剎那仁王云一念中有九十剎那古德釋云如一念之間以利刃透九十層紙準分剎那則時之極少可知卽遍法界等少時遍多處也法界者總指十方有法之界無盡者別指十方重重之處謂法界之無盡處依主釋也旨歸華玄中從狹至寬略開爲十一滿閻浮謂盡南閻浮說經會處二周百億謂盡娑婆百億閻浮百億四洲百億二十八天一切說經之處三通異類謂徧樹林江河形等異類世界有不可說佛剎微塵數彼一一類皆徧十方虛

空法界與前同類百億山界互不相礙各於其中轉諸法輪四徹塵道謂盡同類異類世界十方虛空一一塵處皆有佛刹悉於其中說一切經五攝刹種謂遍最中央無邊妙華光香水海中普照十方熾然寶光明世界種其中攝二十重佛刹微塵數世界各有十不可說佛刹微塵數世界於中布列周匝圍繞佛亦遍在頓說諸法六遍華藏謂遍華藏一刹海中十不可說佛刹微塵數世界種如來世尊亦常處中轉無盡輪七收刹海謂盡華藏刹海之外所餘一切刹種刹海皆悉盡收並為如

來說法之處。八該刹塵。謂前三類刹種海中。盡虛空界。一一塵處。皆有彼不可說海種佛刹。如來於彼圓說諸經。華嚴云。華藏世界所有塵。一一塵中見法界。如於此會見佛坐。一切塵中悉如是。九盡虛空。謂前八類同異刹中。不論有刹無刹。有塵無塵。盡法界虛空界。但可容一毛端之處。卽有無邊同異類一切刹等。如來於此常轉法輪。猶如彼此二界中間。空無有物。亦爲容毛端住刹之處。十同帝網。謂彼一一塵毛之內。旣各攝入無量無邊同異刹海。卽此刹海。復有塵毛。彼塵毛內。復有刹海。

是則塵塵毛毛。不盡不盡。剎剎海海。無窮無窮。如帝殿網。重重重重。不可說不可說。而本尊亦重重重重。不可說不可說。恒常頓說無盡諸法。華嚴云。一毛端處所有剎。其數無量不可說。盡虛空量諸毛端。一一處剎悉如是。第一重毛端俱剎。彼毛端處諸國土。無量種類差別住。有不可說異類剎。有不可說同類剎第二重剎現毛端。不可言說毛端處。皆有淨剎不可說。第三重毛端俱剎。於彼一一毛端處第四重剎現毛端轉正法輪不可說。此明偏於重重無盡帝網之處。轉正法輪。於彼一一法輪中。演修多羅不可說。此明法門重重。亦如帝網。頓說者。無前無後謂一念頓徧處卽一念頓說故無量法門卽前三時五會教也問三乘權教何得有此答權實相卽隨根異聞一音具異徧則俱徧實旣一念周於十處權亦應耳下倣此唯約一念時竟

二盡該一化時

第二盡該一化時謂從我佛初成道時第二七日乃至如來般涅槃夜於此一代時化之中普徧重重法界之處常說種種無盡經法

初句標次句下釋初成道先照時華嚴會也涅槃夜還照時涅槃會也一代中者亦該轉照三會及

還照法華會也。普遍者。三時各遍多處常說者。五會各通一代。如華嚴別在先照。通則至後阿含等。別在中轉。亦通後先。法華涅槃。別在後時。亦通前二。重重法界者。或通約十重。或別指帝網。種種經法者。或但明齊說。或兼顯互融。總屬難思境也。

三遍周三際時

第三遍周三際時。謂盡前後際。各無邊劫。常恒周遍。演說諸經。初無暫息。

初標。次釋準上。下皆倣此。上二惟約現在。此通過未。故云盡前後際。前際即過去。後際即未來也。盡者。前前後後。統攝無遺之義。不言中際者。上二已是。不重出故。又既通前後。中不待言故。各無邊劫者。前際後際。各各攝劫無邊。言此以見上言盡者。不惟盡其能攝。兼復盡其所攝。故常恒約時。謂於彼刦中說無間。故周遍約處。謂於彼劫中說通方故。諸經者。一雨並霈。四乘齊驅。無息者。舌相長舒。辯河時瀉。所謂熾然說。無間歇也。

四攝同類刦時

第四攝同類刦時。謂彼三際無邊刦中。一一刦內。各攝無量同類刦海。如長刦唯攝長刦。短刦唯攝短刦。

然時與刦各有多相華嚴明時有八謂長短染淨廣狹多少刦有十二謂長短一無數有量無量有盡無盡一念不可說一切非刦於彼無量同類刦中恒說一切權實教門

釋中初正明前以三際爲能攝無邊刦爲所攝此中以前無邊刦復爲能攝乃以彼彼同等流類刦海爲所攝所攝云海者衆多無量難測知故如長下舉例大刦名長小刦名短舉此相攝爲例以例其餘若具言之者其次應云多刦唯攝多刦少刦唯攝少刦乃至一切刦唯攝一切刦非刦唯攝非

劫。皆同類相攝也。長時短時等相攝。準此。然時下。別類以上文雖舉長短爲例。未審能例所例。類有幾種。故引華嚴以揀別之。時劫各有多類總標也。時有八。劫有十二。別釋也。法界品云。菩薩智輪遠離一切分別網。超出一切障礙山。不可以生死中。長短。染淨廣狹。多少。如是時劫。分別顯示。依此故云。時有八等。劫有十二。文出發心品中。義屬異類相攝。至下當引。於彼下。結說無量同類劫中者。總結說所通時。一切權實教門者。總結時所說法。攝同類劫時竟。

五攝異類刧時

第五攝異類刧時謂彼無邊一一刧中各攝無量異類刧海如長刧攝短刧短刧攝長刧等於彼一切異類刧內恒說諸法

正釋中謂彼句仍指三際各無邊刧以爲能攝蓋語勢略變耳所攝準知但同異之別舉例中等有二義一等餘刧二等八時八時如上所引餘刧者除長短外更有十刧即上所指發心品文文云長刧與短刧平等短刧與長刧平等一刧與無數刧平等無數刧與一刧平等有量刧與無量刧平等

無量劫與有量劫平等。有盡劫與無盡劫平等。無盡劫與有盡劫平等。不可說劫與一念平等。一念與不可說劫平等。一切劫入非劫。非劫入一切劫。然此中云平等者。一性無二故。性既無二。相亦同性而無二。依此故云。長劫攝短劫等。結準上說可知。

六以念攝劫時

第六以念攝劫時。謂於一念之中。卽攝前後無量無邊同異類劫。一念既爾。餘一切念。一一念中。皆各普攝盡前後際一切劫海。如是時劫。說無盡教。

標中念該初門。刧該二至五門。釋中先明一念所攝。次例餘念皆爾。前二以三際各無邊刧爲能攝。無量無邊同異類刧爲所攝。此中以初門一念爲能攝。乃並彼第二一化。第三前後。第四同類。第五異類刧等。總爲所攝。一念既爾者。指現前一念攝刧既爾。餘一切念等者。例餘前後各無邊刧所有一切諸念。一一念中攝刧亦然。如是下。結說可知。

七刧念重收時

第七刧念重收時。謂一念中所攝刧內。復有諸念。而彼諸念。復攝諸刧。一一念既爾。餘一切念刧內諸念。攝刹亦然。是則念念旣不盡。刹刹亦無窮。如因陀羅網。重重無盡。於彼諸刹。說諸經海。

標中刹字。卽上門念中所攝之刹。念字。卽上所攝刹內復具之念。故云刹念。言重收者。謂此刹中諸念。又各重攝無量無邊同異類刹等。故云刹念重收時。釋中先約一念。次例餘念。後結無盡。初中一念所攝劫義。屬上門刹內復有諸念。釋刹念也。彼念復攝諸刹。釋重收也。例餘中。一念旣爾。指現在現前一念。餘一切念。指現在一切諸念。及前後際各無邊刹。一切諸念。此等諸念所攝刹內。念復重收諸刦還同現在現前一念。故云亦然。是則下。結無盡也。如上周徧三際所有諸念。卽無有盡。所攝諸刦。卽無有窮。況復刦復攝念。念又重收諸刦。故云念念刦刦。無盡無窮。如是時刦。非言可到。非思可及。唯彼帝網。略可形容。故云因陁羅等。結經中。諸經云海者。隨彼時刦。重重無盡。故刦念重收時竟。

八異類界刦時三　一正辨時刦　二別開界類

三總結盡說　初

第八異類界刦時。謂前之七重。且約同類。如今娑婆一類界等。今辨樹形江河形等。無量無邊異類界刹。刹旣同處。而有時劫不同。亦有時劫相同。而有長短各別分齊。

旨歸云異界時者。如樹形等無量無邊異類世界。時劫不同。分齊各別（娑婆狀如虛空。故以樹形等爲異類）前之七重。且約同類者。謂遍法界中。所有世界。凡有狀如虛空者。卽名娑婆同類。若狀如華旋。如光明照耀等。卽爲異類。前雖云遍。但遍同類。故云且約。如今句。指能類等所類也。異類界刹。古釋不同。今依淸涼評詳。有其四種。一 小刹異類。如百億界中。自有異類如閻浮相望則爲同類若以閻浮望餘洲者則爲異類此約方位若以形相者如人面形與人面形者則爲同類若望半月形者則爲異類此約一四天下中洲洲相望若以三千界中百億四天遞互相望論同異亦然。二大剎異類如一剎種中二十重剎相望亦有異類此復二種一約一重剎中主剎伴剎遞互相望二約二十重剎遞互相望同異準上可知。三剎種異類謂以十不可說佛剎微塵數剎種相望論異類也四剎海異類即十方無盡法界之剎海相望論異類也剎既同處者謂異類剎與同類剎同一處所謂小剎異類與同類同在百億大剎異類與同類同在一剎種剎種異類與同類同在一剎海剎海異類與同類同在一法界若微細推窮從狹至寬十種處中皆有異類與同類同在一處皆可準知。時劫不同者如同類中成異類中住等。時劫相同。而有長短等者。長短亦該染淨等。如同類異類。同是住劫。而長短染淨等。互不相同。正辨時劫竟。

二別開界類

然世界形相。略開二十種。華藏品云。須彌山形。江河形。廻轉形。旋流形。輪輞形。壇墠形。樹林形。樓閣形。山幢形。普方形。胎藏形。蓮華形。佉勒迦形。眾生身形。雲形。諸佛相好形。圓滿光明形。種種珠網形。一切門闥形。諸莊嚴具形。如是等有世界海微塵數。又收彼界。總成八類。謂穢世界。淨世界。小世界。大世界。麄世界。

妙世界。狹世界。廣世界。

初形開二十。須彌山形者。上廣下狹。江河形者。長遠曲折迴轉形者。礴紾往來。旋流形者。團圝漩澓。輪輞形者。如輞合輪。壇墠形者。或有一處如築土爲壇。或有一處如除地爲墠。樹林者。高下參差。樓閣者。層簷重起。山幢者。頭勢尖聳。普方者。八面盡方。胎藏者。以大懷小。蓮華者。眾小圍大。佉勒迦此云竹篅。卽盛穀圓笆也。眾生身形者。或有一處如人形。或有一處如天形等。雲形者。層層卷舒。諸佛相好形者。或有一處如月面。或有一處如螺髮等。

圓滿光明形者。處處洞徹。種種珠網形者。重重交絡。一切門闥形者。衆生住處如門闥故。闥短小門也諸莊嚴具形者。或有一處如華鬘。或有一處如瓔絡等。如是者。結上已列。等者等於未列。已列未列。合論共有界海微塵數也。又收下。類收八種。華嚴十七經云。了知妙世界。即是麁世界。麁世界即是妙世界。仰世界即是覆世界。覆世界即是仰世界。小世界即是大世界。大世界即是小世界。廣世界即是狹世界。狹世界即是廣世界。一世界即是不可說世界。不可說世界即是一世界。穢世界即是淨世界淨世界卽是穢世界。科註云。此十二中。仰覆約形相。一不可說約數目。麁妙等八。約種類故。今捨形數。取類明也。然唯取類者。爲對前來八種時故。古德約教分類。義似未妥。今變而用之。謂穢界染時。人天乘感。以有煩惱故感界穢時染。小界短時。小乘人感。以有法執故感界小時短。此二當小教。染變化土。麁界劣時。相宗人感。以立相故故感界麁時劣。狹界少時。空宗人感。以存空故故感界狹時少。此二當始教。淨變化土。淨界淨時。頓教人感。以證法性故感界淨時淨。此當法性土。大界長時。終教人感。以融性相故感界大時長。此當受用土。妙界勝時。同教一乘人感以同頓實故感界妙時勝教界多時。別教一乘八感。以惟具德故感界廣時多。此二當圓教。無障礙法界土。時中八類。前列不釋。留此並出故。別開界類竟。

三總結盡說

並盡彼界時刦。常說一切諸法。

約相。不惟盡彼二十種異類界中所有時刧。兼復盡彼界海微塵數異類界中所有時刦。約類。不惟盡彼八種界中所有時刦。兼復盡彼十二種界中所有時刦。故首置並言常說者。一一時。一一刦中。說無間故。言諸法者。一一音。一一語中。法無遺故。

科註云。此約異類諸界時說。與前同類界劫別也。

異類界劫時竟。

九彼此攝入時

第九彼此攝入時。卽彼異類界中。所有時劫。亦復各別相收。或同異類界時。互相攝入。若念若劫重重無盡。同前四五六七。悉於彼時。恆說諸門。

初句標時。彼指異界中時也。此指同界中時也。攝入有二。或彼彼相收。或彼此互相收。俱名攝入。卽彼下。釋義復三。初約異類界時明攝入。但取異類界中。時劫相收。故云各別。所謂彼彼相收是也。二約二類同異界時明攝入。通敘二類界中時刦相收。故云互相所謂彼此互相收是也。攝入相收。其義一耳。三取同類界時例攝相。若念若刦者。通指異類界中念刦。及二類界中念刦。重重者。略明有三。一刦中攝刦。二念中攝刦。三刦復攝念。念又攝刦。卽此三重。言之舌亂。思之意暗。故云無盡。此上爲能取例。同前等爲所取例。能取有二。所取亦應以二義釋之。初約異類界中。以刦攝刦。有二。若長刦攝長刦。短刦攝短刦等。則同前第四攝同類界時。若長短互相攝等。則同前第五攝異類界時。若念中攝刧。則同前第六以念攝刧時。若刧復攝念。念又攝刧。則同前第七刧念重收時。此約異類界時。取例而言。若約二類界時言者。如同界中長刧。攝異界中長刧。異界中長刧。攝同界中長刧等。則同前第四。若同界中長刧。與異界中短刧。互相攝等。則同前第五。餘二可知。悉於下。結說準前。彼此攝入時竟。

十以本收末時

第十以本收末時。謂以非刧為刧。故如華藏界中。以非刧為刧。刧卽非刧。念等亦爾。以時無長短。離分限故以染時分說彼劫故以時無別體依法上立法既融通時亦隨爾故於此無量不可說劫常說諸教初無休息。

初句標時謂以下釋義清涼云非劫爲本劫卽爲末以稱理而言離分限故名爲非劫能成事故名之爲本隨事而言有分限故是名爲劫依理成故是名爲末如華下引證彼云華藏世界海法界無差別等此明劫卽非劫以世卽是劫無差別卽非劫故又云此世界海中世界不思議等此證非劫爲劫此世界海界者卽指上無差別之世界用證非劫不思議者成壞住空等差別無量故用證爲劫今疏約義

引耳念等句取例謂刧既非刧爲刧念亦非念爲念刹那準知故云等也以時下轉釋時無長短離分限故明是刧即非刧以染時分說彼刧故明是非刧爲刧（以刧即非刧約佛菩薩淨心所見非刧爲刧約凡夫小乘染心所見）以時二句釋名言以本收末者以時無別體依法上立故法既二句顯玄言上之九時能得如是玄妙者以法既融通時亦隨爾故科註云今以本收於末能令末中一切時分皆悉如理融攝故得一一攝一切時也此由第十義故方得前九融攝自在無礙三時竟

二十儀十　一本末差別門　二依本起末門
三攝末歸本門　四本末無礙門　五隨機不定
門　六顯密同時門　七一時頓演門　八寂寞
無言門　九該通三際門　十重重無盡門　初
三　一標門釋義　二約位出相　三揀濫總結

初

言十儀者。第一本末差別門。謂本末同時。始終一類
各無異說。

初句寄言總牒。科註云。時必有法。故次明教。教有
化儀化法。化儀是如來化物儀式。爲今家判教之

大綱化法。是如來化物方法。為今家釋義之綱目。如以化儀判華嚴為本。以化法圓教解釋。化儀判阿含為末。以化法小教解釋。判般若楞伽為寂寞。以頓始解釋。判法華涅槃為歸本。以圓實解釋。由是教中先辨儀也。然佛化儀前後難定。有判初頓次漸者。有判先小後大者。又有初圓次漸後頓者。又有先小次三後大者。故今略開十門。以判如來一代化儀。第一句。正標本門。謂本下。略釋名義。清涼鈔云。本是一乘。末即小乘三乘。然非前後。從初得道。迄至涅槃。此三類教。同時並行。故云本末同時言一類者若小則始終俱小若三則始終俱三若一則始終俱一故云始終各無異說此約從始至終同時各有本教末教差別不同揀非先本而後末也不言中間者可例知故標門釋義竟

二約位出相

然有三位一若小乘中則初度陳如後度須跋中間亦惟說小益小如四阿含五部律等二若約三乘則始終說三通益三機中亦說三益三如密迹等三若約一乘則始終惟為圓機說於圓極其中不通小乘三乘復攝九世該於前後更無異說如華嚴等

初句總示三位。二若下別出其相。即分三義。初始釋俱小初度陳如後度須跋者。如遺教經云。釋迦牟尼佛。初轉法輪度阿若憍陳如。最後說法度須跋陀羅。阿若具云阿若多。此翻最初解名也。以如來昔於鹿野苑中轉四諦法輪時。最初稱解。故名焉。憍陳如此翻火器。姓也。以先輩事火命族。準諸經。鹿野苑中五人得度。今惟言陳如者。舉上首攝餘四也。須跋陀羅此云好賢。或云善賢。晉水疏云住鳩尸那城即拘尸那也。涅槃云。王舍城有五通仙名須跋陀。年百二十。常自稱是一切智人。生大憍慢聞佛入滅方往佛所佛爲種種說法心開漏盡成阿羅漢是爲後度中間亦惟說小益小者教章云或有衆生於此世中小乘根性定者則見如來從始至終唯說小乘不見說大如小乘諸部不信有大乘者是如四阿含等指法爲證也四阿含見前初轉時中五部律者一曇無德部此翻法密又云法藏法名四分（即今四分律也）二薩婆多部此云說一切有法名十誦（即今十誦律也）三迦葉遺部此云重空觀法名解脫（即解脫戒本經一卷相同五分）四彌沙塞部此云不着有無觀法名五分（即五分律也）五婆蹉富羅部此云犢子

律本不來。章安記云。四阿含。五部律。是爲聲聞說。乃訖於聖滅。長阿含遊行經說。乃至涅槃等之一字。指佛自所說阿毘曇藏。故知小乘三藏通於一代。二若下。始終俱三。始終說三者。如華嚴存諦緣之名。涅槃有小果之證。中亦說三益三者。如阿含小教會。有無量衆生發菩提心等。大品亦同。深密第三時。普爲發趣一切乘者。光明亦爾。如密等者。密跡力士經云。佛初鹿苑說法之時。無量衆生得阿羅漢果。無量衆生。成辟支佛道。無量衆生發菩提心等。等之一字。等於大品深密及光明等。以彼數經俱有通三乘義故故知三乘通於一代三若下始終俱一始終惟圓者如華嚴不共餘乘法華無二無三等其中不通小乘三乘者如圓覺楞嚴密嚴勝鬘等遇機卽說不定初後揀乘惟一不立三二復攝九世者法圓時亦圓故該於前後者不惟現在更無異說者惟顯一乘如華嚴常恒之說遍三際而恒宣法華半日之時攝五十之小刦等故知一乘盡前後際豈況一代如華嚴等者指法爲證如前所引可知約位出相竟

三揀濫總結

然此三類依於此世根性定者常開如上一類之法。故佛所演各通始終更無前後。

初揀濫問機無定性法無定說今云始終俱小等豈機教各有定耶揀云然此三類云云 言遠論多生機則無定今且依此世又此世亦有不定今取根性定者雖曰常開一法但取一機自見非多人同見也故佛下總結各通始終者本末各通始終。更無前後者非前本而後末也本末差別門竟。

二依本起末門二 一標門出相 二防問揀濫

初

第二依本起末門。此有五類。謂初爲菩薩說大。二爲緣覺。三爲聲聞。四爲善根衆生。五爲邪定。如出現品日照高山。及三千初成喻中廣辨其相。皆明先大後小。

初句標門。此有下出相。五類。如下所列。初爲菩薩。如日出先照高山本也。二爲緣覺。三爲聲聞。如次照黑山。四爲善根衆生。如次照高原。五爲邪定。如後照大地。皆末也。如出現品等。指法之源。日照高山喻。如別三時中詳明。若欲更悉者。彼經頌云。譬如日光出現時。先照山王次餘山。後照高原及大地而日未始有分別。合云善逝光明亦如是。[合日光出現。]先照菩薩。[合先照山王。]次緣覺後照聲聞。[合次照餘山。餘山即黑山也。]及眾生。[合後照高原大地。高原喻方等三乘。大地喻般若三聚。文中惟言邪定者。舉劣況勝故。]而佛本來無動念。[合日無分別。以般若無知。隨緣而照。千機殊對。一智莫干。豈動念哉。]三千初成喻者。經云譬如三千大千世界初始成時。[喻如來出現。]先成色界諸天宮殿。[喻先教菩薩。]次成欲界諸天宮殿。[喻次教緣覺。]次成於人及餘眾生諸所住處。[成人住處喻次教聲聞。成餘住處喻邪定普及。]故經自合云。如來出現亦復如是。先起菩薩諸行智慧。次起緣覺諸行智慧。次起聲聞善根諸行智慧。次起其餘眾

生有為善根諸行智慧起發起也如文合前可知

廣辨其相者指廣在彼須者往檢皆明先大後小者大即是本小便為末先故為依後則是起也標門出相竟

二防問揀濫

約法名從本起末以於一佛乘分別說三故十八本二皆大乘出故約機各是一類之機非約一機前大後小

初防問問從小入大由劣向勝近佛受教乃為不虛今明先大後小親教無益而反有損也故此防

云約法名從本起末非約機也以於下釋立名所
以於一佛乘本也分別說三末也此據法華義釋
十八本二者小乘二十部中大衆上座二部爲本
餘犢子法上等十八部爲末故云本二大乘出故
者台上本末共二十部皆從大乘出故此據文殊
問經義釋彼明佛滅後二十部皆以大乘爲本也
約機下揀濫各是一類者華嚴菩薩受益阿含二
乘受益方等三乘受益般若餘乘受益故云非約
一機等若約一機自應先小後大義在下門從本
起末門竟

三攝末歸本門二　一正明　二揀濫　初

第三攝末歸本門。依無量義經初時說小。次說中乘。後時說大。法華亦云。昔於波羅奈。轉四諦法輪。今復轉最妙無上大法輪。深密妙智說。皆先小後大。

初標門。依無下。釋義。無量義經等。約義引也。彼經具云。初說四諦。爲求聲聞人。中於處處演說甚深十二因緣。爲求辟支佛人。次說方等十二部經。摩訶般若。華嚴海空。宣說菩薩歷刼修行。然四諦小乘。因緣中乘。末也。方等般若華嚴海空。本也。法華等。亦超間引之。準經。於第二句下。更有分別說諸法。五眾之生滅。方接後二句也。若釋其義者。昔指如來成道。三七日後。遊化鹿苑之時。不云鹿苑。而云波羅奈者。以鹿苑是波羅奈境。舉總該別。故波羅奈。義翻江繞城。蓋依水爲城名耳。四諦謂苦集滅道。可軌可持名法。審實不虛名諦。摧惑至道名輪也。分別說諸法者。如苦有三。八集有二。五道有七科。滅有餘無等。分而別之。差別不同。故五眾。卽陳如等五人。之猶至也。生滅者。四諦有四。一生滅四諦。義當小教。二無生四諦。義當始教空宗。及頓教少分。三無量四諦義當終教。及始教相宗一分。

四無作四諦義。當圓教。及頓教多分。據此則五衆所至。惟齊生滅分齊。故云之生滅也。又五衆卽是五陰。以陰有和合義。故生滅卽是無常。謂旣說四諦。復說生滅無常法耳。今指靈山高會復轉卽指法華。妙而言最者。揀非方等般若。對麤言妙。故大而無上者。揀非始終二教。對小言大。故然疏中但取昔轉小乘爲末。今轉大乘爲本。故超間引之。無傷大義。深密妙智等者。深密第一時說小乘。第二時說一乘。第三時說三乘。蓋以小乘爲末。大乘爲本。妙智亦第一時說小。而第二時說三。第三時說一此以小乘三乘俱爲末一乘爲本皆先小後大者探玄揀云無量義經合大開小深密等經合小開大謂於大乘開於權實深密以一爲權以三爲實妙智以三爲權以一爲實然於先小後大義則同也正明竟

二揀濫

然此門中有二類人一者一人備歷小大如四大聲聞等二者先稟小人未必後時稟大以小性定故而聞後時說大故異前始終俱小後稟大人未必要從小來以有頓悟機故而知先來說小故非前始終俱大

初總標。一者下。別揀復二。先揀濫。次門。一人備歷等。不同。第二。從本起末有五類機。故四大聲聞。即須菩提迦旃延迦葉目犍連也。此四人等。從初即在佛會。直至法華常隨。方悟入故。法華信解自陳可見。二者下。後揀濫初門。稟小未必稟大者。復揀當門中第一義耳。小性定故。釋未必稟大所以而聞句。乃揀第一門中義也。問稟小未必稟大。豈不濫前初門。始終俱小義耶。答雖不稟大。而聞後時說大。聞故異前始終俱小。以前始終俱小。不聞後時說大故。稟大未必從小者。亦且揀當門第一中義有頓悟故。釋末必從小所以而知句亦揀第一門中義。問。稟大不從小來豈不濫前初門始終俱大義耶。答。雖不從小。而知先來說小。知故異前始終俱大。以前始終俱大。不知先來說小故。然此二類。第一本末通機。第二本末惟教。今是化儀。不論機故。合為一門。以上攝末歸本門竟。

四本末無礙門

第四本末無礙門。謂初舉照山王之極說。明非本無以垂末。後顯歸大海之異流。明非末無以歸本。故本末交映。與奪相資。方為攝生之善巧矣。是故通論。總有五位。一根本一乘。如華嚴。二密意小乘。三密意大乘。四顯了三乘。皆如深密。五破異一乘。如法華。

初標門。謂初下。釋義。華嚴至極之說。獨被圓頓大根。如日出先照高山。故云初舉等。如華嚴出現品說。非本無以垂末。則本不礙末矣。法華純圓之教。通會異說。如四水川流江河共歸大海。故云後顯等。非末無以歸本。則末不礙本矣。如法華藥王品說。本末交映者。初則本顯末隱。依本流末。次則末顯本隱。攝末成本。故與奪相資者。初則與本奪末。末依本起。次則與末奪本。本從末成。故如是本末圓通。

自在無礙攝生方便。對機善巧。極盡於此。故云方便等也。是故下。結位。一代所說地位所宜本二末三。故云通論有五。根本一乘。指在華嚴者。爲諸教本故。二三四位。指在深密者。準彼經云。初一時中。唯爲小乘說有。第二時中。唯爲大乘說空。皆以隱密相轉。非爲了義。故云密意。第三時中。普爲發趣一切乘者。以顯了相。轉正法輪。是眞了義。故云顯了。破異一乘。指在法華者。以一乘教。破前三乘故。問深密三乘既了。何緣法華復破之也。答。清涼疏云。深密三時。不能定斷一切聖教。以未居最後故。

若以法華望之。彼仍不了。故須破之。如世尊後勅破於前敎故。然華嚴之深密。謂之依本起末。深密之法華。謂之攝末歸本。合此經五位。卽本末無礙也。本末無礙門竟。

五隨機不定門

第五隨機不定門。謂上之四門。初門明三類機。始終常定。次門明五類機。異時常定。三門明一類機。自淺之深。四門明二類機。初機聞頓。後機從淺至深。更有一類不定之機。或從小乘。次入三乘。後入一乘。亦有從小。直入一乘。或多類機。隨聞一句。異解不同。

初標門謂上下。釋義有二。初牒前起後。牒前中前三門。在文易見。四中初機聞頓等者。謂華嚴爲一類頓機。深密法華。爲一類漸機。故更有句。起後一類者。總該多衆。不定之義雖別。不定之名無二。故云一類。或從下。正明不定。從小入三入一者。如妙智三時中說。梁論亦同此。與攝末歸本別者。彼約教別此明教本無別。但隨機所入不定耳。又與本末同時異者。彼約有本有末。但是同時。此明本末無迹。但是隨機。若會玄等所釋。與此不同。彼自知從小直入一乘者。宿世先習小乘。後習一乘。中聞更不徧習三乘。今小機先熟。一機後熟。故直入也此是入位不定。或多類機等成解不定。上言一類。此言多類者。上約同是不定。名爲一類。此約中有多人名爲多類。蓋一乃具多之一。多乃一中之多耳。隨聞一句異解不同者華玄云。如經說一無常。或有解者以生滅代謝。故云無常。或云無彼常故名爲無常。或云不生不滅。名爲無常。或卽無法可常也。或云眞如一法隨染淨緣。轉變不常。故名無常。或聞無常便知對常以說無常以爲中道等。明知隨人解不同也。此中所有異解。古有多釋。不能俱引今以私意釋之爲取簡易以便初學生滅代謝二乘由兹生厭小敎義也無彼小乘涅槃之常別求大乘初門始敎義也不生不滅卽是眞性無法可常居然寂滅頓敎義也眞如一法隨緣轉變終敎義也對常說無常非常非無常乃雙遮之中等於卽常卽無常雙照之中及遮照同時不思議之中道仍攝頓終及圓義也如無常旣爾苦空等一切法皆然是謂隨人解不同也隨機不定門竟

六顯密同時門

第六顯密同時門。謂同聽異聞。若互相知者。是顯不定。若互不相知者。即是祕密。顯密同時。亦無前後。

初標門。謂同下。釋義。清涼鈔云。從一音異解中。分成此二。故云同聽異聞。如寶積云。佛以一音演說法。衆生各各隨所解等。聞大者。知彼聞小。聞小者。知彼聞大等。名互相知。即顯不定。聞大者。不知聞小。聞小者。不知聞大。名互不相知。即秘密不定。文闕不定。可例知。顯密同時者。謂此二教。雖遍三時五會。皆約一念。一時。一會。一部。一句。一言。如來三輪不思議化。能令衆生得益不同。而論二教。非約異時故云亦無前後又此中秘密約教相論若約部類即收一切陁羅尼咒灌頂諸部一類秘密教也謂顯說顯露教不妨密說秘密教顯說修多羅不妨密說陁羅尼故云顯密同時顯密同時門竟

七一時頓演門

第七一時頓演門謂上來諸門一時頓演華嚴經云

如來於一語言中演說無邊契經海

初標門謂上下釋義皆可知華嚴下引證一語顯非異時證上一時義也無邊契經則上之諸門所說攝無不盡證上頓演義也問如初門始末常定

次門異時常定。又初門中始終一乘。已攝九世。該前後等。諸如此類。如何一時頓演。答。以念攝刧刧念重收。一化始終。九世前後頓演無礙。一時頓演門竟。

八寂寞無言門

第八寂寞無言門。謂從初成道。乃至涅槃。不說一句。般若云。我從成道以來。不說一字。汝亦不聞。

初標門。謂從下。釋義。不說一句者。不取法相。不取說相。蓋謂說而無說。非謂一向杜口爲無說也。般若下。引證。我從等。正證不說。汝亦句。兼證不聞。以無說卽無聞義必具故無妨兼證若釋其義者如肇公釋淨名無說無示無聞無得義云無說豈曰不說謂能無其所說亦無所詮示法故終日說示而未嘗說示無聞豈曰不聞謂能無其所聞亦無所得之法故終日聞而未嘗聞終日契法而未嘗得法涅槃楞伽等經亦有此義寂寞無言門竟

九該通三際門

第九該通三際門謂此上諸門盡通三際經云一法門中無量門無量千刧如是說

初標門謂此下釋義上之八門但明一代興化此

則隨一一門盡通三際以有延促無礙義故經云下引證所引卽華嚴頌也上句證此上諸門一法門謂諸法門中隨舉一門爲主也餘門皆伴故有無量下句證盡通三際然法旣卽一而多時亦卽延而促且言三世實十世異成餘如前三際時中說該通三際門竟

十重重無盡門

第十重重無盡門謂前之九門隨時隨處重重無盡皆無前後經云毘盧遮那佛願力周法界一切國土中恆轉無上輪

初標門謂前下釋義若謂前之九門化儀於一代時中一切處內隨一一時一一處皆悉具足此猶略似同時頓演今以時由刧念重收處由一多無礙故令前之九門化儀隨時隨處重重無盡互容俱現故云皆無前後會玄云以一念中攝重重無盡時中重重無盡化儀一念既爾念念皆然一塵中攝重重無盡處中重重無盡化儀一塵既爾塵塵皆然又以時中具處處中具時等則玄之又玄矣經云下引證亦華嚴頌法界國土處也恆轉時也願周則隨時隨處無不遍也無上則若儀若法

無不融也。以圓教攝法無遺故。取證可思廣本云。
此上十門。圓通無礙。華玄鈔云前之四門義已略
周藏和尙立。但有前四。下之六門復旁收異義。以
顯玄奧。後之二門。正是華嚴境界。融取前八亦不
離華嚴之用。

五教儀開蒙增註卷一終

賢首五教儀開蒙增註卷二

賢宗後學通理述　嗣法門人心興較訂

三五教三　一略釋名義　二廣辨法相　三各出斷證　初五　一小教名義　二始教名義　三終教名義　四頓教名義　五圓教名義　初

言五教者。初小乘教。亦名愚法二乘教。異大乘故。逐機設故。隨他語故。以明法數。一向差別。所謂揀邪正。辨聖凡。分欣厭。析因果也。

初句寄言總牒。謂化儀既明。化法須審。故先總牒。後乃別釋。因無多文。寄於小教言之。初小下。別出當文言小乘教者。依探玄所立。蓋對大立名也。言愚法二乘教者。依至相所判。會玄云。此約褒貶揀顯立名。謂旣但愚法。卽褒其不愚人空。又旣尙愚法。卽貶其未達法空。所以貶者。揀下始教分解法空。所以褒者。顯此小教備達人空。今正取小乘愚法。但附出耳。筆削記云。運小根至小果。如羊鹿車。但能引輕。不可致遠。故名小乘教。此標名也。下乃釋義。異大乘者。小教斷證。與後四教迢然不同。如楞伽云。聲聞緣覺。無自涅槃法。以彼但依如來所說。調伏遠離。如是修行。而得解脫。非自所得。又彼未能除滅智障。及業習氣。未覺法無我。未名變易死等。是皆異大乘義。逐機設者。隨二乘機。設小乘教故。如法華門外三車。但是方便。誘引諸子。令出火宅。非實有也。隨他語者。淸涼云。佛有三語。一隨自意語。說自所證一實等故。二隨他意語。一向方便引衆生故。三隨自他意語。半稱自證。半隨機宜說故。今諦緣教乃一向隨他意語。如楞伽云。爲攝愚夫故。說二乘差別。以明下文轉釋。法數者。一切諸法。各有其數。如三學四諦等。一向差別者。迢然不同。如邪學正學。世間出世等。所謂者。指釋之詞。

謂指下揀辨分析釋上一向差別義也外道戒定慧爲邪佛敎戒定慧爲正佛未出世邪正不分人多亂修法華云衆苦所逼迫入邪見稠林是也旣出世已破邪顯正故須揀擇涅槃舊醫新醫之喻可見六趣爲凡四乘爲聖佛未出世凡聖混淆人多着世法華云以貪愛自蔽盲瞑無所見是也旣出世已化凡入聖故須辨別法華三車一車之喻可見生死喧雜是可厭境涅槃寂靜是可欣境佛未出世衆生久沈生死不覺不知蓮師云如蠅蛆飫於厠中類牛羊就乎屠肆是也旣出世已示眞

常。息輪轉。故須分解。苦集二諦。是世間因果。道滅二諦。是出世因果。佛未出世。人多遵從邪教。撥無因果。亦有非因計因。非果計果。自誤誤人。靡有底止。蓮師云。今生以及多生。一誤而成百誤是也。旣出世已。破邪因。及無因。故須析明。圓覺鈔云。佛說此教之意。以諸凡夫外道。邪正不分。眞妄混濫。佛若竟說了義。謂云一切皆眞。何能令彼改心悔過。故說諸法染淨定別。善惡雲泥。令知善淨可欣。惡染可厭。知彼賢聖深妙。自覺凡夫過患。發心立志。修因證果。故云隨機等也。小教名義竟。

二始教名義

二大乘始教。亦名分教。但明諸法皆空。未盡大乘法理。故名爲始。但明一切法相。有成佛不成佛。故名爲分。

初立名。大乘者。對上貫下之稱。以上是小乘。下亦大乘故。筆削記云。運大根。至大果。如水牛車。既能引重。又可致遠。故名大乘。始教者。法鼓經云。一切空經。是有餘說。旣猶有餘。顯未盡理。故爲始也。但以不愚法故。非彼小乘。故爲大乘始初之門。分教者。探玄云。深密第三時。定有三乘。與第二時同。故今合之總名爲分。筆削云。始分二教者。此且標其兩名。理實二教。各詮一義。所謂空相。非謂一教而有二名。但明下。釋義。諸法皆空者。謂諸部般若明始自色心。終乎種智。無不如幻。如云。無色無受想行識。乃至無智亦無得。又云。若有一法勝過涅槃。我亦說爲如幻如夢等。未盡理者。大乘法理。不空不有。而空而有。旣但說空。當知未盡。此釋始教義也。故中論云。空是大乘初門。又云。以有空義故。一切法得成。故言始也。一切法相。不出五位百法。縱說眞如無爲。是諸法性。亦墮法相數中。故云但明法相有成不成者。謂五性中。菩薩性全成。定性二乘。無性闡提全不成。不定性中。半成半不成。所謂一分半衆生成佛。三分半衆生不成佛。故名爲分。

此釋分教義也。始教名義竟。

三終教名義

三終教。亦名實教。由明緣起無性。一切皆如。定性二乘。無性闡提。悉當成佛。方盡大乘至極之說。故名爲終。以稱實理故名爲實。

初立名筆削云。此只一教。以對前二。故立二名。非同於前。二教異也。圭峯云。終者。終於始故。實者。實於分故謂以大乘中空相淺分之義初誘導之後以中道實際之理終竟成之故云終實以始分教中無終極眞實果故廣註云所以立終實名者以大乘性宗法中不變而又隨緣眞空不礙妙有故終也揀上始教但空隨緣而又不變妙有不礙眞空故實也揀上分教但有法鼓經云一切空經是有餘說惟有此如來藏常住妙典是無上說旣對始教稱爲無上故是終也由明下釋義緣起無性一切皆如對上始教諸法皆空定性無性悉當成佛對上分教有成不成此是對上明義下乃結名

方盡二句。承上緣起無性。一切皆如。以結終教之名。非彼一向說空不盡理故。但名始也。以稱二句。承上定性無性。皆悉成佛。以結實教之名。非彼有成不成。不稱眞故。但名分也。長水云。詮法窮源。故云至極。對前未盡。終於始故。名爲終教。非同法相。故云實理。分教不了。乃屬於權。此中了義。故云實教。終教名義竟。

四頓教名義三　一結前　二正明　三防問

初

上之二教。並依地位漸次修成。故總名漸。

結前始終二教束為漸教以起向下頓教之名並依地位等者教章云以始終二教所有解行並在言說階位次第因果相承從微至著通名為漸清涼云此文是結前生後意謂文雖結前義含生後會玄釋云所以結前者初小大為對次始終為對今以後頓雙對前之二三俱約地位故為漸第四無位故名頓又圓覺略疏註云然大乘教總有三宗謂法相破相二皆漸教之始法性通於漸頓漸即終教終於始故頓如後說無位次故然此中漸頓直約化法以釋揀非天台化儀中漸頓教也結

前竟

二正明

四一乘頓教但一念不生即名爲佛不依地位漸次說故思益云得諸法正性者不從一地至於一地楞伽云初地即爲八無所有何次不同於前漸次修行不同於後圓融具德故立名頓

初標名一乘者對上三立名以上三教中初唯小後唯大中兼小大通名三乘故例筆削記云運上根至極果如大白牛車行步平正其疾如風遊於四方自在無礙故名一乘然此一乘二字雖標頓

教義貫於圓以是二教雖偏圓有異若對彼大乘
總超行布故通名爲一乘也又前大乘名義雖通
一乘圓頓亦復兼通三乘權教而此一乘惟局頓
圓不通權漸故經云惟有一佛乘無二亦無三又
實教雖通一乘乃依相初說非究竟一故必於此
教加之筆削云一直而談更無委曲不歷階漸惟
指本源故稱爲頓教章云頓者言說頓絕理性頓
顯解行頓成一念不生卽是佛等但一下釋義淸
涼疏云心本是佛妄起爲生一念妄心不生何爲
不得名佛故達磨碑云心有也曠劫而滯凡夫心

無也。剎那而登正覺。華嚴云。法性本空寂。無取亦
無見。性空卽是佛。不可得思量。筆削云。念生旣是
凡夫。相現。性隱。不生宜名爲佛。性顯相亡。故觀師
云。一念不生。前後際斷。照體獨立。物我皆如。不假
餘方便。故云但也。不依地位等者。旣離念卽佛。豈
有位次。故不依說。如經云。離妄卽覺。亦無漸次。又
楞嚴云。狂心頓歇。歇卽菩提。何借劬勞。肯綮修證。
如思下。引證得法正性句。證前一念不生以纔生
一念。卽墮生滅。非不生滅之正性。故不從一地句。
證前不依地位。可知。楞伽經語。略而未周。具云。十

地則爲初。（同證如故）初則爲八地（初地不爲煩惱所動。同不動故。）第九則爲七。（同無生忍故。）七亦復爲八（同無相觀故。）第二爲第三。（同信忍故。）第四爲第五（同順忍故。）第三爲第六。（三地發三慧光。同六地般若慧故。）無所有何次（法性寂滅。本無所有。何論次第。據此則上約義配。亦强會同耳。）今儀文取義順便。略引第二句。及第八句。以證不依地位。而說義故。亦可通證前義。以無所有三字。即是一念不生。何次二字。即是不依地位。但以何次二字。非上句不顯。故兼引之。不同下。揀濫。初句對前揀漸名頓。次句對後揀圓顯頓。此則圓頓義異。不同天台圓即是頓。末句結名可知。正明竟。

三防問

問此若是教更何是理答頓詮此理故名頓教別為一類離念機故亦為對治空有俱存三種着相人故卽順禪宗

此中問者乃刊定難藏和尚語也彼云上所引經當知此並忘詮顯理復何將此立為能詮此若是教更何是理今為通彼故作此答謂能詮教皆從所詮立名若漸詮三乘卽是漸教若圓詮事事無礙卽是圓教今既頓詮此理豈不名為頓教或問教不徒立因機而設是故漸教圓教各有所被今

此頓教。爲何等機。答。別爲一類離念機故。謂超情絶見。眞智孤朗。聞此法門卽能頓悟。亦爲對治空有俱存。三種着相人故。謂法相着有。破相着空。性宗實教着亦空亦有。聞此頓教卽祛彼執。廣註云。離念機者。卽頓教直往菩薩。三種着相人者。卽擧回心菩薩。然回心之言猶渾。若上加漸教。下加直往。謂是漸教回心。直往菩薩。其義則顯矣。卽順禪宗者。達磨以心傳心。正是斯教。如云卽心是佛。不立文字。卽寄無言之言。直詮言絶之理。雖明乎宗。亦卽是教。故南北宗禪不出乎此。問。此之頓教。與前頓演等門。有何分別。答。前是化儀。此是化法。義各不同。於中復有多相。具如廣註中辨。頓教名義竟。

五圓教名義

五圓教。統該前四。圓滿具足。一位卽一切位。一切位卽一位。是故十信滿心。卽攝五位成正覺等。依普賢法界。性相圓融。主伴無盡。身刹塵毛。交遍互入。故名圓教。華嚴云。顯現自在力。爲說圓滿經。無量諸衆生。悉受菩提記。

初標名。淸涼疏云。圓者以不偏爲義。但化最上利根之人。故名爲圓。統該下。釋義。該前圓具者。正顯不偏。又不偏有二義。初以一教統該前四。故不偏。

二以所該四敎又復互圓互具故不偏此約敎義言也若約位次者一位卽一切位不同頓敎一向無位一切位卽一位不同漸敎五位次第以圓敎位次不過寄位勸修其實隨得一位卽一切位雖得一切位還卽一位如一步入海卽躡百川雖躡百川未移一步是也是故下成立上說十信滿心等成立上說圓位卽賢首品中義也以彼明十信位卽得灌頂而昇位故灌頂昇位墮在佛數故云成正覺等中超住行向地等故云卽攝五位由此義故而上所說一卽一切等義得成依普下成立

上說圓義普賢法界者。約人顯法。謂普賢所證。一眞法界也。一眞法界。該四法界。故云性相圓融。性卽理法界。相卽事法界。圓融卽理事無礙法界。主伴無盡。卽事事無礙法界。依於此義。而上所說。統該前四等義得成。以前之四教。不離性相。故互圓互具。正是主伴。故又性相無礙。猶是同圓。主伴無盡。乃成別圓。故身剎二句。極顯圓義。亦是以深況淺。以身剎塵毛。尙能交徧互入。則一教統該諸教。一位卽攝諸位者。無庸疑矣。故名句。結名。由上位義皆圓。故以圓教爲名。如華下。引證。卽晉經頌也。

顯現自在力者。處則廣狹無礙。時則一多相卽等。
皆如來不思議力之所顯現。故云自在。爲說圓滿
經者。證上統該前四。圓滿具足之義。無量句。文義
少略。準今經云。無量衆生意柔軟。蕊柔軟云。者應
是初發心也。初發心時。卽蒙授記者。證上一位卽
一切位。一切位卽一位之義。又上言成正覺等。依
會玄有二義。一等支流等經。二等一代敎中。但有
圓融具德之經。皆此圓教中收。私謂不必定爾。卽
本經之中。可等之文尙多。如四十一經云。彼諸如
來。修圓滿行。發圓滿願。入圓滿智。有圓滿衆。備圓

滿莊嚴集圓滿功德。悟圓滿法。得圓滿果等。皆可證也。此是圓教名義。通結五教中。略釋名義竟。

二廣辨法相二　一總以標牒　二別以辨釋

初

若約所詮法相者。

能詮名義。既有淺深。所詮法相。亦有勝劣。故須辨之。上名義俱爲能詮者。以有名有義。法相始顯。故五教同稱法相者。以既落言詮。卽墮相數。非對性說相之相。乃性相俱該之相也。隨標隨牒。故置者言。

二別以辨釋五　一小教法相　二始教法相
三終教法相　四頓教法相　五圓教法相　初
一總相　二別義　初四　一法相多少
二空差別　三所依根本　四結成有餘　初

初小教中說有七十五法。

初舉小教者。依能詮。顯所詮故。餘教準知。七十五法者。古德頌云。色法十一　心法一　四十六種心所法一十四種不相應。三種無爲七十五。此總數也。

若別名者。俱舍頌云。一色唯五根。五境及無表。此頌色法十一名也。五根。卽眼耳等五種淨色。以是眼等識之所依止。故名爲根。五境。卽色聲香味觸。以是眼等根識之所對緣。故名爲境。無表色者。謂受戒時。思種所生善不善色。雖無表示。依於大種所造性故。得受色名。二心唯意識。此頌心法一名也。色爲第一位。心法次之。故云二也。唯意識者。圭山云。雖云六識。但是一意識。於六根中應用。故名六也。俱舍頌云。心意識體一。謂用雖有異。而體是一。不同大乘各別出體。故云爾也。三心所分六。一大地法十。受想思觸欲。慧念與作意。勝解三摩地。徧於一切心。二大善地十。信及不放逸。輕安捨慚愧。二根及不害。勤唯遍善心。三大煩惱六。癡逸怠不信。昏掉恆唯染。四大不善二。無慚及無愧。五小煩惱十。忿覆慳嫉惱。害恨諂誑憍。六不定有八。謂悔眠尋伺。貪瞋並慢疑。此頌四十六種。心所法名也。於中復二。初句。總標心法爲第二位。心所次之故云三也。分六者。四十六種約類為六。故文句下。別釋。一謂六類中第一也。大地法者。大即徧義。謂受想等十。通於三性等一切心品。故名為大。地者行處。即目心王是諸心所所行之處。故名為地。法之一字。還目心所。是大徧諸地之法。名大地法。此類有十。文下即列。受謂三種領納。苦樂俱有差別故。想謂於境取差別相。思謂能令心有作作。觸謂根境識和合生。能有觸對。欲謂希求所有造作。慧謂於法能有揀擇。念謂緣境明計不忘。作意謂能令心警覺。勝解謂能於境印可。三摩地謂心一境性。徧於一切心者。釋其獨得大地法之名也。○二謂六類中第二也。大善地者。大亦徧義。謂信等十。恆遍一切善心。得大善名。善心稱地者。以是信等所行處故。此亦有十。文下即列。信者令心澄淨。現前忍許。不放逸者。修善離惡。能守護心。輕安者身輕心安。堪任增進。捨謂離諸沈掉。心平等性。慚謂於所造罪。自觀有恥。愧謂於所造罪。觀他有恥。二根者無貪無瞋。無貪者於可意境不生染着。無瞋者於不可意境不生恚怒。其無癡善根。慧為性故。前大地法中已說。此不重出。不害者於諸有情不爲損惱勤謂精進令心勇悍爲性唯遍善心者釋其獨得大善地之名也○三謂六類中第三也大煩惱六者謂癡逸等六恆遍一切染污心故癡謂愚癡卽是無明於諸事理迷暗爲性逸謂放逸不守護心怠謂懈怠心不勇悍不信者心不澄淨於境不忍昏謂惛沉身心暗滯不堪增進掉謂掉舉心不甯淨恆惟染者有二義一體唯是染二遍染心出此獨得大煩惱名○四謂六類中第四也大不善二者謂無慚與無愧恆遍於彼不善心故無慚者於所造罪自觀無恥無愧者於所造罪觀他無恥由此二故不善俱起故得大不善名○五謂六類中第五也小煩惱十者謂忿等十不遍一切惟與小分染污心俱小卽煩惱也又具三義名小一唯修所斷故二意識地起無明相應故三各別現行故於不饒益境憤發名忿於自所作罪隱藏爲覆躭着財法不施名慳不耐他榮妬忌爲嫉忿恨暴熱狠戾爲惱心無悲愍損惱爲害懷惡不捨結冤爲恨矯設異形媚他爲諂詐現有德誘利爲誑心生染着醉傲爲憍○六謂六類中之第六也不定有八者謂悔眠等八不定入前五類法

中。且如悔之一法。通二性故。不定入前初二。非不善故。不定入前第三。以通善故。不定入前第四。不具三義故。不定入前第五。餘可思準。悔者。亦名惡作。謂惡所作業。追悔為性。眠。謂睡眠令身不自在。昧略為性。尋。謂尋求。於意言境。不深推度。伺。謂伺察。於意言境。深細推度。貪。謂於可欲境。染着為性。瞋。謂於可憎境。恚怒為性。慢者。恃已凌他。輕傲為性。疑者。於諸事理。猶豫為性。然此中後四。在大乘百法中。正是根本煩惱。而此云不定者。以有為善起貪。枉惡起瞋。緣增上起慢。恐入邪生疑。等似非定染。及與不善。大乘不爾。定屬煩惱。此小乘擇法未審。亦去惡不嚴也。

四心不相應

得非得同分無想二定命及生住異滅並名句文身。

此頌一十四種不相應名也。心不相應者。論曰。一名心不相應行。今從偏便略一行字耳。得有二種。故一未得者得。二得已不失。非得亦二。一未失今失。二失已不得。同分。亦名眾同分。此復二種。一無差別。謂諸有情同共有故。但名有情同分。二有差別。

謂諸有情各別有故如人同分天同分等。無想即無想果也。謂生無想天有法能令心心所滅名為無想也。此法一向是異熟果。二定者。無想定滅盡定也。無想定者。即無想因。謂彼有情執彼無想是真解脫。為求證彼修無想定。滅盡定者。謂依於此定能令心心所滅名滅盡定。問與上何別。答上無想定為求解脫。此滅盡定為求靜住。又上無想定在第四禪。此滅盡定在非非想。又上定惟異生得此定惟聖人得。命謂命根。體即是壽。持煖及識令得相續。生謂諸法能起。住謂諸法能安。異謂諸法能衰滅。謂諸法能壞。名謂作想。如說色聲香味。句者謂章詮義究竟。如說諸行無常等章。文者謂字。身者合集義。如一名為名。眾名合集為名身。一句為句。眾句合集為句身等。

五無為虛空擇滅非擇滅

此頌三個無為名也。無為者。非造作性故。虛空者。清涼云。小乘秖取外空。以大乘取五蘊空處所顯之理名虛空。故虛空稱無為者。非四大性可造作故。擇滅者。由慧力故揀擇四聖諦所得寂滅名為擇滅。雖由揀擇而得。然體非造作。故是無為。非擇滅者。當來生法緣缺不生時。名之爲滅。此非擇力所得。又無法可造作。故名非擇滅無爲。此上七十五法。釋義多依俱舍。但以略取。或少參餘意。故不置論云。

法相多少竟。

二二空差別

唯明人空。不明法空。縱說法空。少不明顯。

唯明人空者。起信論云。依二乘根鈍故。如來但爲說人無我。筆削記云。人無我者。小乘藏中所說。以彼根非利故。但爲分別蘊中無我。令證人空也。不明法空者。以其根劣。未堪聞說二空理故。是故二乘。雖於蘊中不見人相。而見蘊等是其實法。既執實有。故見三界不安。猶如火宅。由此不耐度生。速求寂滅。縱說法空者。謂縱許小乘教中。有說法空處也。如華玄引阿含中云。無是老死。卽法空也。無誰老死。卽人空也。又引智論云。三藏中。明法空爲大空。摩訶衍中。以十方空爲大空。故知小教亦明法空。少不明顯者。筆削云。雖有此說。以百無一分故云少說。但標而已。更不解釋。故不明顯。以非教中之正義。故爲對大乘。分明顯了義邊。故名爲但如河少水。亦名無水。二空差別竟。

三所依根本

但依六識三毒。建立染淨根本。故阿含云。貪恚愚癡。

是世間根本。

六識所熏也。三毒能熏也。但依者。筆削云。六識者。卽前六識。彼教三宗。所說有異。謂經部無別心所。有部有別心所。覺天所說。唯一意識隨六根轉。無別六異。今依覺天。六尚唯名。況有餘耶。是故依名說有六識。揀彼大乘。說有八識等。故云但也。三毒者。貪瞋癡。使害物最深。能損法身慧命。故受毒稱。建染淨本者。若以三毒爲能熏。熏令六識造業受報。卽爲建立染污根本。若以無貪等爲能熏。熏令六識修道證滅。卽是建立清淨根本。故阿下。引證此中有三。一舉能熏等所熏故。二舉染本等淨本故。三舉已引等未引故。又證義不周。復等他文。如順正理論經部師計現在識心爲染淨因。合此雙證能熏所熏。義方足故。所依根本竟。

四結成有餘

未盡法源。故多諍論。

圓覺鈔云。總結不了也。只由所詮事理未盡。故於彼當宗。自有二十部諍論。宗計不同。筆削云。不達如來藏心。本具無漏功德。故未盡淨法之源。不了根本不覺。乃是有漏生因。故未盡染法之源。此教尙不詮七八二識豈況無明法性。故云未盡。二十部分宗。各不相與。如羣盲摸象。紛然是非。云多諍論。又未盡法源者。說唯七十五法。未盡相源。唯明人空。未盡性源。六識三毒。建染淨本。未盡心源。以流尙不窮。安盡其源乎。問。源雖未盡。同是佛說。何故宗有二十部異。互相諍論。答。就佛意郎通。就言教有隱顯。隨語生執。故各不同。然與佛意亦不相違。如析杖爭衣之兆。可爲明證。總相竟。

二別義二　一結前起後　二勒義分門　初

總相如是。別擧十門。

上句結前可知。下句起後。謂別擧小乘教中。所詮法義。略有十門。華玄鈔云。賢首教義分齊內。第二卷廣明。今但略說耳。

二勒義分門十　一所依心識　二明佛種性　三行位差別　四修行時分　五因位依身　六斷惑分齊　七回心有無　八佛果義相　九攝化境界　十佛身開合　初

說唯六識。分爲心意識。

說唯六者。謂唯一第六意識。在於六根門頭應用。如覺天所說。前已略引。分爲心意識者。謂約義而分有心等名。非有異體。俱舍頌云。心意識體一。釋曰。集起故名心。思量故名意。了別故名識。復有釋言。淨不淨界。種種差別。故名為心。即此為他作所依止。故名為意。作能依止。故名為識。是故心等三名。義雖有異。而體惟一。所依心識竟。

二明佛種性

除佛一人。有菩提性。餘諸眾生。無佛種性。無佛種性。何以成佛。故開除之。許其有佛性也。餘諸眾生。指二乘及六道言。不許成佛。故遮其無佛種性。清涼鈔云。小乘中說獨佛一人。有大覺性。餘不說有。故皆不成佛。明佛種性竟。

三行位差別

資加見修證中。忍位得不退轉。

資加等。明位相。小教說有四位。謂方便見修究竟。究竟卽證也。或云五位。卽開一方便為資糧加行二位。合下見修證為五。忍位下。明不退。俱舍頌云。

煖必至涅槃謂此位雖造惡入獄。終不久留後必生於人天。證涅槃果。頂終不斷善。謂此位雖退入惡。必不起大邪見。斷善根故。忍不墮惡道。忍有三位。下中二忍。雖起煩惱惡業。而不受三途。猶生人天百千萬生。若上忍成。但有人天七生業在。第一入離生。世第一位。一刹那卽入見道。故同見道。離四趣生。今云忍不退者。

正以不墮惡道故也。又古釋云。忍位是進。煖位是退。頂位是進退兩際。猶如山頂。蓋進卽不退。但遮表之異耳。行位差別竟。

四修行時分

聲聞下根。極疾三生得果。最遲經六十劫。獨覺中根。極疾四生。遲經百劫。如來上根。定滿三祇。

聲聞根鈍。故名爲下。就下根中。復有勝劣。勝者極疾。故但歷三生。卽得四果。（謂於第一生種解脫分。第二生隨順決擇分。第三生漏盡得道。）劣者極遲。故須經六十劫。然既曰極遲極疾。而遲疾不至極者。或亦歷時不定。獨覺稍利。故名爲中。得果遲疾。準上可思。如來根利。故名爲上。

雖名上根。然所取之果。非比上二易得。故須定滿

三祇。言三祇者。取大三災。（風水火）一劫爲一數。此數

至十。爲第二數。第二數復數至十。爲第三數。於是

展轉至第六十。爲一阿僧祇。此數至三。爲三阿僧

祇。如許劫中。調根鍊行。方得成佛。否則不能。所謂

風之積也。不厚則負大翼也無力。蓋必摶風九萬。

乃可圖南。修行時分。竟。

五因位依身

但分段身。至究竟位。

小教二乘但依分段身。以修因時見思未盡故。至究竟位者。指四果最後身中。以子縛雖斷果縛猶存。現前殘質猶屬分段故。佛果亦然。唯識量云。小乘二十部中。除一說部說假部。說出世部雞胤部。等四。餘十六部皆許最後身菩薩染污色。及佛有漏色。彼謂三僧祇劫伏惑不斷。至王宮時。猶受五欲。生羅睺羅。故是染污。縱至道場斷結成佛。而丈六身。猶屬有漏善業所感。故是有漏。大乘說他方佛色及佛無漏色。以中道法性理中。具足無漏妙色。故云眞空不礙妙有。小乘不許。經部雖許他方佛色。而不許是無漏。小乘教中。不聞他方佛名。故不許有他方佛色。經部偶聞大乘經典。因信佛語。知有他方佛名。猶謂諸佛行因時。決不斷惑。故所受身。仍非無漏。故最後佛身。亦從分段至於究竟因位依身竟。

六斷惑分齊

斷煩惱障。證我空理。

上句斷障。煩惱障。卽見思二惑。亦卽我執分別我執俱生。體是昏煩惱亂之法。能障我空眞如。故以爲名。所謂煩惱卽障。持業釋也。下句證理。我空理。卽五蘊等中。無實主宰性。生空理也。亦卽小乘三種無爲。由我空故之所顯發。所謂我空之理。依士釋也。辟支及佛。與聲聞同。同斷煩惱障。同證生空理。故不別說。

斷惑分齊竟。

七回心有無

既趣寂後皆無回心。

趣寂者。楞嚴經云。居滅已休。更不前進。乃至成趣寂果。生纏空種是也。通論諸教所明二乘。或有回心。或無回心。此據小教。唯明無義。謂彼言。大患莫若於有身。故滅身以歸無。勤勞莫先於有智。故絕智以淪虛。智以形患。形以智勞。輪轉修途。疲而弗已。不如寂滅諸患。永亡。所以小乘得證果已。化火焚身。身智俱泯。入無爲界。受趣寂樂。終無回心求佛果也。

八佛果義相

佛果相好。唯是無常。

佛果相好者。教章云。若依小乘。有三十二相。八十種好。是實法也。唯是無常者。教章云。小乘佛果唯是無常。以不說本性功德故。如佛性論云。小乘以無性德佛性。但有修德佛性。以是義故。說唯無常。

九攝化境界

娑婆閻浮。爲佛報土。三千百億。卽攝化境。

教章云。攝化分齊者。若依小乘教中。唯此娑婆雜穢之處。是佛報土。問。於中此閻浮提。是報佛所依可說報土其餘三千世界百億四洲等既非報佛親依豈是報土答餘百億是化境分齊也此中單行大書是教章本文雙行小書是古德今家所置蓋以化境分齊亦屬報土古德不達此意誤謂三千百億指餘世界故設爲問答以發明之加讀自見無煩更解若就儀文略釋者謂娑婆閻浮均爲佛之報土以三千百億雖非親依即攝化境亦是如來因地之所莊嚴亦報土攝

十佛身開合

此釋迦身報非法化或立爲二即有生身化身佛別首二句明合釋迦身即指三十二相八十種好之身以是三祇百劫之所修得故是實報不言理具

及與示現。故非法化或立下。明開生身卽託摩耶胎。受生報身。化身卽遍應凡聖。隨形化身。又或爲二。謂法身生身。法卽五分。卽三十四心斷結習盡所得。生卽實報。謂託摩耶胎至六年苦行以還。如婆沙等論。此中不具。因附之以備參考。小教法相竟。

二始教法相二　一總相　二別義　初二　一法相相宗　二無相空宗　初二　一對後彰劣　二對前顯勝　初

二始教中廣談法相。少及法性。其所云性。亦是相數。

初句牒能詮教。廣談下釋所詮法。會玄云。相多性少等者。所詮法數。不過百法。九十四法是法相。唯六無爲是法性。亦作法相名數。羅列。對後終教多談法性等。故爲劣也。

二對前顯勝

說有百法。決擇分明。故少諍論。

說有百法者。百法論頌云。說一切法者。略則有五種。謂心。心所。色。不相應。無爲也。瑜伽論中。明十七地。始從五識身相應地。終至無餘依地。約別相而言。有六百六十等法。今明五種。至下別相。一心惟是百法。故云略也。此且總標。下乃別列。

法。眼耳鼻舌身意識。末那阿賴耶。一心法者。謂五種中第一即心法也。眼耳至意。六根也。識字通上六種。即是六識。葢隨根立名。慈恩云。隨根立名。具五義故。謂依發屬助。如五中唯根發之識。屬依士釋。餘皆依主。謂依於眼根。了別色塵。名爲依眼之識等。末那此云

意問。與第六意識何別。答。第六意識。如眼識名識
識異意。意故。第七末那。如藏識名識。識即意故。然諸
聖教。恐濫於彼。故於第七。但立意名。或欲顯此與
彼意識。爲近所依。故但立意名。直解云。翻爲意者。
由其恆審思量爲性相故。阿賴耶。此云藏。謂能含
藏諸種故。慈恩云。能藏所藏執藏也。釋云。與雜染
互爲緣故。此釋能藏所藏義也。就持種義邊。名爲
能藏。藏是諸法與識爲緣。就受熏義邊。名爲所藏。是
識與諸法爲緣。又云。有情執爲自內我故。
此釋執藏義也。末云。由斯三義。而得藏名。**二心所**
分六 明。此總標心所法也。謂前所標五種之中。第二
心所法。心所法。亦名心所。亦名心數。與心相應。如臣隨
王。如僕隨主也。會玄云。言心所有法者。具三義故。
一恆依心起。二與心相應。三繫屬於心。如屬我物。
立我所名。通有財依主
二釋。於中復有六類。**初遍行法觸作意受想思**
初明六類中。遍行五心所也。言遍行者。謂於三性
八識九地中。一切時具能遍故。持業釋也。觸者。令
心心所觸境爲性。受想思等所依爲業。作意者。警
覺應起心種爲性。引心令趣自境爲業。受者。領納

違順俱非境相爲性起欲爲業想者於境取像爲性施設種種名言爲業思者令心造作爲性於善品等役心爲業**次別境爲欲勝解念定慧**次明六類中第二別境五心所也言別境者所言境事多分不同緣別別境而得生故欲者於所樂境希望爲性勤依爲業勝解者於決定境印持爲性不可引轉爲業念者於曾習境令心明記不忘爲性定依爲業定者於所觀境令心專注不散爲性智依爲業慧者於所觀境揀擇爲性斷疑爲業**善爲信精進慚愧與三根輕安不放逸行捨及不害**三明六類中第三善心所也言善心所者雖善心中可得生故此世他世俱順益故性離穢勝過惡故信者於實德能深忍樂欲心淨爲性對治不信樂善爲業精進者於善惡品修斷事中勇悍爲性對治懈怠滿善爲業慚者依自法力崇重賢善爲性對治無慚止息惡行爲業愧者依世間力輕拒暴惡爲性對治無愧止息惡行爲業三根者無貪無瞋無癡也無貪者於有有具無着爲性對治貪着作善爲業無瞋者於

苦苦具。無恚爲性。對治瞋恚。作善爲業。無癡者。於諸事理。明解爲性。對治愚癡。作善爲業。輕安者。遠離粗重。調暢身心。堪任爲性。對治昏沈。轉依爲業。不放逸者。精進三根。於所斷修。防修爲性。對治放逸。成滿一切世出世間善事爲業。行捨者。精進三根。令心平等。正直無功用行爲性。對治掉舉。靜住爲業。無害者。於諸有情不爲損惱。無瞋爲性。能對治害。悲愍爲業。

煩惱謂貪瞋癡慢疑惡見者。四明六類中第四煩惱。心所也。言煩惱者。性是根本煩惱攝故。貪者。於有有具。染着爲性。能障無貪。生苦爲業。瞋者。於苦苦具。增恚爲性。能障無瞋。不安隱性。惡行所依爲業。癡者。於諸理事。迷暗爲性。能障無癡。一切雜染所依爲業。慢者。恃己於他。高舉爲性。能障不慢。生苦爲業。疑者。於諸諦理。猶豫爲性。能障不疑。善品爲業。惡見者。於諸諦理。顚倒推度。染慧爲性。能障善見。招苦爲業。

隨煩惱謂忿恨惱覆嫉慳諂誑與害憍無慚及無愧不信並懈怠。放逸與惛沈。掉舉及失念。散

亂不正知、者、五明六類中、第五隨煩惱也。言隨煩惱者、或無別體唯是煩惱分位差別。二者、或有別體性是煩惱同等流類。忿者、依對現前不饒益境、忿發爲性、能障不忿、執仗爲業、瞋一分攝。恨者、由忿爲先、懷恨不捨、結寃爲性、能障不恨、熱惱爲業、亦瞋分攝。惱者、忿恨爲先、追觸暴熱狠戾爲性、能障不惱、蛆螫爲業、亦瞋分攝。覆者、於自作惡、恐失利譽、隱藏爲性、能障不覆、悔惱爲業。此則貪癡二分所攝。嫉者、徇自名利、不耐他榮、妬忌爲性、能障不嫉、憂慼爲業、亦瞋分攝。慳者、耽着財法、不能惠捨、秘悋爲性、能障不慳、鄙畜爲業、貪一分攝。誑者、爲獲利養、矯現有德、詭詐爲性、能障不誑、邪命爲業、貪癡分攝。諂者、爲罔他故、矯設異儀、險曲爲性、能障不諂、教誨爲業、亦貪癡攝。害者、於諸有情、心無悲愍、損惱爲性、能障不害、逼惱爲業、亦瞋分攝。憍者、於自盛事、深生染着、醉傲爲性、能障不憍、染依爲業、貪一分攝。此十各別起故、名爲小隨。無慚者、不顧自法、輕拒賢善爲性、能障於慚、生長惡行爲業。無愧者、不顧世間、崇重暴惡爲性、能障於愧、生長惡行為業。此二遍不善故，名為中隨。不信者，於實德能，不忍樂欲，心穢為性，能障淨心，惰依為業。懈怠者，於善惡品修斷事中，懶惰為性，能障精進，增染為業。放逸者，於染淨品不能防修，縱蕩為性，障不放逸，增惡損善所依為業。惛沈者，令心於境無堪任為性，能障輕安、毘鉢舍那為業。掉舉者，令心於境不寂靜為性，能障行捨、奢摩他為業。失念者，於諸所緣不能明記為性，能障正念，散亂所依為業。散亂者，令心流蕩為性，能障正定，惡慧所依為業。不正知者，於所觀境謬解為性，能障正知，悔犯為業。此八遍染心故，名為大隨。

不定謂睡眠、惡作與尋伺。

此明六類心所中第六不定法也。由睡眠等，不定是善、不定是煩惱，不定徧一切心，不定徧一切地，故名不定。睡眠者，令身不自在，昧略為性，障觀為業。惡作者，惡所作業，追悔為性，障止為業。尋謂尋求，令心忽遽於意言境，粗轉為性。伺謂伺察，令心忽遽於意言境，細轉為性。此二俱以安不安住身心分位所依為業。

三色法十一。

此總標色法也。謂前所標五種中第三明色法。色有二種：一質

礙二顏色其間所依之根唯五所緣之境則六合
之共有十一種皆即前之心心數所現影也又爲
二一有對色五根五境是
二無對色法處所攝色是眼耳鼻舌身色聲香味
觸法處所攝色此中初句即所依根通名根者有
二義一者增上義二者出生義謂
五識借彼爲增上緣而得生故別名眼等者眼以
照矚爲義耳以能聞爲義鼻以能齅爲義舌以能
嘗爲義身以積聚大造諸根依止爲義謂眼等即
根持業釋也次二句即所緣境慈恩解云色者眼
所取故有二十五種謂青黃赤白長短方圓粗細
高低正不正光影明暗煙塵雲霧迥色表色空一
顯色此中初四實色次八相狀假色餘皆分位假
色聲者四大種所造耳根所取故總有五因攝十
二種聲五因者一相故即耳根所取義此一爲總
二損益故立三種聲謂可意聲不可意聲俱相違
聲三因差別故攝三種聲謂因執受大種聲即有
情聲因不執受大種聲即樹等聲因俱大種聲即
手鼓等聲四說差別攝三種聲謂世所共成聲世
俗語所攝成所引聲諸聖所說遍計所執聲外道

所說五言差別攝三種。謂聖言量所攝聲。即八種聖語。如見則言見等。非聖言量所攝聲。即八種非聖語。如見言不見等。俱非所攝聲。即響是也。香者鼻之所取。可聞義故。總有六種。謂好香。惡香。平等香。俱生香。和合香。變異香也。味者。舌之所取。可嘗義故。有十二種。謂苦。酸。甘。辛。鹹。淡。可意不可意。俱相違。俱生。和合。變異。觸者。身之所取。可觸之義。故名爲觸。有二十六種。謂地。水。火。風。輕。重。澁。滑。緩。急。冷。暖。硬。軟。饑。渴。飽。力。劣。悶。癢。粘。老。病。死。瘦。是也。法處所攝色者。即意識所緣法塵境界。雜集說有五種。一極略色。謂依假想觀。分析長短等形色。以至略無所礙。二極迥色。亦假想觀。分析青黃等顯色以至迥無所見。三受所引色。謂無表色。四遍計所起色。謂影像色。五定自在所生色。謂定果色。高原釋云。極迥色者。色最遠故。極略色者。色最細故。定果色者。定中現故。受所引色者。受戒引生善惡色故。偏計起者。從分別起。不從因緣生故。

四心不相應

此總標不相應行者。謂前所標五種中。第四明不相應行法。言行者。即行蘊。有二種。一相應行。謂心所法與心相應故。二不相應行。

卽此下所列得等與心不相應故。若具足應言色不相應行等。卽通揀前後四聚。以非能緣。故不與心及心所相應。無質礙。故不與色相應。有生滅。故不與無爲相應。蓋行卽不相應。持業釋也。若揀四聚。亦相違釋。

得命衆同分。異生無想定。滅盡無想報。並名句文身。生住老無常。流轉與定異。相應及勢速。次第時方數。和合不和合。

得者。依一切法造作成就假立。命根者。依業所引第八種上連持色心不斷功能假立。衆同分者。依諸有情相似分位假立。人相似故名人同分。天相似故名天同分。異生性者。依於聖凡相對假立。唯識名非得。以居異生時非得聖性故。無想定者。外道厭惡想心。作意求滅功用滔熟。令前六識心及心所一切不行。唯第七識俱生我執與第八識仍在不離根身。依此身心分位假立。滅盡定者。三果以上聖人欲暫止息受想勞慮。趣入此定。令前六識心及心所一切不行。第七識俱生我執及彼心所亦皆不行。唯第七識俱生法執與第八識仍

在不離根身依此身心分位假立無想報者無想
定成生第四禪以第七識俱生我執與第八識攬
彼四禪微細色質爲身依此身心分位假立名句
文身者謂名身句身文身三種合說也名詮自性
二名爲名身三名已上爲多名身句詮差別二句
爲句身三句已上爲多句身文即是字能爲名句
二所依故例上亦應云二字爲字身三字已上爲
多字身蓋以身者積聚義故單名等不得爲身問
名與字云何分別答不帶詮表名字帶詮爲名如
眼見者但是字舌宣出方爲名此名句文皆依色
聲法塵分位假立生者先無今有依於色心仗緣
顯現假立住者有位暫停依於色心暫時相似相
續假立老者住別前後亦名爲異依於色心遷變
不停漸就衰異假立無常者今有後無即死之別
名亦名爲滅依於色心暫有還無假立流轉者依
於色心因果前後相續假立定異者依於善惡因
果種子現行各各不同假立相應者因果事業依
於心及心所和合俱起假立慈恩曰總名不相應
行令名相應者何也蓋總名不相應者揀前相應
心所而已此名相應者乃前三法上事業和合之

謂豈相濫乎。勢速者。諸有爲法。行轉迅速也。依於色心諸法。遷流不暫停住假立。次第者。依於諸法前後引生。庠序不亂假立。慈恩云。尊卑上下。左右前後。有規矩者。皆此所攝。時者。日月年限。長短差別。依於色心。剎那展轉假立。方者。東西南北。四維上下。依於形質前後左右假立。數者。一十百千。至不可轉。依於諸法多少相仍相待假立。和合者。依於諸法不相乖違假立。不和合者。依於諸法。互相乖反假立。慈恩云。前如相順因。後如相違因。

五無爲虛空擇滅非擇滅及與不動滅想受滅眞如。

初三字。總標無爲法也。謂前所標五位之中。第五明無爲法。言無爲者。以前九十四種。乃生滅之法。皆有造作。故屬有爲。此下所列六種。寂寞沖虛湛然常住。無所造作。故曰無爲。虛空下。別列。第一名虛空者。會玄云。即五蘊皆空之處。所顯眞理。無障無礙。名曰虛空。非取事空也。第二名擇滅者。直解云。正慧揀擇。永滅煩惱。所顯眞理。本不生滅。故名無爲。第三名非擇滅者。慈恩解云。一眞法界。本性清淨。不由擇力滅障所顯。或有爲法。緣闕不生。

所顯眞理。由上二義。故立此名。第四名不動滅者。會玄云。卽四禪出八災患。所顯之理。名不動無爲。八災患者。謂憂苦。喜樂。尋。伺。出息。入息也。愚謂不動卽定。葢由四禪定力。能滅三災八難。計有爲相。故稱無爲。第五名想受滅者。會玄云。卽無所有處天中。粗受想心不行。名之爲滅。滅此所顯眞理。名曰無爲。第六名眞如者。卽唯識實性也。前五無爲。亦皆依此假立。慈恩云。理非妄倒。故名眞如。眞揀於妄。如揀於倒。賛言云。理非妄倒者。理卽圓成實。妄卽徧計執。倒卽依他起。若能遠離虛妄徧計及依他起。所顯眞理。名爲眞如。愚謂揀彼徧計。及與依他。是有爲法。故云無爲。○此上別列五位百法竟。下乃總結。

一者最勝故。謂心法八種。造善造惡。五趣輪轉。乃至成佛。皆依此心。有爲法中。此最勝。故所以先言。

二與心相應。謂心所法五十一種。與彼心王常相應故。望彼爲劣。故次明之。

三所現影故。謂色法十一種。不能自起。要藉前二所變現故。先能後所。故又次之。

四分位差別。謂不相應行二十四種。不能自起。藉前三位差別假立。先實後假。故又次之。五所顯示故。謂無爲六種。體性甚深。無由彰顯要假。前四斷染成淨之所顯示。先有後無。故最後明。又古德頌云。色法十一 心法八。五十一箇心所法。二十四種不相應。六箇無爲成百法。此以叶韻成頌。故列法不次。爲圖總略易持。故附錄之。決擇分明者。五位百法攝盡世出世間。以此決定簡擇。則一切纖悉。故分明也。少諍論者。成立唯識。但十師殊。對彼小教二十部異。故名爲少。十師者。開蒙問。本末論主。通有幾人。答。天親一人爲本論主。十大論師爲末論主。謂親勝。火辨。護法。德慧。安慧。難陀。淨月。勝友。陳那。智月。今除天親爲本論主。故唯十師。法相竟。

二無相二　一對前顯勝　二對後彰劣　初

但說諸法。一切皆空。

諸法皆空者。略如心經所說。無色無受想行識等。釋通二義。一者五蘊法中。一一推求。無實主宰。名之爲無。此屬我空。二者了彼五蘊。如幻如化無實體性。名之爲無。此屬法空。今則不唯空彼我執。并諸法執亦空。五蘊旣爾。諸法皆然。故云一切。若廣明者。大品有八十一科。古德頌云。色心五陰十二入。十八界法與四諦。十二因緣十八空。六度四智八十一。又大藏一覽引指要錄。註出般若名相。始從五蘊。終至諸佛無上正等菩提。亦有八十一科。

繁不具載。如彼經云。佛告善現。色清淨故。卽般若波羅密多清淨。乃至超略七十九科之詞。諸佛無上正等菩提淸淨。卽般若波羅密多淸淨等。蓋淸淨卽空義也。對前顯勝竟。

二對後彰劣

不說不空。中道妙理。

眞空不礙妙有。故曰不空。以是例知。妙有不礙眞空。亦復不有。不有不空。卽空卽有。故曰中道妙理。此是法性深意。破相宗中。密具不顯。故云不說對後方說。故此爲劣。總相竟。

二別義二　一結前生後　二分門釋義　初

總相雖爾。別開二門。

結生在文可見。

二分門釋義二　一對他教辨異　二約當教詳明　初二　一相宗義　二空宗義　初二　一舉義標數　二勒門顯別　初

初相義有十。準清涼有十門。一一乘三乘別。二一性五性別。餘皆如下勒門中列。又清涼云。五性義中。兼舍三乘。以乘性相成故。但明五性。即有三乘。故今於向下勒門中。合乘於性。唯有九門。

二勒門顯別九　一唯心眞妄別　二一性五性別　三眞如隨緣凝然別　四三性空有卽離別

五生佛不增不滅別　六二諦空有卽離別

七四相一時前後別　八能所斷證卽離別　九

佛身有爲無爲別　初妄謂八識從業惑生。眞謂八識通如來藏。眞屬終敎性宗。妄屬始敎相宗。今明妄義。故云別也。

說有八識唯是生滅。依生滅識。建立生死及涅槃因。

說有八識者。勝前小敎。唯說六識。唯是生滅者。劣後終敎。通如來藏。謂此敎雖說八識。不許其是眞如隨緣而成。故唯是生滅。圓覺鈔云。謂此心識。從業惑生。以現在第八異熟識。由過去惑業。熏習成種。招此識果。酧引業故。　一期報盡。便歸壞滅。有生有滅。名生滅識。依生滅識。立生死涅槃因者。不同小教。以六識三毒爲染淨因。不同終教生滅與不生滅和合爲諸法源。蓋以現識當壞滅時。又以此識種。引起後識。如是因果相續。展轉無窮。故是生死因。若轉識成智則爲涅槃因。如攝論云。無始時來界。一切法等依。由此有諸趣。及涅槃證得。界卽因也。唯心眞妄別竟。

二一性五性別　五性三乘。始教立相義也。一性一乘。終教法性義也。今明性義有五。乘義有三。依清涼義合於五性之中。以彼云乘性相成故。但明五性。卽有三乘。而三乘但是化法。非所詮中別義。故略不明。一性一乘準知。

法爾種子有無永別。是故三乘五性。決定不同。

法爾者揀異新熏謂此教所明無始時來異熟識中本有五性種子不同終教新熏有五法爾則一也有無者依清涼出顯揚論意云彼論五中前四爲有後一爲無私謂聲聞緣覺菩薩及不定性具善爲有闡提不具爲無但未見論文俟考此由本來種性不論新熏故云永別是故者承上永別所以乘則定三性則定五畢竟不同唯識曰種子各有二種一者本有謂無始時來異熟識中法爾而有生蘊處界功能世尊依此說諸有情五性有種種界因義即是種子如惡叉聚法爾而有二者始起謂無始時來數數現行熏習而有世尊依此

說有情心染淨諸法所熏習故。無量種子之所積聚。此中初義明法爾。後義明新熏。皆顯三五乘性不同。但後義猶通法性。是故此中別顯初義。一性五性別竟。

三眞如隨緣凝然別八識唯業惑生。不從眞起。故眞如凝然。此始教相義。八識通如來藏。依眞而起。故眞如隨緣。此終教性義。今明凝然。故云別也。

既所立識。唯業惑生。故所立眞如。常恆不變。不許隨緣。

華玄云。上二句。躡前生滅識起。言業惑生者。以現行第八。名異熟識。由過去煩惱及業熏習成種。招此識果酬引業故其前六識酬滿業者從異熟起名異熟生不名異熟有間斷故故其八識唯業惑生故所下正明凝然之義若識通如來藏從眞如起則眞如有隨緣之義今既不爾明知眞如常恆不變（即凝然義）不變故不許隨緣故唯識釋眞如名云眞謂眞實表無虛妄如謂如常表無變異若隨緣變豈得稱如圓覺鈔云相宗所說一切有爲染淨等法但是生滅妄識爲本故眞如一向凝然無隨緣義眞如隨緣凝然別竟

四三性空有即離別（圭山註云離謂徧計空依圓有也即謂依無性即圓成也）

蓋以依圓俱有不相卽故。說名爲離。是相宗義。依無性卽圓成。說名爲卽。是性宗義。今別名離也。

依他起性。似有不無。非卽無性眞空圓成。經說空義。但約所執。

依他起性者。謂諸法雖多。不出三性。一徧計所執性。謂六七二識。於彼彼一切法。周徧計度。執有我法。卽此我法。名爲遍計所執之性。如是自性。都無所有。理教推徵。不可得。故唯識論云。由彼彼遍計。遍計種種物。此徧計所執。自性無所有。謂由六七二識。對彼彼法。起能徧計。徧計種種諸物。執有我法。此徧計所執。我法自性。依佛教理推徵。本無所有。故謂徧計所執。我法是空。非并諸法本體亦空。以本體卽是依他性故。二依他起性。謂諸心心所。及相見二分。上云種種物者。且約此中相分言之。由彼彼法。依他衆緣而得生起。以是義故。通名依他起性。唯識論云。依他起自性。分別緣所生。上句標名。下句釋義。有二。一者唯約染分依他依於分別妄緣之所生起。不說淨分依他者。以淨分依他。亦圓成實。離諸分別。不可言分別緣所生也。二者亦該淨分依他。以後得智中。亦有分別爲能生故。三圓成實性。謂我法二空。所顯眞理。具圓滿成就眞實三義。故名圓成實性。唯識論云。圓成實於彼常遠離前性。首三字標名。圓謂圓滿。體周徧故。揀諸法自相。如地水火風等。堅凝潤濕燥熱動搖等自相各局。體不能徧。非圓滿故。成謂成就。體常住故。揀諸法共相。如苦空無常等共相。雖遍不能常住。非成就故。實謂眞實。體無虛謬故。揀小乘及外道所計。如小乘所計涅槃。

外道所計神我等。雖自謂徧常。是虛是謬。非眞實故於彼下釋義。謂圓成實性。但是於彼依他起上。恆常遠離前之徧計所執之性。以我法空處所顯眞如。即是圓成。故亦非以空義爲圓成也。此上別釋三性。若通銷儀文者。依他起性。揀非圓成是實有。故名曰似有。亦揀徧計全無體。故名曰不無。非即無性等者。揀性宗義。以性宗言依他無性。無性即是眞空。眞空即是圓成。今既云似有不無。故非即無性等也。經說空義。但約所執者。以深密等經亦說空義。雖說空義。但約徧計所執性上。說名爲空。非約依他說爲空也。喻云。圓成如麻。依他如索。徧計如蛇。明知徧計性無。依圓是有。但依他爲似有圓成爲實有也。圓覺大疏云。依他是有。非卽眞空。經說空義。但約所執。略鈔云。相宗說三性空有。空者自空。不得言有。有者自有。不得言空。故云離也。三性空有卽離別竟。

五生佛不增不減別（圭山註云。不增不減。二宗文同義別。相則定性無性。決不成佛。故生界不減。佛界不增。性則一理齊平。故無增無減。今且別明無減義也。）

旣言三性五性不同。故說一分衆生決不成佛。名生界不減。

三性者。謂有種性。（聲聞緣覺菩薩）無種性。（闡提）不定性。（二乘久近回心）五性者。卽三性別開。謂有性具三。無性不定各一故。瑜伽論說。有五性不同者。如前云。法爾種子。有無永別。揀非性宗一理齊平故也。故說者。承上起下之詞。一分眾生。指無性人也。無性斷善。故云決不成佛。既有此等眾生。守眾生界。故云生界不減。此中影含佛界不增一義。以菩薩本具佛性。縱皆成佛。只有如許。故亦應云佛界不增。葢約無性爲決定生界。可說不減。菩薩爲決定佛界。可說不增。至若定性二乘。久近之間。皆入寂滅。不定性人。可上可下。非生界亦非佛界。是故唯說生界不減。佛界不增。生佛不增不減別竟。

六二諦空有卽離別眞俗迢然。故空自空。有自有。說名爲離。眞俗互融。故空不自空。有不自有。說名爲卽。離是相義。卽是性義。今明法相。故云別也。

眞俗二諦迢然不同。非斷非常。果生因滅。

眞俗二諦者。依瑜伽六十四。世俗諦有四種。一世間世俗。謂軍林等。亦名假名無實諦。以軍林等。但有假名而無實體。二道理世俗。謂蘊處界等。亦名隨事差別諦。以蘊處界等。隨彼彼事立蘊等法。三證得世俗。謂預流等。亦名方便安立諦。以預流等。於苦集等。由證得理而安立故四安立世俗。謂安立眞如。亦名假名非安立諦。以安立眞如。卽二空理。對彼二空所安立。故名安立世俗。或謂二空之理。不可言說。名非安立。今以但是假名。非眞絕待。豈得便稱非安立耶。此四稱世俗諦者。譬如結巾爲兎。巾體

隨隱唯死相現此亦如是隱覆空理有相顯現以
是義故說名世俗又性隨起盡曰世體相粗顯曰
俗蓋對彼勝義立斯劣稱也依唯識第九勝義諦
亦有四種一世間勝義謂蘊處界等亦名體用顯現諦以蘊處
界等有實體用過初世俗說名勝義隨事差別說名蘊等二道理勝義謂苦集
等亦名因果差別諦以苦集等該世出世兩種因果過第二世俗說名勝義有離有斷有修有證說名道理三證得勝義謂二空理亦名依門顯實諦以二空理非即是空蓋
是依彼二空為門所顯真實之性過第三世俗說名勝義聖智所獲故名證得四勝義勝
義謂一真法界亦名廢詮談旨諦以一真法界即非安立真如不由門詮唯依內證
過第四世俗說名勝義諸勝義中唯此為最故復冠以勝義蓋是勝義之中最勝義也此四

名勝義諦者。亦如解兎還巾。兎相滅盡。巾體顯現。此亦如是。滅除有相。卽見空性。以是義故。說名勝義。又性無起盡曰勝。體相細微曰義。蓋對彼世俗。嘉斯殊號也。若以間隔對論。則成四種二諦。一世間二諦。謂軍林等世間爲世俗。蘊處等世間爲勝義。二道理二諦。謂蘊處等道理爲世俗。苦集等道理爲勝義。三證得二諦。謂證得預流等果爲世俗。證得二空眞如爲勝義。四勝義二諦。謂勝義中安立眞如。卽二空眞如。爲世俗。非安立眞如爲勝義。是則四種二諦中。初一世俗。唯局世俗。後一勝義。唯局勝義。中間六諦。各通世俗勝義。如第一勝義。望前單林等為勝義。望後苦集等為世俗。餘五準知。既四種二諦。二二差別。故云迢然不同。揀非法性二一諦相卽。又眞俗各四。總成八諦。第一俗諦。徧計為體。此、俗是空。中間六諦。依他為體。前三世俗。此俗假有。後三是眞。此眞、不空。第八眞諦。圓成為體。此眞一向實有不空。空有既異。眞俗體殊。故四種二諦。一一不同。各無相雜。迢然者。迢遞相遠義也。非斷二句。兼明中道別。此又於二諦門中。曲開斯義。為破外道斷常二見。因為說非斷非常。如唯識問曰阿賴耶識爲斷爲常答非斷非常以恆轉故恆謂無始時來一類相續常無間斷轉謂無始時來念念生滅乃至云恆言遮斷轉表非常又非斷故不墮於空非常故不墮於有凡小所執亦相因而破果生因滅者釋上非斷常義意云若因不滅還至於果則名爲常若果不續因無所生則墮斷滅今既果生因滅故非斷常此但於俗諦事中以顯中道以果生因滅屬俗諦事故不同性宗約二諦互融以顯中道葢性宗以俗卽眞故不斷眞卽俗故不常也二諦空有卽離別竟

七四相一時前後別四相一時性宗義也四相前後相宗義也今約相宗明前

後義故名爲別。

同時四相滅表後無。

四相謂生住異滅也。成唯識云。然有爲法因緣力故。本無今有。已有還無。表異無爲假立四相。此總標四相也。次云。本無今有有位名生。生位暫停卽說爲住。住別前後復立異名。暫有還無無時名滅。此別明四相也。

言同時者。此四俱於現在有法上立。故滅表後無者。謂此四相雖俱於現在有法上立。名曰同時。但滅之一相表法若過去時。後來必無。是則前三有故。同在現在。後一是無。故在過去。謂現在法轉入過去。方當滅位。

此明四相前後揀異性宗。體性寂滅爲滅。則生等卽滅。故彼云。四相一時。亦揀異小乘生在未來。餘在現在也。以小乘俱舍論云。四相雖許俱有。用時別故。謂生作用在於未來。現在已生。不更生故。諸法生已。正現在時。住等三相。作用方起。非生用時。有餘三用。故雖俱有而不相違。百法鈔云。小乘中說。未來世中所有生相。名生。卽彼生相。還入現在名住等。今明前三有故。同在現在。故不同彼生在未來。後一是無義在過去。故不同彼。滅屬現在。會玄問。滅表後無。應屬未來。何云過去耶。答。以滅位是無。故云過去。以現在一刹那中。生等落謝故也。若望次一刹那中生相等。却在未來。然正當生時。更對彼住相等。還屬現在。故異小乘。思之。又同時四相句。指終教性義。今不同彼。故云滅表後無。蓋對彼一時。以明前後之義。問。四相俱於現在有法上立。可云同時。又云後一是無。故在過去。如何無法與有爲相耶。答。表此後無。爲相何失。如說此人將來必死。爲其體上有滅相。故四相一時前後別竟。

八能所斷證卽離別。根後二智爲能斷。二迷隨眠爲所斷。智爲能證。理爲所證。相宗智是淨法。惑是染法。理是無爲。智是有爲。離也。性宗惑卽菩提。見卽眞如。卽也。今明相宗離義。

根本後得緣境斷惑。義說雙觀。決定別照。以有爲智證無爲理。義說不異。而實非一。

初四句能斷所斷離。根本後得。舉能斷智也。問云何斷。答。緣境斷惑。緣境即觀。謂憑觀力故。方能斷惑。問。根本智緣何境。答。義說雙觀。謂正觀眞諦。斷迷理隨眠。若約義而說。亦兼觀俗諦。斷迷事隨眠。以宗言了俗由於證眞。證眞方能了俗。如依心合眼。雖曰眼照。亦由心照也。問。後得智緣何境。答。決定別照。謂有分別故。唯照俗諦。斷迷事隨眠。縱變相觀空。亦非親證眞如。無力能斷迷理隨眠。亦如依心合眼。眼唯照境。不能見心也。隨眠者。十地疏云。眠伏藏識隨逐纏繞。迷事理境。故立二名。體即二障種子。然雖亦斷現行。約正斷時現行已伏。正斷種子故也。是則根智唯一。境乃通二。後得有分。俗事唯緣。況復能斷之智唯淨所斷之惑唯染既染淨體殊境智位別豈能如彼性宗異質相成融即無二者哉後四句能證所證離以有爲智等者相宗言智是有爲轉識而得有始無終故理是無爲在障出障體無增減故義說不異者如上所云明知不同但約義而說亦有不異之義以宗言智與眞如平等俱離能取所取相故而實非一者謂雖離能取非取全無雖離所取仍許挾帶但以無分別故說離能取無變帶故說離所取豈眞同彼性宗如外無智智外無如者哉問前後諸門多取原疏間或補以已意但於節略處連綴而已

今觀此門多出己詞少用原文得毋有背先知謬稱取法耶答原文理精後學識昧究之難窮其源將之莫摭其要故茲率爾以圖簡易尚冀來哲請證高明

能所斷證卽離別竟。

九佛身有爲無爲別。

報身是智依生滅識轉故屬有爲相宗義也依如來藏起故通無爲性宗義也今明相義。

旣出世智依生滅識種故四智心品爲相所遷佛果報身有爲無漏。

初二句明有爲所以出世智卽四智也一大圓鏡智轉第八識相應心品而成二平等性智轉第七識相應心品而成三妙觀察智轉第六識相應心品而成四成所作智轉第五識相應心品而成故

論云。此轉有漏八七六五識相應心品。如次而得。然未轉既屬世間。已轉自屬出世。故云出世智也。依生滅識種者。謂此四智。從賴耶識中。無漏慧種子生起。非同眞如法界。不因修生。次四句明有爲之相。謂有生必有住。有住必有異。有異必有滅。故爲四相所遷。佛果報身。指自受用身也。百法鈔云。大圓鏡智。攝自受用身。以含持種子。親變根身。爲衆色心總所依故。唯識亦云。現種依持。能現能生身土智影。平等性智。攝他受用身。返因立號。觀自他平等。現十平等身。行相勝故。唯識亦云。隨諸有情所樂。示現受用身上。影像差別。妙觀察智能觀諸法自共相故於淨穢二土說法斷疑最爲殊勝二身皆攝（謂他受用及變化身唯識亦云於大衆會能現無邊作用差別雨大法雨斷一切疑）四成所作智攝變化身謂即此智徧能成就昔時所作利他願故現三種化身（大化小化隨類化也）義爲勝故（唯識亦云普於十方示現種種變化三業成本願力所應作事）又俗詮頌曰鏡平二智現身土自受用分他受用成事智現化土身妙觀說法開疑衆是知自受用身依於鏡智所現鏡智尚爲四相所遷況所現身而非有爲故直斷云有爲無漏言無漏者有二義一種即無漏故二無漏位現故又但言自受用不言餘二者舉

勝該劣故以自報最勝尚屬有爲況彼餘二不言可知矣相宗義竟

二空宗義二　一舉義標數　二勒門顯別　初

大空義有五

二勒門顯別五　一無性本性別　二眞智眞知別　三二諦三諦別　四三性空有別　五佛德空有別　初（空宗以諸法無性爲眞如性宗以本性常住爲眞如今明無性故云別也）

說一切法皆無自性卽是眞如

法無自性卽是眞如者空宗以諸法空處卽是眞如如幻化無體卽是太虛二月無性卽是本月故

門論云。大分深義。所謂空也。假名及中道。但約空說。蓋以因緣所生法。我說卽是空。無主宰故。亦爲是假名。假名亦空。假施設故。亦是中道義。中道亦空。離二邊故。是知空宗。一向但說諸法無性。以空卽無性也。又般若經云。凡所有相。皆是虛妄。若見諸相非相。卽見如來。智度論云。善男子。汝修行般若波羅密。應觀色無常。何以故。色。色性空。是色性非法。若非法卽名爲般若波羅密。乃至云受想行識。亦復如是。是皆以無性爲眞如也。以如來般若。皆眞如異名耳。據禪源詮。廣辯空宗性宗。有其十異。一法義眞俗異。二心性二名異。三性字二體異。四眞智眞知異。五我法有無異。六遮詮表詮異。七認名認體異。八二諦三諦異。九三性空有異。十佛德空有異。今此現文。卽當彼性字二體異也。以彼言性字。卽指眞如性之性字。空宗以無性爲體。性宗以本性爲體。故禪源名性字二體異。此中名無性本性異也。又禪源第二異。此亦可攝。言旣以無性爲眞如之名。揀非法性。以本性常住爲名。卽心性。二名異。若以義會通禪源六七。亦可通攝。以無性但是遮詮。揀非法性。直表本性。卽遮詮表詮異。又爲破凡愚執相。但標無

性之名揀非法性指體即認名認體異禪源餘六四全同此二容後會無性本性別竟

二眞智眞知別空宗以能了無性爲眞智性宗以性本自知爲眞知今明眞智故云別也

能了此者即名眞智。

首句此之一字即指前無性理也無性之理非世智所能了故能了此者即名眞智百論以無相智爲宗者即此意也又對後性宗但重知字蓋空宗以分別爲知無分別爲智智則是眞知乃爲妄不取以眞對俗之義如肇論曰放光云般若無所有

相無生滅相道行云般若無所知無所見是皆以無分別爲眞智也又云聖人虛其心而實其照終日知而未嘗知故能默耀韜光虛心玄鑒閉智塞聰而獨覺冥冥是皆以眞智了無性理也若性宗則以對能立所爲智性本自具爲知知則是眞智乃爲妄此兩宗眞智眞知之所以別也眞智眞知別竟

三二諦三諦別空宗雖說二諦謂色等俗也空即眞也性宗兼說第一義諦謂非色非空能空能色即一眞心體所謂中也今明二諦故說爲別

所詮法義不出二諦法相名俗無爲爲眞

首二句顯別。禪源詮云。空宗所說。世出世間一切諸法。不出二諦。昭明解云。所言二諦者。一是眞諦。一名俗諦。眞諦亦名第一義諦。俗諦亦名世諦。眞諦俗諦。以定體立名。第一義諦。世諦。以褒貶立目。眞者實義。卽是平等。更無異法。能爲雜間。俗者集義。此法得生。浮僞起作。（釋定體立名也）第一義者。就無生境中。別立美名。言此法最勝最妙。無能及者。（褒也）世者以隔別爲義。謂生滅流動。無有住相。（貶也釋褒貶立目也）是則空宗。卽於眞諦上。立第一義諦之名。不同性宗。別取非色非空能色能空之中道。爲第一義諦。

以是義故所詮法義唯二諦也末二句出體華玄云約事理二門事爲俗諦爲妄理爲眞諦爲眞今云法相事也故爲俗諦無爲理也故爲眞諦又中百三論皆云俗諦故有眞諦故空今云法相有也故爲俗諦無爲空也故爲眞諦廣本云差別法相乃名爲俗無爲義性乃名爲眞註云卽是會取法義眞俗異中法俗義眞一義禪源詮云初法義眞俗異者空宗緣未顯眞靈之性故但以差別之相爲法法是俗諦照此諸法無爲無相等爲義義是眞諦故智論以俗諦爲法無礙辯以眞諦爲義無

礙辯。此卽二諦之中別義。是故會取爲一門也。二諦三諦別竟。

四三性空有別（空宗謂三性中。二有一空。性宗謂三性各兼空有。今明空宗別義。）

有謂依計。空謂圓成。

圓玄云。言依計者。依他遍計也。此依計皆虛妄。虛妄之中。說此二名者。如空華。依他病眼而有。亦如第二月。依他揑目及本月而有。故名依他。迷者情計謂爲實有。卽是徧計。二義雖別。所目之法不殊。（故云有謂依計也。）此等諸法。皆無所有。方名圓成。（故云空謂圓成）也。然此圓成。但約依他徧計空理而說。亦無其體。

雖云依計是有。圓成是空。準此理論。依計是有。亦屬空也。故說三皆無性。以但所見有法。即非眞實。乃至菩提涅槃。皆如夢幻。故也。禪源詮云。三性空有異者。空宗云。諸經每說有者。即約徧計依他。每說空者。即是圓成實性。三法皆無性也。三性空有別竟。

五佛德空有別 空宗言離一切相。名佛功德。是佛德空也。性宗言諸佛皆具常樂我淨。眞實功德。是佛德有也。今明佛德空義。

雖說佛身五求不得。得即虛妄。無得乃眞離一切相。名佛功德。

說五求不得。語似顯有。但不可求。義實不爾。故云雖也。中論觀如來品偈云。非陰不離陰。彼此不相在。如來不有陰。何處有如來。釋曰。由計我我所為如來。計有五故。卽離彼此相在。有。是為五求。若如來卽五陰。五陰既無常。如來亦無常。若五陰卽如來。如來既是常。五陰亦應常。而今五陰既不常。如來非無常。何得相卽也。故云非陰。若離五陰有如來。以何相知。又若如來離五陰。如來卽先有。先有卽為常。五陰離如來。五陰卽本無。本無卽為斷。既不斷不常。故云不離陰。若如來中有五陰。如器中有物。如來卽大。五陰卽小。若言五陰中有如來。如牀上有人。五陰卽大。如來卽小。必無此理。故云彼此不相在。又若相在。亦皆有別異過。若如來有五陰者。如人有馬。馬與人異。如來與五陰不爾。故云如來不有陰。問。此與離陰何別。答。相離未必相有。相有必知相離。所以爲異也。然五句中初卽爲一。後四皆異。但是一異過耳。更細推尋。故有五求。皆不可得。得卽虛妄者。如金剛云。凡所有相皆是虛妄。若以色見聲求。是行邪道。無得乃眞者。如般若心經云。以無所得故。菩提薩埵。依般若波羅蜜故。得阿耨多羅三藐三菩提。離一切相。名佛功德者。

如金剛云。若見諸相非相。卽見如來。又云。離一切相。卽名諸佛等。禪源詮云。佛德空有異者。空宗說。佛以空爲德。無有少法。是名菩提。色見聲求。皆行邪道。又禪源詮中。我法有無異。亦可義攝。如廣本於名佛功德下。仍云故以有我爲妄。無我爲眞。意者有佛。卽有我。佛旣不有。我何可得。故說有我者。卽是虛妄。無我者。乃爲眞實。其理相類。故合於此門中也。統上五門。義攝禪源十門。在解可見。對他教辨異竟。

二約當教詳明二　一總標　二別明　初

次約當教詳明。亦有十門。

揀前對於他教故云約當教也。盡義發揮故云詳明。例前小教。故云亦有十門。在下可見。

二別明十　一所依心識　二明佛種性　三行位差別　四修行時分　五因位依身　六斷惑分齊　七回心有無　八佛果義相　九攝化境界　十佛身開合　初

說賴耶識。為諸法依。從業種生。唯是生滅。

賴耶識即第八識也。略具三名。一賴耶。義翻為藏。謂能含藏諸法種故。二陀那。此云執持。謂能執持現行諸法。與諸現行為所依故。三異熟。謂異類時種而成熟故。今此中雖標賴耶。義具三名。在文可見。如云。為諸法依者。若言諸法依之而生。則是含藏。如攝大乘論云。無始時來界。界即因義。謂無始時來。含藏諸法種子。親生諸法故。亦名種子識也。若言諸法依之而住。則是執持。如攝大乘論云。一切法等依。依即緣義。謂無始時來。與一切現行諸法。無所簡擇。為平等依故。從業種生句。義當異熟。謂現前第八異熟識。由過去煩惱及業成種。招此識果。酬引業故。所謂前異熟既盡。復生餘異熟是也。然前既有生。後必有滅。故云唯是生滅。又唯是生滅者。以於眞如未能融通。但說凝然。不作諸法。故唯就緣起生滅事中。建立賴耶。如教章云。若依始教。於阿賴耶。但得一分生滅之義。所依心識竟。

二明佛種性

就有爲中。立五種性。由法爾故。無始時來。一切有情有無永別。

有爲生滅門也。眞如凝然。不隨緣故。不立種性差別。故唯就有爲生滅門中。立種性也。五種者。楞伽經云。一聲聞乘性。二辟支佛乘性。三如來乘性。四不定乘性。五者無性。由法爾故者。謂由賴耶識中。

法爾本有五性種子。故說衆生有五種性。無始時
來下。轉釋法爾。謂無始揀非新熏。又別明是定有。
一切有情。總指五性。於五性中有則定有（謂前四定有種
性。）無則定無（謂後一定無種性。）故云有無亦別。如善戒地
持等。皆但說二種性。一有種性。二無種性。亦云無
種性人。無種性故。雖復勤行精進。終不能得無上
菩提。但以人天善根而成熟之。唯識云。一切種子。
皆本性有。不從熏生等。即此中法爾義也。瑜伽云。
諸有情類無始時來。若般（入也）涅槃法者。一切種子
皆悉具足。謂漏無漏種。不般涅槃法者。便闕三種

菩提種子。卽三乘無漏法種。卽此中有無永別義也。明佛種性竟。

三行位差別

資等五位。乾等十地。修至加行性地位中。得不退墮。

此中行位有二。一相宗。二空宗。資等五位。約相宗言也。資謂資糧等該餘四。謂加行。通達。修習。究竟也。能等所等。其位有五。故云五位。唯識云。云何漸次悟入唯識。謂諸菩薩。於識相性。依他起爲識相。圓成實爲識性。資糧位中。能深信解。是蓋以信解唯識爲入道資糧。亦名順解脫分。謂爲有情故。勤求修行大解脫果故。此中俱含四十心。謂十信。十住。十行。十回向也。此即能等一位。資糧次云加行位能漸伏除。能取所取。引發眞見。是蓋以漸伏二執引發見道之智爲道前加行。亦名順決擇分。謂解脫果遠。且求見道決擇智故。於中俱含四位。謂煖頂忍世第一也。此即所等中之一。加行次云在通達位。如實通達。是蓋以無漏眞智體會眞如爲始得通達。亦名見道分。謂初照理故。唯當初地入心。以住出二心屬修道故。此即所等中之二。見道次云修習位中。如所見理數數修習。伏斷餘障。是蓋以見道之後重緣慮眞伏斷俱生爲依道修習。亦名修道分。謂修治道中障故。於中俱含十位。謂歡喜離垢。發光。燄慧。難勝。現前。遠行。不動。善慧。法雲地也。

此即所等中之三。修習次云。至究竟位。出障圓明。能盡未來化有情類。復令悟入唯識相性。是蓋以障盡理圓。二益具足。爲證入究竟。亦名證道分。前雖有證。不究竟。故即至等覺。亦但名爲修道後邊。唯此究竟。可當證道。此即所等中之四。佛地不開等覺者。十地勝進。妙覺加行。前後分攝。故乾等十地約空宗言也。乾謂乾慧。等該餘九。謂性地。八人地。見地。薄地。離欲地。已辦地。辟支佛地。菩薩地。佛地也。能等所等。其地有十。故云十地。第一乾慧地者。三乘之初同名乾慧。以總相智慧深利。未得煖法相似理水潤。故於中俱含四十位。謂信。住。行。向也。第二性地者謂進入煖法得相似無漏理性水故於中俱含四位謂煖頂忍世第一也第三八人地者卽是八忍以八者忍義謂三乘體見假發眞斷惑從世第一轉入無間三昧中八忍具足謂苦法忍苦類忍集法忍集類忍道法忍道類忍滅法忍滅類忍八智尚少一分謂如上八忍每忍滿各住一智謂苦法智苦類智等至第七滅法智猶屬此位若至第八滅類智滿卽入見地故此地於八智尚少一分故唯名忍不名智也第四見地者謂三乘同見第一義無生四諦理故此與八人卽十地初歡喜一地也問何故二地同爲一地答八人斷見初分見地斷見後分皆不出觀聯絡難間故第五薄地者謂三乘體愛假發眞斷欲思前六品盡

欲界煩惱漸微薄故此攝離垢發光二位第六離欲地者謂三乘體愛假即眞進斷欲思後三品盡更不還來欲界生故此攝燄慧難勝二位第七已辦地者謂體色無色愛即眞發眞無漏斷上二界七十二品思盡於三界中所作已辦故此攝現前遠行二位聲聞極果齊此第八辟支佛地者謂旣斷正使更侵習氣以功德力大福慧利深故此當不動一位辟支佛果齊此第九菩薩地者謂從空入假道（化道）觀（空觀）雙流不唯侵除習氣亦且扶習潤生上求佛覺下化有情故此攝善慧法雲及等覺

三位。第十佛地者。謂大功德力。資利智慧。一念相應。二習（見思習 塵沙習）俱盡。用誓扶習。生閻浮提。八相成道。名爲佛。故此當妙覺一位。廣如大品經等中說（問。何故此中所立名數。多分影似小乘等也。答。有二義故。一爲引小。二爲淺機。爲引小者。恐聞異名自生退屈。故影似彼。若全同者。不名引故。爲淺機者。以初入大乘。不盡能受。故所示位畧似小乘。雖似小乘義理仍別故）修至加行性地位中者。謂相宗從資糧修至加行。空宗從乾慧。修至性地。以相宗資糧。空宗乾慧。各攝信。住。行。向。故云修至。得不退轉者。謂相宗加行。近於見道。空宗性地。已得相似無漏性水。故皆不退。若依佛性論。聲聞至苦忍。緣覺至世第一。菩薩至十回向。方皆不退。當知此中聲聞緣覺非是愚法。應同菩薩。故唯至加行性地。卽皆不退。問。相宗回向。位在資糧。空宗回向。位在乾慧。而佛性論。以十向爲不退。今何必至加行性地。方許不退耶。答。加行性地中。所攝煖等四位。有開不開。不開則向地分攝。或煖頂則是第十向之勝進。忍及世第一位。則是第一地之加行也。故彼云。至十回向。得不退也。亦可菩薩地前總皆有退。以其猶墮諸惡趣故。如瑜伽云。若諸菩薩住勝解行地。卽加行位猶往惡趣。今爲引攝小乘。從多分說。以顯殊勝。準清涼疏。三乘教中。七住卽許不退。以第七名不退住故。況至煖等位中。豈有退耶。

行位差別竟。

四修行時分

成菩提道。定滿三祇。

敎章云。若依始敎。修行成佛。定經三阿僧祇劫。但此劫數。不同小乘。何者。此取水火風大三災劫數至百千。數此復至百千為一俱胝。數此俱胝。復至俱胝。為第二數。數此第二數。復至第二數。名第三數。如是次第。展轉正數。數至第一百數。名一阿僧祇。此卽十大劫數中。第一數也。依此數滿三阿僧祇。乃得成佛。故云爾也。如優婆塞戒經云。我於往昔寶頂佛所。（即尸棄佛所也）滿足第一阿僧祇劫。然燈佛所滿足第二阿僧祇劫。迦葉佛所滿足第三阿僧祇劫。又依本業經。復有百劫修相好業。但變化非實。故不言也。然三祇之言。仍此教中。就釋迦身以分此義。（問）三無數劫。修諸實行。應成報身。何故乃就化身說耶。（答）由此始教。就下機故。有三乘故。此身是彼所知見故。是權教故。作是說也。修行時分竟。

五因位依身

亦是分段至究竟果。

亦者例上小教言也。教章云。若始教中。爲迴心聲聞。亦說分段至究竟位。佛身亦爾。然此是化。非眞實也。若依直進中有二說。一謂寄位顯十地之中功用無功用。粗細二位。差別相故。七地已前功用爲粗。七地已後無功用爲細。卽七地已還有分段身。八地已上。有變易身。二就實報。卽說分段身至金剛已還。以十地中。煩惱障種未永斷故。留至金剛。何得不受分段之身。以是義故。說分段身至究竟果。寄位顯別。假施設故無足憑也。因位依身竟。

六斷惑分齊

聲聞緣覺斷煩惱種。分斷所知。菩薩俱斷。但於二障。分別起者。地前伏現見道斷種。俱生起者。於十地中。漸次斷滅。金剛定盡。

教章云。若依始教。具足三乘斷惑差別。由此乃是三乘教故。此中初三句。先辨二乘斷惑分齊。聲聞緣覺。能斷人也。煩惱障等。所斷惑也。煩惱有二。一分別。謂貪瞋等十。由於邪師邪教。及邪思惟。而得起者。二俱生。謂貪瞋等六。（十使中除疑邪見見取戒取之四。以彼唯屬分別起故。）不由邪師。邪教。及邪思惟。有生與俱。任運思察而得起者。又分別亦名見惑。以分別即見故。又是見道所斷故名見惑。俱生。亦名思惑。以俱生即思故。又是修道所斷。亦名修惑。此中斷者。若約分別。從凡夫地。入眞見道。剎那頓斷。亦有兼斷欲思前六。及九品盡者。不同愚法二乘。歷時漸斷。及見道中唯斷分別。不兼斷思惑。故但見道位中思惑。或斷不斷。故且言分別起者。若約俱生。復有二種。一第六識具者。三界九地。各有九品。俱於修道中斷盡。修道人復有二種。一漸出離。如唯識論云。一類二乘。三界九地。一一漸次。九品別斷。古釋云。謂有一類鈍根二乘。約七生斷。將三界九地各各九品。預流果人。斷欲思至第六品。證一來果。斷至第九。證不還果。此第三果人。寄生淨居。復斷上八地。各九品思。證羅漢果。七生者。謂七返人間。七返天上。準常可知。

二頓出離。如唯識論云。一類二乘。三界九地。合爲一聚。九品別斷。古釋云。謂有一類利根二乘。於九地惑。合爲一聚。共作九品。一生別斷。不待七生。若上根者。頓斷九品。若中根者。先斷上三品。次斷中三品。後斷下三品。若下根者。先斷上上品。次斷上中品。三斷上下品。乃至最後第九斷下下品。故經云。預流果人。有一生得阿羅漢果者。有二生五生。乃至七生。得阿羅漢道者。即其義也。

二末那具者。俱生六中。除瞋及邊見。以瞋惟不善。此識有覆無記。故無彼也。又以一類相續。緣第八識剎那執我。故無邊見。疑邪取戒。唯分別起。此亦不具。故末那中。所具惟四。謂貪癡慢及身見也。

行相微細。前漸頓二人。皆與非想地惑。一時頓斷。如唯識論云。第七識俱生煩惱障種。二乘將得無學果時。一刹那中。三界頓斷。問。何故小乘教中。愚法二乘。無頓出離。及斷末那俱生。此中有耶。答。爲顯前劣。故此超過。愚法二乘。無此勝智。顯彼教劣。方便漸引起彼勝欲。故作此說。又此中所斷煩惱。亦不同彼愚法。以彼唯斷煩惱現故。此卽不爾。故云聲聞緣覺。斷煩惱種。言分斷所知者。謂八解脫障。不染無知。修八勝解所對治故。如瑜伽說。又諸解脫。由所知障。解脫所顯。由聲聞及緣覺等。於所知障。心得解脫故。當知此教。爲引愚法。顯示深勝。故所知障。亦許分斷。菩薩下。次辯直進。一向發大心者。揀非二乘回心。斷惑分齊。菩薩句。總標俱斷。謂直進菩薩。於彼煩惱所知二障。俱時同斷。異彼二乘先後斷也。但於下。別明差別。謂二障中有分別起者。有俱生起者。若分別起者。二障現種。次第伏斷。如唯識論云。煩惱障中見所斷即分別惑種。於極喜地見道初斷。彼障現起。地前三賢已伏。所知亦然。故云地前伏現見道斷種。不似二乘。分品歷生。故云但於等也。若俱生中。煩惱障者。初地已去。自在能斷。為潤生故。留種不斷。其所知障。行相細故。正障菩薩道。是故地地分斷。要至佛地方得總盡。謂煩惱種及所知現種。一時總盡也。如唯識云。煩惱障中修所斷卽俱生煩惱種。金剛喻定現在前時。一切頓斷。彼障現起地前漸伏。初地已上。能頓伏盡。令永不行。所知障中修所斷卽俱生所知種。於十地中。漸次斷滅。金剛喻定現在前時。方永斷盡。彼障現起。地前漸伏。乃至十地。方永斷盡。由此故說俱生起者。於十地中。乃至金剛定盡。金剛定卽妙覺加行。以最後種子。微細難斷故以此定斷之。斷惑分齊竟。

七回心有無

決定性者。趣寂不回。不定性者。並回向大。

初二句明定性無回會玄云一切有情大分五類一從無始來第八識中或唯有聲聞菩提無漏種以聲聞乘法化之二或唯有緣覺菩提無漏種以緣覺乘法化之三或唯有菩薩菩提無漏種以菩薩乘法化之四不定性復分四別以無漏種本有寬狹故謂三乘菩提種性中或有二有三而發心修行先後不同一聲聞緣覺不定以聲聞緣覺乘法化之二聲聞菩薩不定以聲聞菩薩乘法化之三緣覺菩薩不定以緣覺菩薩乘法化之四聲聞緣覺菩薩不定以聲聞緣覺菩薩乘法化之五總

無前三乘無漏種子名無種性以五戒人乘法化或十善等天乘法化也今言決定性者單指二乘即會玄五類中前二類也深密經云一切趣寂聲聞種性補特伽羅雖蒙諸佛施設種種勇猛加行方便化導終不能令當坐道場證阿耨多羅三藐三菩提以是故說趣寂不回後二句明不定有回不定性即會玄四種不定中後三種也並回向大者以有半分大乘性故如深密經云有性者成無性不成會玄釋云有性皆成者唯有菩薩菩提無漏種者名一分及聲聞菩薩不定緣覺菩薩不定

名半以不定性中非全故卽一分半衆生皆有大乘性故得成佛聲聞定性緣覺定性無種性此名三分衆生及四不定性中聲聞緣覺不定名半卽三分半衆生無大乘性故不成佛此約始教爲順小乘故說定性無回爲攝愚法故說不定有回回心有無竟

八佛果義相

三十二相是化身好八萬四千是報身德但此修生及佛法身俱常無常

初明相好差別三十二相者始自頂上肉髻終至足下平滿俱如法數言始

教中或時亦說三十二相。雖說三十二相。但約示現。故云是化身好。仍說卽空。如金剛經云。如來說三十二相。卽是非相等是也。問。何故智論等。於此化身。辨金鏘馬麥等。往業所致。三十二相等亦各出因耶。此執報難化。答。金鏘等報。爲引二乘而說。令知現業果不亡故。又顯菩薩。不如二乘。趣無餘果。墮偏眞故。相好出因。有其二義。一爲引二乘。卽於此身。示勝因果。以實報身。非彼所見故。二亦卽實報垂在化中之所示現。以化身相。亦報中具。故此亦爲引小乘說也。八萬四千。法數不載。大意爲對法門而立言始教亦說八萬四千相好然數旣對法必以類感故是報身實德此對直進菩薩說也由此教中俱三乘故但此下明常無常義修生者指上報化身也化身亦卽實報故同稱修生法身卽是自性本非是身假說身故俱常無常者謂修生法身俱常無常義如教章云三乘始教法身是常以自性故（卽本性常謂自性身此身本來性常住故）亦無常以離不離故（以與修生非一非異）修生功德是無常以從因緣生故是有爲無漏故亦得是常以無間斷故（卽不斷常謂受用身恆受法樂無間斷故）相續起故（卽相續常謂變化身沒已復現化無盡故本性常等出莊嚴論）

佛果義相竟。

九攝化境界

以釋迦身。隨他受用。實報淨土。在首羅天。化身充滿百億閻浮。

初標定常說。謂始教中尋常說法。多不及於法身。及自受用。其所說者。唯釋迦身。隨他受用耳。以有二乘故。唯說化身。以有菩薩故。亦說隨他受用。實報二句。別明實報。謂此教中。有時亦說實報。自受用身。但別指淨土。在首羅天。此有二論。一如唯識論云。謂諸異生求佛果者。定色界後。引生無漏。彼必生在淨居天上。大自在宮。得菩提故。二如起信論云。又是菩薩功德成滿。於色究竟處。示一切世間最高大身。然唯識義屬自報。以言得故。起信義屬他報。以言示故。今從初義。以始教是唯識宗故。化身下。略顯化境。百億閻浮者。於三千大千百億四天下中。且舉一洲以該餘洲。及上下耳。教章云。若三乘中法性土。及自受用土。今此（教中）不說。其所說者。唯釋迦佛。隨他受用實報淨土。或有說在摩醯首羅天。化身充滿百億閻浮提。是所化分齊。如梵網經。及對法論等說。當知此約始教說。何以故。爲（愚法）二乘教。以（樹下）釋迦（應化）身爲實報。今即翻彼，顯其是化，故於彼自在天別立實報自受用身。又恐二乘不信界外有實淨土，故寄界內最勝處說其化身，但充滿百億等，亦順彼說也。攝化境界竟。

十佛身開合

如來法身，唯眞境界，釋迦佛身，化非法報，或分生身法身二佛，或開三身，或立四佛。

始教性不即修，故說如來法身唯眞境界，如佛地論五種法攝大覺地，清淨法界攝法身，四智攝餘身。鏡智攝自受用，平智攝他受用，成智攝變化身，妙智通攝後二。今依初義，故說唯眞境界唯識亦云。初一眞如攝自性身說自性身本性常故。說佛法身無生滅故。說正因得非生因故。又始教虛不卽實故。說釋迦佛身化非法報。如金剛經云。須菩提於意云何。可以三十二相觀如來不。乃至須菩提白佛言。世尊。如我解佛所說義。不應以三十二相觀如來等。此明化非法也。維摩經云。釋迦牟尼佛。隱其無量自在之力。乃以貧所樂法。度脫衆生。斯諸菩薩。亦能勞謙。以無量大悲生是佛土。此明報非法也。或分生身法身者。虛實異故。如佛地論云。佛有二種身。一者生身。二者法身。若自性身。

若實受用。俱名法身。諸功德法。所依止故。諸功德法。所集成故。若變化身。若他受用。俱名生身。隨衆所依。數現生故。二佛有二釋。一者指上。卽法身佛。生身佛也。二者顯餘。謂或有更分二佛。一眞佛。二應佛。卽於三身中。法報皆實。合名眞佛。對應化佛。說名爲二。如圭峯金剛玄云。爲發明眞應二果故。未聞般若之前。唯言色身是佛。不如實知眞身應身。故此發明二果（眞佛 應佛）由二因（慧因 福因）得。又有二佛。一眞佛。二非眞佛。卽於三身中。合報化爲非眞。對彼法身（眞佛）說名爲二。如彌勒金剛經頌云。報化非眞佛。亦非說法者。天親依此說有二佛。一眞佛。（法身）二非眞佛。（報化）或開三身者。開前二佛爲三身也。唯識云。如是法身。有三相別。一自性身。（法身）二受用身。（報身）三變化身。（化身）或立四佛者。開前二身三身爲四佛也。即於三身中。開受用爲二身。一自受用。二他受用。合前自性身。並後變化身。共爲四。此約三身開也。若約二身者。原人論開元解云。依相宗明佛身者。一法身。以出纏眞如爲體。但是凝然不變之性。在纏名如來藏。出纏與無爲功德爲所依。故名曰法身。二實報。酬因名報。謂諸菩薩藏識。具有四智菩提種子。在因中時。障覆不現。由聖道力。斷彼二障。令從種起。直至等覺位後。解脫道中。轉賴耶識。成圓鏡智。於色究竟天。坐華王座。十方諸佛。流光灌頂。根塵相好。徹周法界。受用法樂。不對機宜。名自報身。即以眞無漏五蘊爲體。此開前法身爲二也。復由依定起用。應十地機。令他受用法樂。名他報身。又依前報身後得智中。起大悲心。依大悲心。現三類化身。一者千丈大化身。應地前類。二丈六小化身。應二乘機。及諸凡夫說三乘法。三隨類化身。謂猿中現猿。鹿中現鹿等。此三類化。及上他報。皆以化無漏五蘊爲體。此開前生身爲二也。教章云。又四佛者。於三身外。別立自性身。得名法身。是恆沙功德法故。唯識云。自性身者。謂諸如來眞淨法界。是一切法平等實性。卽此自性。亦名法身。大功德法所依止故。

始教法相竟。

三終教法相二　一總相　二別義　初二　一對法相略顯　二對無相略顯　初二　一對後彰劣　二對前顯勝　初

三終教中多談法性。少及法相。其所云相。亦會歸性。

初句。牒能詮教。多談下。釋所詮法。多談法性者。以此教中。明一切法。皆是眞如。隨緣建立。凡有所說無逾性故。少及法相者。以此教中。不論百法名數亦無多門料揀。本爲顯性。因說相故。此則較前分教雖勝。望後頓教多劣。以此終教。猶存多少性相。不及下頓教中。總不談法相故。其所云相。亦會歸性者。以此教中。非不有相。總以顯性爲玄妙。故如楞嚴云。此見及緣。元是菩提妙淨明體。又云。一切浮塵幻化。其性眞爲妙覺明體等。又法華云。但以假名字。引導於衆生等。皆會相歸性義也。對後彰劣竟。

二對前顯勝

盡大乘說。故無諍論。

盡大乘說者。以此教中明一切法。皆卽眞如。方徹大乘法性底源。如楞嚴云。一切世間諸所有物。皆卽菩提妙明元心。又云。五陰。六入。十二處。十八界。皆如來藏。非因緣。非自然性。法華云。是法住法位。世間相常住等。皆徹盡大乘義也。故無諍論者。理無可議故。如起信。智度。寶性等論。皆無諸師諍競之異。以是義故。較前爲勝。以法相多諍故。對法相略顯竟。

二對無相略顯二　一對後彰劣　二對前顯勝

初

由明不空眞如中道。

由明不空等者。以此教中明眞如隨緣。建立諸法。故不空也。如楞嚴云。譬如虛空體非羣相。而不拒彼諸相發揮。又眞如本自不空。不待發現而後知其不空。如起信云。眞如法身。自體不空。具足無漏性功德故。眞如者。揀俗立稱。以雖明不空。不滯俗諦。故曰眞如。中道者。對偏立號。以旣明不空。不墮偏眞。故云中道。如楞嚴云。開示衆生。中道了義。無戲論法是也。但此猶是依言眞如。帶相中道。故較前雖勝。望後猶劣。以不及頓說絕言眞如。離相中道故也。對後彰劣竟。

二對前顯勝

不但說空。以爲至極。

縱談空理。亦顯眞性。故云不但說空。蓋是隨遮隨表。如金剛經云。如來說諸相皆爲非相。是名爲相。乃始教空宗中。略兼終教。性宗中少分義也。然既爲顯性。故不以空爲至極。反顯空宗。但說空義。唯尙於空。即以空爲究竟。如金剛經云。凡所有相皆是虛妄。若見諸相非相。即見如來等。此則不爾。故勝彼也。總相竟。

二別義二　一結前生後　二分門釋義　初

總相雖爾。別亦二門。　亦者例前有故。

二分門釋義二　一對他教辨異　二約當教詳明　初二　一總標　二別辨　初

先對他教辨異

權實迥別。始終攸分。失意成相違之咎。得旨有互用之益。故先對辨。總標竟。

二別辨二　一對相辯異　二對空辯異　初二

一舉義標數　二勒門顯別　初

初對相。亦十。

性相宗義有十門別。相義如前已釋。今唯明性義也。

二勒門顯別（亦合乘性爲一。分九）　一唯心眞妄別　二一性五性別　三眞如隨緣凝然別　四三性空有卽離別　五生佛不增不減別　六二諦空有卽離別　七四相一時前後別　八能所斷證卽離別　九佛身有爲無爲別　初（相宗唯心唯妄。已如前釋。今明唯心通眞。故云別也。）

所說八識。通如來藏隨緣成立。生滅與不生滅。和合而成。非一非異。

八識通如來藏者。淸涼云。具分唯識。眞心成故。相宗唯妄。名半分。性宗通眞。名具分。隨緣成立等。釋上通眞所以。蓋以眞如不守自性。隨無明緣。成就建立阿賴耶識。如起信云。初依不覺故心動。名業相。業相卽阿賴耶識。自證分也。生滅卽阿賴耶識。以從無明生故。生必有滅。故名生滅。不生滅。卽如來藏心。以前際無生。後亦無滅。故名不生滅。和合者。相依不離之義。然生滅心。旣依不生滅心。隨緣成立。則須常與不生滅。和合相依。而成住持之相。所謂通眞者此耳。故密嚴經云。如來清淨藏。世間阿賴耶。如金與指環展轉無差別。據此則知隨緣成立者。如依金爲指環等。生滅與不生滅和合者。如指環等依金。喻中若不依金指環應滅。法中故須和眞。八識方有。故云而成。非一者。生滅與不生滅非一。以妄覆眞故。如波相旣興。水體卽隱。就此義故。亦可暫說波不是水。非異者。生滅與不生滅非異。以妄通眞故。如波相無實。依水而住。由此義故。終不應言。波不是水。據此則知唯是生滅者。相宗之權說。兼許通眞者。終教之玄談。蓋以所造未嘗異。所見未嘗同也。唯心眞妄別竟。

二一性五性別 相宗五性。已如前釋。今約性宗明一性義。乘性相成。如前相宗已會。

一切衆生。平等一性。皆同一乘。同一解脫。

首二句。先明一性義也。一切衆生。亦該闡提。以有心故。平等者。不揀勝劣。及與善惡。但以行性雖異。理性無殊。故云一性。如涅槃云。師子吼者。名決定說。決定宣說。一切衆生。皆有佛性。凡是有心。定當作佛。又云。或有佛性。善根人有。闡提人無。卽是行性。或有佛性。二人俱有。卽是理性。然涅槃依於理性明其等有故云凡是有心定當作佛不言凡是有性定作佛也是知闡提不作佛者以作佛非闡提故作佛時既已發心故非闡提乃抑揚當時耳謂抑挫令其發心兼令未墮者莫墮故說闡提不能作佛而言闡提有佛性者乃顯揚令不自欺兼令已墮者及早發心猶能為佛果菩提作遠因緣耳皆同下次明一乘義也皆同一乘者乘性相成故謂所化之機既其無二能化之法豈復有三故知說有三乘者是相宗之分義顯唯一乘者乃性宗之極談如法華云十方佛土中唯有一乘法無二亦無三除佛方便說又云唯此一事實餘二則非眞蓋以聲聞緣覺久近皆當回心有

性無性。始終無不成佛。涅槃楞伽等經。寶性佛性等論。俱示此義。無可疑者。故妙智經。及梁攝論。成立正法中。皆以一乘。（法華唯說一乘。）居三乘後。（深密成立三乘。）益是以一乘一性。破三破五。其不自信者。佛亦無如之何矣。圓覺鈔云。法相宗意。教具三乘爲圓了。若言唯小乘。或唯一乘。是不了義。由一切衆生具五種性。須有三乘。破機方足。若性宗意。教唯一乘爲圓了。若言唯小。或言具三。是不了義。由一切衆生皆同。唯有一佛性。故今約性宗。故皆同一乘也。同一解脫者。一道出生死。故華玄云。一解脫。卽眞解脫也。故法華云。爲滅諦故。修行於道。離諸苦縛。名得解脫。其實未得一切解脫。釋曰。一切解脫。卽眞解脫。愚謂一切解脫。卽第一義空。謂證此空者。俱能解脫生死。及涅槃故。然所說旣唯一乘。所證豈有二法。故云同一解脫。一性五性別竟。

三眞如隨緣不變別 相宗眞如凝然。已如前釋。今約性宗明隨緣義。

但是眞如隨緣成立。

承上一切衆生。所以皆同一性者。以但是眞如隨緣成故。若相則不爾。以彼眞如不許隨緣。一切皆依業惑生故。如肇論疏云。法相說眞如凝然。實敎顯隨緣妙用。華玄云。楞伽經云。如來藏爲無始惡習所熏。名爲藏識。又云。如來藏受苦樂與因七識俱。若生若滅。謂七識依此而得生滅。皆明隨緣成一切法也。起信亦云。自性清淨心。因無明風動。成其染心等。而云但是者。躡上而起。謂上衆生。但是眞如隨緣成也。由此成立不失一性。對上始教。但說凝然。故云隨緣。非謂此宗。無不變義。由不變者。始能隨緣。由隨緣故。方能不變。何者。謂若無不變。自體將何隨緣。如水失濕性。將何隨緣風而成波浪。卽由此義。經中說言。眞如隨緣。若不能隨緣。體則不徧緣中。

緣中旣無，何成不變？是以二義反覆相成，故勝鬘經云：不染而染，難可了知；染而不染，難可了知。此中上二句，即不變隨緣；下三句，即隨緣不失自性也。眞如隨緣不變別竟。

四三性空有即離別相宗依他似有，非即圓成，離也。今依性宗明依計無體，即圓成實，即也。

依他無性，即是圓成。

承上旣唯眞如隨緣成立，則一切皆是依他，唯以遍計執爲實有。此教於依他上無徧計性，故依他本空，空即圓成也。華玄云：謂依他是因緣生法，緣生無性。無性故空。空卽圓成。更無二體。此中無性。卽無徧計之性。法相宗中。無餘徧計無。卽是空。故但空徧計。法性宗中。則依他性上。無徧計性。故依他卽空。空卽無性之理。無性之理。卽是實性。故密嚴經云。名爲徧計性。相是依他起。名相二俱遣。是爲第一義。中論云。因緣所生法。我說卽是空。亦爲是假名。亦是中道義。一因緣上。三義具足。無前無後。故卽有卽空。不相捨離。若釋三性之名。大義不殊前教。但融不融。故分性相之二宗耳。三性空有旣離別竟。

五生佛不增不減別淸涼云此但義異名乃不殊○相宗以五性永別名生界不減佛界不增已如前釋今約性宗明一理齊平故說不增不減

一理齊平故說生界佛界不增不減

承上依他旣卽圓成本無二理故云一理齊平謂齊無高下平無差別也旣齊且平佛固無異於生生亦無異於佛故曰不增不減譬如虛空雖分東西終不可以東方虛空添在西方令東減西增理亦如是雖分生佛終不可以衆生之理添爲佛理令生界理減佛界理增以法性無相如虛空不可動故不增不減經舍利弗問云此衆生聚爲有增

減。爲無增減。佛言。大邪見者。所謂見眾生界增見眾生界減。以是見故。生盲無目。是故長夜。妄行邪道。於現在世。墮諸惡趣。文殊般若經云。假使一佛住世。如是無量諸佛。各度無量眾生。皆入涅槃。而眾生界亦不增減。何以故。眾生定相。不可得故。華嚴十行品云。菩薩深入眾生界如法界。眾生界法界無有二。無二法中。無增無減。何以故。菩薩了一切法。法界無二故。由此故知一理齊平。無增減也。

生佛不增不減別竟。

六二諦空有卽離別 相宗眞俗迢然。空有亦不相卽。故云離也。今約性宗眞俗互融。空有相在。故異彼名卽也。

第一義空。該通眞俗。眞非俗外。卽俗而眞。故。雖空不斷。雖有不常。

華玄云。第一義空。該通眞妄者。眞妄俱空。非獨眞空妄有。空宗意 妄空眞有相宗意 也。而言第一義空者。非無物爲空。乃卽妙有之空也。眞非俗外者。明不異也。影取俗非眞外。卽俗而眞者。明相卽也。影取卽眞而俗。而不云俗非眞外。卽眞而俗者。一則影取。如上所明。二則以妄必是眞。亦有眞非妄故。如波卽濕。有濕非波。卽淨水故。卽佛已證故。但言隨順觀察世諦。則入第一義諦。無有隨順觀察第一義。却入世俗。故涅槃文殊雙徵。世尊第一義中。有世諦否。世諦之中。有第一義否。如來但云世諦卽第一義。而不云第一義諦卽世諦也。雖空下。後兼明中道別相。相則俗諦生滅。性則二諦雙融。故有別也。華玄云。由上二諦卽融。令不斷常。中道妙旨。不唯約事明也。然旣眞非俗外。故雖空不斷。卽俗而眞。故雖有不常。不斷不常。卽是中道。若彼相宗所謂滅故不常。續故不斷者。但俗中一義耳。此性宗則不壞有無。而離有無。有之與無。非一非異。故成中道。若其一者。有無之義俱壞。若其異者。便墮斷常。何者。若法定有。有相則終無無相。如說三世有者。未來中有。遷至現在。轉入過去。不捨本相。是則爲常。又定有者。應不從緣。不從緣者。墮無因常。若法定無。先有今無。是則爲斷。若不融二諦明空有者。決不能袪斷常見也。二諦空有卽離別竟。

七四相同時前後別 肇論疏云。法相說四相前後。實教顯生滅同時。故云別也。

四相同時。體性卽滅。

前相宗假立四相。前生後滅。今性宗四相同時。當體卽滅。故華玄云。以性滅爲滅。故得同時。如楞伽云。初生卽有滅。不爲愚者說。淨名云。汝今卽時亦生亦老亦滅。起信云。以無念等故。而實無有始覺之異。以四相俱時而有。皆無自立。本來平等。同一覺故。四相同時前後別竟。

八能所斷證卽離別（能斷屬智。所斷屬惑。能證屬智。所證屬理。相宗言離。性宗言卽。今明終教性宗。）

緣境斷惑。不二而二。有能所斷。二而不二。說爲內證照惑無本。卽是智體。照體無自。卽是證如。非智外如。爲智所證。非如外智能證於如。

初五句。能斷所斷卽。問　性宗斷惑。依於何法。答　緣境斷惑。謂亦憑觀力緣境。能斷惑也。問能斷所斷。爲二不二。答不二而二。有能所斷。謂約正斷之時。於不二中義說有二。以有能斷及所斷故。問此二爲復究竟定耶。答二而不二。說爲內證。謂旣斷惑已。卽彼二者。仍復不二。以惑盡卽智。約義說爲內證。謂卽惑成智。非外得也。是則不二而二者。權輿之言。二而不二者。究竟之說。則能斷所斷。相卽之旨明矣。照惑下。能證所證卽。此卽承上說爲內證而申明之。葢說爲內證者。正以照惑無本。無本性也卽是智體。則所斷轉爲能證。所謂境卽智也。又所照之惑既已無本能照之智豈復有自故即例之曰照體能照智體無自無自性也以能所待立故可例說也即是證如者以無性即如故則能斷轉爲所證所謂智即境也既境智相即則如非智外智非如外故云非智外如爲智所證非如外智能證於如豈復同彼相宗義說不異而實非一者哉此中不用原疏多出己詞者意準始教可知

二能所斷證即離別竟

九佛身有爲無爲別相宗佛身局於有爲性宗佛身通於無爲今明性義故云別也

既世出世智依如來藏始本不二則有爲無爲非一

非異故佛化身卽常卽法不墮諸數況於報體卽體之智非相所遷

世出世智者謂世間智出世間智也會玄云地前有漏始覺名世間智地上無漏始覺名出世間智又根本智名出世智契眞體故後得智名世間智達俗諦故此根後二智亦單就始覺說也依如來藏者是終教所立以終教中共許如來藏隨緣成立一切法故旣者按定之詞蓋欲明始本不二以顯有爲無爲非一非異之宗故先按定彼教所共許者以爲因耳量云世出世智是有法始本不二

等爲宗。因云。依如來藏故。同喻如化身。言化身依於法身。故生滅身與常身不二。今世出世智依如來藏。則始覺與本覺。亦應不二也。會玄云。本覺卽上如來藏。始覺卽上二智。據此則本覺理有。義似無爲。始覺修生。義似有爲。旣分有爲無爲。不可言一。故非一。但以始本不二。又不可言異。故非異。猶如依金作器。而器之與金。不可言定一。及定異也。此上明佛身無爲所以。故佛下。乃正明佛身無爲。然化身以有爲爲體。法身以無爲爲體。旣有爲與無爲。非一非異。則知化身者。約義說爲無常。以與法身一非定故其實卽是常身卽是法身以與法身非定異故如涅槃云吾今此身卽是常身法身常身約義言法身約體言以法性身有眞常義故然旣卽常卽法則三際莫遷四相不動故云不墮諸數故淨名經阿難謂佛身有小疾當用牛乳維摩訶云止止莫作是語如來身者金剛之體乃至云佛身無爲不墮諸數如此之身當有何疾此上且約化身言之下乃況顯報身言化身最劣尙許無爲報體更勝不言可知故云況於報體末二句申言體具以決其無爲之義卽體之智者謂報體無別卽法身體具之智如珠與光也然能具

之體既已是常所具之智豈復有變故曰非相所遷是則報化從緣舉體全眞法身無相應物而現應物而現故萬機頓赴而不勞其形舉體全眞故四相迭遷而不干其性故肇公云紜紜自彼於我何爲所以智周萬物而不勞形充八極而無患益不可盈損不可虧甯復痾癘中逵壽極雙樹靈竭天棺體盡焚燎者哉對相辨異竟

二對空辨異二　一舉義標數　二勸門顯別

初

次對空亦五

空性兩宗。有五門別。空義如前。今亦唯明性義。

二勸門顯別五　一無性本性別　二眞智眞知別　三二諦三諦別　四三性空有別　五佛德空有別　初肇論疏云。破相說諸法無性。以無性爲眞如。實教說本性眞常。以本性爲眞如。今別約終實之教。以本性爲眞如。

但明自性常住眞心。方爲實理。此眞如體。惟是一心。

初三句。明本性爲眞如。文言實理即是眞如。但明二字。揀空宗。空宗以諸法無性爲眞如實理。今則不爾。故云但明。謂但明本來自性常住眞心。方爲實理。反顯但說無性爲實理者。未盡至極。非眞實理故。此眞下。明眞如惟本性。文言一心。即是本性。又上三句。言自性實理。下二句。言眞如。一心。合云眞如實理。自性一心。雖分用。皆本性耳。準禪源詮。空性兩宗。有其十異。如前空宗中列。一法義眞俗異。二心性二名異。三性字二體異。四眞智眞知異。五我法有無異。六遮詮表詮異。七認名認體異。八二諦三諦異。九三性空有異。十佛德空有異。此中第一。卽當彼第三。言性宗以本性爲眞如。揀空宗以無性爲眞如。是同一眞如性之性字。而體分無性本性之二。故云異也。又彼心性二名義。認名認體異。遮詮表詮異。亦可義會。如文云。此眞如體。惟是一心。是性宗以一心爲眞如之名。揀空宗以無性爲眞如之名是同一眞如而分心性二名豈非異乎又空宗以諸法無性爲眞如唯是認名以無性無體空說爲眞徒有其名耳今文云此眞如體惟是一心是性宗以自性一心爲眞如乃兼令認體以自心有體舉體全眞非徒有名也又空宗以凡愚執有爲遮執有之非故以諸法無性爲眞名爲遮詮今性宗以二乘趣無爲表諸法無性所顯一心卽是眞如名爲表詮如文云此眞如體惟是一心意明一心舉體全是眞如故爲表詮也然禪源詮中十異總以此中本性攝者以性體心名認

體表詮無非顯自心之本性故如是則此中一別即該禪源詮中四異餘之六異至下四門中會無性本性別竟

二眞智眞知別肇論疏云破相說眞智了空實教明靈知本寂兮明性義故云別也

一心眞實本自能知通於理智徹於染淨

圓玄云一心眞實本自能知者起信論明眞如自體相云從本已來性自滿足一切功德所謂自體有大智慧光明義故眞實識知義故荷澤亦云無住體上自有本智能知等通於理智徹於染淨者顯眞知異前空宗眞智也以空宗眞智局於智不通於理局於淨不通於染蓋

智乃證悟之智。而知卽本有眞心也。華嚴問明品。覺首等九菩薩問。文殊云。云何佛境界智。文殊答云。諸佛智自在。橫無不知。三世無所礙。豎無不了。此權智也。又云。如是慧境界。唯約智體言之。平等如虛空。徧知諸法而不變其體。普入三世而不遷其性。此實智也。然實非權外。但以離分別處。卽是實智。故卽就上權智。而言如是慧境界也。又問云何佛境界知。文殊答云。非識所能識。亦非心境界。了別卽非眞知。故非識所識。瞥起亦非眞知。故非心境界。其性本清淨。心體離念。離念相者。等虛空界。卽是如來平等法身。故本清淨。開示諸羣生。羣生等有。惑皆不知。故佛開示。皆令悟入。前智偈。卽對所證之法。以明能證之智。後知偈。直語靈知眞心。異乎木石。通於能證所證又前唯佛果權實智慧。不通於凡。故云智自在等。此則通乎凡聖。凡卽染。聖卽淨也。禪源詮中。眞智眞知異。全同乎此。眞智眞知別竟。

三二諦三諦別 空局二諦。性通三諦。二諦名同前教。且云三諦。

所詮法義。具足三諦。色等卽空。是爲眞諦。空卽色等。乃爲俗諦。一眞心性。非色非空。能空能色。名爲中道第一義諦。

所詮法義具足三諦者。揀空宗所詮。局二諦也。圓玄云。色卽空爲眞者。如鏡影卽空也。空卽色爲俗者。如空不壞影也。一眞心性。空色圓融。爲第一義者如鏡中之明空影無礙也禪源詮中三諦二諦異義亦同此又彼法義眞俗異亦於此門中會準廣本次下更云就二諦中一眞法性目之爲眞種種義相稱之爲俗禪源詮云法義眞俗異者性宗則以一眞之性爲法空有等種種差別爲義法卽眞諦義乃俗諦故華嚴十地品云法者知眞諦義者知俗諦揀前空宗以差別之相爲法以照此諸法無爲無相等爲義法卽俗諦義乃眞諦故智論以俗諦爲法無礙辨以眞諦爲義無礙辨準知性宗不唯明三諦別卽說二諦其意亦與空宗不同然此宗法義二諦卽三諦義何者離中道卽爲眞俗融二諦卽爲

中道卽一而二。非離一有二。卽二而一。非離二有一。二三雖殊。諦義無別。故以此門義收。不復更明法義眞俗異也。二諦三諦別竟。

四三性空有別空則有無具闕。性則有無雙存。今明性義。故名爲別。

遍計執性。情有理無。依他起性。相有性無。圓成實性。情無理有。相無性有。

圓玄云。遍計情有理無者。如麻繩上見蛇。杌木上見鬼。情中定有。道理定無也。依他相有性無者。如水中月。如鏡中器相。則似有。體性全無也。圓成情無理有者。如迷者。見有蛇鬼之時。情中都無繩杌。

故曰情無。繩杌是實。故云理有相無性有者。如摩尼珠。在黑色中。雖全現黑相。其性常明。明性是有。黑相是無。（謂黑相乃黑色映也。）禪源詮云。三性空有異者。性宗則三性。皆具空有之義。揀異空宗。依計是有。圓成是無。於有無中。各具一而闕一也。異亦同別。無庸更會。三性空有別竟。

五佛德空有別（空則明佛德是空。性則明佛德是有。今辨性中別義。）

一切諸佛。自體皆具常樂我淨。眞實功德。身智通光。一一無盡。性自本有。不待機緣。

圓玄云。諸佛皆具常樂我淨者。稱體之實德也。如疏序中釋云。（即指圓覺疏序）佛德雖無量無邊。實體之德。唯此四故。準起信論云。眞如自體相者。從本已來。性自滿足一切功德。據此則佛證眞如。一切皆實體之德。而特指此四者。爲破凡夫常等四倒。及二乘無常等四倒故。身智通光者。謂十身。十智。十通及常光。身光。智光。通光。（如華嚴說）一一無盡者。皆稱法界故。性自本有者。顯道成便具。故不待機緣者。揀權敎應化故。禪源詮中。我法有無異。亦以此斷。如廣本於不待機緣下。仍云。故以無我爲妄。有我爲眞。（承上性本自有故說無我爲妄。不待機緣故說有我爲眞。但法身眞我。非凡夫徧計及外道宗）

計我對他教辨異竟。
也。

賢首五教儀開蒙增註卷二終

賢首五教儀開蒙增註卷三　終教

賢宗後學通理述　嗣法門人心興校訂

二約當教詳明二　一總標　二別釋　初

次約當教詳明。亦有十門。

此例前依教標門也。

二別釋十　一所依心識　二明佛種性　三行位差別　四修行時分　五因位依身　六斷惑分齊　七同心有無　八佛果義相　九攝化境界　十佛身開合　初

說黎耶識。乃是眞如隨緣合成。是故八識。通如來藏。

非唯生滅。

棃耶即是賴耶。此云藏識。起信云。不生不滅。與生滅和合。非一非異。名阿棃耶識。以許眞如隨無明緣。和合而成。揀前敎唯業種生故。非一非異。故能通如來藏。揀前敎眞如凝然。不許隨緣故。眞妄和合。故云非唯生滅。揀前敎從業種生。唯是生滅故。

所依心識竟。

二明佛種性

就眞如中。立種性故。徧諸眾生。皆有佛性。

就眞如中。立種性者。以本有新熏。不離眞如體用故也遍諸衆生皆有佛性者以眞如周徧種性亦徧故一切衆生莫不皆有菩提性也如敎章引智論云白石有銀性黃石有金性水有濕性火有熱性故經云衆生亦爾悉皆有心凡有心者定當得成阿耨菩提明佛種性竟

三行位差別

信等五十二位之中修至初住卽得不退

信謂十信五十二位中初十位也等者等餘四十二位謂十住十行十向十地等覺妙覺也初住卽得不退者揀前始分二敎以始敎空宗從乾慧修

至性地。於中俱含四味。謂煖頂忍世第一也。乃許不退。分教相宗。從資糧修至加行。亦含四位同上乃許不退。今許初住。即得不退者。依起信論說。三賢初位中。少分得見法身。能於十方世界。八相成道。利益眾生。豈有退耶。又教章引仁王經云。習忍已前。行十善菩薩。有進有退。猶如輕毛隨風東西。等。在此修行。經十千劫。入十住位。方得不退。故十住初。即不退。墮二乘地。況諸惡趣。及凡夫地耶。設如本業經。說十住第六心有退者。起信論中。釋彼文為示退。為慢緩者。策勵其心。故而實菩薩。入發心住。即得不退也。行位差別竟。

四修行時分

行成佛果。不定三祇。亦無百劫。修相好業。

成佛果不定三祇者。揀始教定滿三祇也。無百劫修相好業者。揀小教百劫種相也。又不定三祇者。以終教修實行故。成實報身。不約化說。而彼定滿三祇者。約一方化儀說故。又無百劫修者。亦終教論其實行。從初發意。即福慧雙修。故至成佛時。無庸別修相好。而彼小乘教中。偏修慧業。不修福業。故臨成佛時。更須百劫修相好業。此與始分等不同也。修行時分竟。

五因位依身

地前留惑。受分段身。初地斷種。受變易身。

地前謂三賢位也。惑卽煩惱。於中有現行。有種子。而云留者。謂三賢位中。得人空慧。力能盡斷。但以爲利自他。斷現行。留種子耳。分段身者。謂分段生死之身。如凡夫捨生趣生。從此向彼。有分段故。此身由惑業潤生。故須留惑。借此修習種智。以自利。攝化羣品。以利他。故須受也。如起信疏云。十解(卽住)已去。(該行向)信根成就。無有退失。得人空慧。見修煩惱。

不得現行。謂現行不得起也。非約隨眠。謂種子猶在。隨逐有情。眠伏藏識也。以留惑故。初地謂歡喜地也。此菩薩願智力勝。自在同事攝生。不須留惑。故云受變易身。謂變易生死身也。此身不由惑業。唯依願智。如捨位入位。從麤向細。有變易故。依於此身。進斷所知。圓滿種智。故須受也。如教章云。依於終教。地前留惑。受分段身。於初地中。永斷一切煩惱使種。亦不分彼分別俱生。於所知障中。又斷一分粗品正使。是故地上受變易身。至金剛位。問。地上不留煩惱。云何大悲同事攝生。答。願智勝故。

自在同生。若於地前。及始教中願智力劣。故留煩惱助願受生。淺深權實異故。因位依身竟。

六斷惑分齊

於二障中。正使習氣。三賢伏現見道除種地上侵習。佛位究竟。

二障謂煩惱障。所知障也。正使卽二障現種習氣。此二障種習。終教並伏並斷。故二障並出。三賢伏現者並伏二障現行。見道指終教初地。除卽是斷。種卽二障種子。地上謂初地已上。侵漸損也。習亦二障習氣。佛位卽妙覺位也。究竟者。究竟清淨。謂二障種習。一切俱盡故。如教章云。若依終教菩薩。於二障中。不分俱生及分別。但有正使及習氣。地前伏使現。初地斷使種。地上除習氣。佛地究竟清淨。問。此既二障。並伏並斷。何故前門引起信論疏。而十解菩薩。但許其於見修煩惱。不得現行。未及所知。豈起信非終教乎。答。前門約同心菩薩。爲接小乘。故但言見修煩惱。此門約直往菩薩。二障並伏並斷。固不同也。又二障中。應各有分別俱生。此不分者。以終教根利。一往能斷。故但約正使習氣爲障耳。

嗒斷惑分齊竟。

七同心有無

一切二乘無不同心。

一切二乘者。總該廣慧。愚法定性及不定性也。按始教。定性二乘。不得成佛。以不同心故。今云無不同心者。以教章說有四因。一以盡有佛性力。爲內熏因故。二以如來大悲力。外緣不捨故。三以根本無明。猶未盡故。四以小乘涅槃。不究竟故。是故一切無不同心。向大菩提也。又按寶性佛性二論。皆說入寂二乘。於三界外更受變易。密嚴經中。亦說二乘。必無灰斷永滅。會玄問。旣受變易。何名定性。答。且就長時。說明定性。華玄問。若爾何以言得涅槃。答。望其當分。謂是無餘涅槃。若以大乘望之。但是三昧。深入三昧。沉空多時。假云涅槃。以引劣器耳。又縱現在不同。將來必同。如法華經云。我滅度後。復有弟子。不聞是經。自於所得功德。

生滅度想。當入涅槃。我於餘國作佛。更有異名。而於彼土求佛智慧。依此多文。准知二乘無不同心。

同心有無竟。

八佛果義相

報身相好。八萬四千。修生法身。亦常無常。

報身。謂受用身也。嚴身曰相。隨相名好。八萬四千者。爲對法門之數。言菩薩因中修習八萬四千法門。至果上成就八萬四千相好。果以酬因。故言報也。問前教亦如此說。有何差別。答前教報身。是轉識得。有爲無漏。今教報身。從眞如起。非相所還。又既曰從眞如起相好應有無量而言八萬四千者。爲對法門之數令初發心菩薩有所從耳如起信論云諸菩薩從初發意至究竟地心所見者名爲報身身有無量色色有無量相相有無量好如是功德皆因諸波羅密法門等無漏行熏及不思議熏之所成就具足無量樂相故說爲報是知受用身者亦以具足無量樂相故也問八識規矩頌云如來現起他受用十地菩薩所被識今許初發意即見者何也答彼約始教初心根鈍故唯許十地爲所被此約終教初心根利故兼許深信眞如即分見如。起信又云。復次初發意菩薩等所見者。以深信眞如法故。少分而見。知彼色相莊嚴等事。唯依心現。不離眞如。然此菩薩。猶自分別。以未入法身位故。若得淨心。所見微妙。其用轉勝。菩薩地盡。見之究竟。問。自報他報。爲同爲異。答。同一報身。有機無機異故。此報身相也。修生者。顯是後得。因修而生。揀非自性法身。以自性法身。不可言相。修生法身。似有能生所生相故。此法身相也。上皆明相。亦常無常。常者。各具二義故。報具二義者。自報是常。一得永得故。他報無常。應十地機故。法具二義者。體惟不變故常。用能隨緣故無常也。問前教備說三身。此不言化者。前教爲接小機故說。此教正被大乘。故不言也。佛果義相竟。

九攝化境界

所住依果。在三界外。數世界種無量恆沙爲一佛界。所攝化境。

所住依果。謂釋尊報土也。在三界外者。謂前教以娑婆閻浮爲報土。是報土猶在三界之中。今不同彼。故云在三界外。如法華云。我於餘國作佛。更有異名。又如涅槃云。西方去此三十二恆河沙佛土。

有世界名無勝。是釋迦佛實報淨土。是知異名亦是釋迦。餘國仍屬報土。故起信論云。所住依果亦有無量種種莊嚴。自報隨所示現。他報既無有邊。不可窮盡。離分際相。數字作上聲。謂從一至十等。依次而數之也。按華嚴以二十重華藏為一世界種。今云數世界種。以至無量恆沙者。乃至於無分齊中。强立分齊。亦卽所謂無有邊。不可窮也。為一佛界者。且指自報正所依故。所攝化境者。亦兼他報攝化菩薩故。不言化土者。亦如身說。攝化。境界竟。

十佛身開合

如來法身。唯以妙智。或以境智。釋迦佛身。亦法報化。

或開二佛三身。或立四佛五佛。

初約義明。復二。一法身開合。如來者。乘如實道。來成正覺。法身者。法性爲身。爲下衆身之本。故先言之。又法身有二。一性得。二修得。此是修得以上有如來義故。修智同本。故稱妙智。即始覺究竟也。唯以者。合境於智。合本覺於始覺。如攝論以無垢無罣礙智。即是修智。妄盡理圓故。爲法身。或境智爲法身者。依智開境。能所暫分。二相皆如。互無有外。強名法身。如梁攝論云。唯有如如。及如如智獨存。名爲法身。釋迦下。

二應身開合。釋迦者具云釋迦牟尼此翻能仁寂寞。應凡小機。示降王宮。現丈六相。名應佛身。亦法亦報化者。釋迦身中見三身故。如法華經龍女讚佛偈云。深達罪福相。謂深達罪福皆空。圓滿清淨。即自報也。徧照於十方。謂光明遍照。即他報也。微妙淨法身。謂偏入幾微。偏含衆妙。體自如如。即法身也。具相三十二。以八十種好。用莊嚴法身。即化身也。然法華乃釋迦所說。而龍女所見如是。則亦法亦報化之義。不待辨矣。或開下。約數明。或者。不定之辭。謂或開二佛。或開三身也。開二佛者。如教章云。一自性法身佛。即法性身。亦兼自報自性功德法之所成故。二應化法身佛。應卽他報。應十地機故。化卽變化。隨機變化故。咸稱法身者。依法身現故。此依本業經說。對上釋迦一佛名開。若對下三身仍合耳。開三身者。如教章云。或立三身佛。如常所說。華玄云。或分爲三。卽法報化。亦言法報應。應卽化也。原人論解云。法性宗所說三身。依體相用三大而立。起信云。一者體大。謂一切法眞如平等。不增減故。釋曰。性體當相卽法身也。二者相大。謂如來藏具足無量性功德故。釋曰。依不空藏。性德本具。修行出障。與此相應。卽眞報也。二佛中合於自性法身者以此。三者用大。能生世出世間善因果故。謂隨染業幻。自然大用。應地前類。及諸凡夫。令始成世善名化身。隨登地機。說大乘法。令終成出世善名他報身。二佛中。合於應化法身者以此。此對上二佛名開。對下四佛名合也。或立四佛者。謂於報身內。福智分二。福德身福慧身。兼法與化爲四。如楞伽云。一應化佛。二功德佛。三智慧佛。四如如佛。教章云。初一是化身。中二是報身。後一是法身。此對上三身名開。對下五身仍合也。五身者。華玄云。或說五身。如大通經說。然叡公維摩疏釋云。所謂法性生身。功德法身。變化法身。虛空法身。實相法身。詳而辨之。一法身也。何者。言其生則本之法性。故曰法性生身。推其因則功德所成。故曰功德法身。就其應則無感不形。是卽變化法身。稱其大則彌綸虛空。是卽虛空法身。語其妙則無相無爲。故曰實相法身。若以三身攝之。初二是報。次一是化。後二是法。皆通終教義也。

四頓教法相二　一總明　二別釋　初四　一標示　二釋成　三結示　四引證　初

四頓教中。總不說法相。唯辨眞性。

首句牒教名。次二句出法義。於中上句泯相。下句顯性。泯相者。總不說。此揀始教相宗。廣說八識等。

一切諸法差別相故。顯性者。唯辨眞。此揀始教空宗。但說五陰等。一切諸法空無性故。又合此二義。亦揀終教相少性多也。如楞伽中。一百八句。句句顯絕迹之宗。四十一門。門門詮無生之性。故凡諸經。一向辨眞性處。卽屬頓教。問。旣此教總不說法相。何前標云。約所詮法相耶。答。不說何遣。遣卽不立。不立卽不說耳。標示竟。

二釋成

一切所有。唯是妄想。一切法界。唯是絕言。五法與三自性俱空。八識及二無我盡遣。訶教勸離。毀相泯心。

一切所有者。總該一切諸法。凡有名有相者。皆是也。唯是妄想者。心生則種種法生故。如起信云。一切諸法。唯依妄念而有差別。然想既爲妄。有復何有。心滅則種種法滅故。如起信又云。若離妄念。則無一切境界之相。如是則心境兩忘。唯有一眞獨存。故云一切法界。界者性義。法性即眞如也。若執此爲眞。亦不可說。故云唯是絕言。如楞嚴云。言妄顯諸眞。妄眞同二妄故。此中上句拂妄。下句拂眞。二俱不立。是則名爲眞眞如性。眞眞如性。一法不立。故云五法等皆空。八識等俱遣。以不空不遣。眞如性終不見故。此總以略釋也。若別以詳釋者。由眾生一念妄動。迷眞如而轉成妄想。（業相）依妄想而變起諸法。（轉現）然諸法各有形相。各有名目。此皆依他起性。若更以妄想分別。計名執相。則是徧計執性。起惑造業。輪轉斯興。所謂一切諸法。唯依妄念而有差別是也。設於此一念不生。妄想頓滅。（業相空）諸法無所從起。名相由來自虛。此依他起性空也。名相既虛。一切法無不皆如。名爲如如。契斯理者。離於邪思。及邪分別。名爲正智。此徧計執性空也。惑盡業空。輪轉斯寂。所謂若離妄念。則無一切境界之相是也。然如如卽眞如之體。正智卽眞如之用。此用乃卽體之用。離體則用無所依。是正智空也。此體乃卽用之體。離用則體無由顯。則如如空也。體用俱空。一眞宛在。名為圓成實性。但此乃對偏言圓。對破言成。對虛言實。所謂言妄顯諸眞。妄眞同二妄。如是則圓成實性亦空矣。圓成尚空。況夫八識。乃眞妄和合。二無我。對有我立號。故應盡遣。是則小教二乘。權教菩薩。計無我為實證。執唯識為極宗。皆為迷頭認影。寶雹為珠。覩茲宜知非矣。然佛以語言文字。指示絕待眞如。名之為教。但看教須合觀心離指方能識月故訶教勸離如達摩答可和尚云可問此事可有文字教典習學否我法以心傳心不立文字即呵教也又如文殊讚維摩詰云乃至無有語言文字是名真入不二法門即勸離也相即所詮義相上句已拂能詮恐又滯所詮義相然義相乃識心分別故毀相泯心如楞嚴經佛責阿難云縱能宣說諸佛如來十二部經清淨妙理宣說妙理即是義相祇益戲論即毀相也又云汝今尚以緣心聽法此法亦緣即泯心也釋成竟

三結示

生心卽妄。不生卽佛。亦無佛無不佛。無生無不生。恐謂法有權實。心分眞妄。一切俱拂。何所爲耶。故云生心卽妄不生卽佛。意者以佛性平等。本自如如。權實眞妄。任運何與。纔生一念背向。便是目起狂花。果到萬慮虛凝。自能體還。故我黑暗女。功德天。有智主人。二俱不受。一切俱拂。非無謂也。無佛無不佛者。以上言卽佛。唯是理具。恐執理具卽是。便謂無修證之佛。故又以無不佛遣之。言有修必證。故無生無不生者。以上言卽妄。唯是遣生。恐執不生爲是。故又以無不生遣之。以無生而生。故是知止於無生。乃成斷滅。不能成佛。必使無生而生。大用斯現。智周鑑而常靜。用繁興以恆如。以是而修。乃爲眞修。以是而證。乃爲實證。如永嘉證道歌云。誰無念。誰無生。若實無生無不生。即不生而生也。看取機關木人問。止於無生。即同機關木人。求佛施功早晚成。言意其無是理耳。古德云。若不大死一番。不得大活。楞嚴云。生滅既滅。寂滅現前。又云。圓明精心。於中發化。般若云。應無所住而生其心。皆無生無不生意也。結示竟。

四引證

如淨名默顯不二等。即其意也。

按淨名第二二、入不二法門品。有三十二菩薩。各說不二法門已。後問文殊。文殊曰。如我意者。於一切法。無言無說。無示無識。離諸問答。是爲入不二法門。於是文殊問維摩詰言。我等各自說已。仁者當說。維摩詰默然無言。文殊乃歎曰。善哉善哉。乃至無有文字語言。是爲眞入不二法門。此中諸菩薩以不二遣二。尚有二可遣。文殊以言遣言。兼不二亦泯。維摩詰以一默顯理。謂眞如絕待。本自現成。所謂遣之又遣。遣至無可遣也。一乘頓教。所詮如是故引此以證。益可信矣。已上總明竟。

二別釋二　一結前起後　二勸義分門　初

總相如是。若別明者。亦有十門差別。

首句結前。若別下起後。例前有分。故云亦也。對前各異。故云差別。又十門各詮一義。亦是差別。

二勸義分門十　一所依心識　二明佛種性　三行位差別　四修行時分　五因位依身　六斷惑分齊　七同心有無　八佛果義相　九攝化境界　十佛身開合　初

說一切法。唯一眞如。

一切諸法。從緣無性。故曰唯一眞如。故教章云。若依頓教。卽一切法。唯一眞如心。差別相盡離言絕慮。不可說也。又楞嚴經。佛語阿難。汝猶未明。一切浮塵諸幻化相。當處出生。隨處滅盡。幻妄稱相。其性眞爲妙覺明體。如是乃至陰入處界。虛妄有生。虛妄明滅。殊不能知生滅去來。本如來藏妙眞如性。據此則一切法。唯一眞如明矣。所依心識竟

二明佛種性

離言說相。名爲種性。

離言說相。乃能契合眞如。此等眾生。修因無不成

佛。故曰名爲種性。故教章云。約頓教明者。唯一眞如。離言說相。名爲種性。又諸法無行經云。一切衆生。皆是一相。畢竟不生。離諸名字。一異不可得故。是名種性。一相卽是眞如。畢竟不生等。卽是離言說相也。明佛種性竟

三行位差別

一念不生。卽名爲佛。有何行位。漸次差別。

一念不生。前後際斷。照體獨立。物我皆如。故卽名爲佛。既卽名爲佛。則不落階級。故云有何行位。行位尙無。況復漸次差別。自應無處安立。故教章云。若依頓教。一切行位皆不可說。以離相故。若見行

位差別等相。即是顛倒。設欲寄言顯者。如楞伽云。初地即爲八。乃至云無所有何次等。又思益經云。若人聞是諸法正性。勤行精進。如說修行。不從一地至於一地等。蓋是於無行位中強立行位。雖立行位。依然無有漸次差別等也。行位差別竟。

四修行時分

旣唯一念。無時可說。

上云一念不生。即名爲佛。蓋不生即無念也。念相尙無。無憑何說時。故云無時可說。問。無時何以成佛。答。仁王經云。一念中有九十剎那。一剎那中有九百生滅。然剎那生滅皆時也。俱爲能依。心相纔萌。即念也。乃爲所依。

所依之念既無剎那生滅都盡即此是佛即此成佛豈有時分可說故教章云若依頓教一切時分皆不可說如圓覺經云知幻即離不作方便離幻即覺亦無漸次等可證此義據此則三祇百劫及不定等皆權漸教中義也此不同彼故不可說修行時分竟

五因位依身

所依身分亦不可說

所依身者謂因地修行所依身也分有二義一分段即分段生死謂捨生趣生從此向彼有分段故二分際即變易身謂捨位入位從粗向細有分際

故。按終教地前留惑受分段身。初地斷種受變易身。今不同彼者。亦二義。一了惑性空故。二唯眞是依故。如般若心經云。觀自在菩薩行深般若波羅密多時。照見五蘊皆空。分段身不可說。又云。無智亦無得。變易身亦不可說。又如圓覺經云。善男子。如來因地修圓覺者。知是空華。卽無輪轉。亦無身心受彼生死。分段變易。二種生死。非作故無。本性無故。頌云。一切衆生身心皆如幻。一切佛世界。猶如虛空華。如是等義。皆顯所依身心。不可說也。亦者。例上爲言。言不惟時不可說。而所依身分亦不可說也。因位依身竟。

六斷惑分齊

一切煩惱本來自離。

本來自離者有二義。一心契眞如故謂眞眞如性。從來不與一切諸雜染法而共相應如圓覺經云。一切諸如來。從於本因地。皆以智慧覺。了達於無明。知彼如空華。卽能免流轉。二煩惱從緣故謂心境相對。起諸煩惱。心境尚無煩惱何有。如金剛三昧經云。一切境本空。一切識本空。空無緣性。如何緣起。故教章云。若依頓教。一切煩惱。本來自離。不可說斷。及與不斷。不可說斷者。性本自離故。斷尚不可說。況復不斷。益不可說。無相待法故。是知頓教行人。悟眞本有。達妄本空。不惟不可說斷。即不斷亦不可說。似金離鑛。如木已灰。如是名爲斷斷惑分齊竟。

七同心有無

二乘聲聞。非同不同。

次於菩薩。名爲二乘。意該緣獨二覺。及辟支乘也。聲聞者。聞佛四諦聲教。依之修證。意該有無二學。皆聲聞乘也。非同不同者。揀始教有同有不同。謂定性不同。不定性有同。及終教有同無不同故。現前有同。當來無不同。若直約頓教釋者。有二義。一者悟眞本有。本來是佛。

本來是佛。誰許好肉剜瘡。二者達妄本空。名唯假有。浮雲原不傷日。是知纔說同心。已爲失旨。況於不同。益不可說。故教章云。一切二乘。非同非不同。以離相故。上云悟眞本有。達妄本空。皆離相義也。法華云。諸法寂滅相。不可以言宣。可證本來是佛。以方便力故。爲五比丘說。可證名唯假有。同心有無竟。

八佛果義相

一切佛身。唯一法身。相盡離念。平等平等。不可說有。功德差別。亦不可說。常與無常。

一切佛身者。有二釋。一通約十方三世。二別約兩報。（謂自報。他報。）二化。（謂大化。小化。）若約方世者。雖各是一佛。而唯一法身。謂同證一法界故。若約報化者。雖各是一名。亦唯一法身。謂應化非眞故。如華嚴經問明品云。一切諸佛身。唯是一法身。（證前義。）又金剛經彌勒頌云。應化非眞佛。亦非說法者。（證後義。）相盡念離者。細相粗相俱盡。微細念相亦離。相盡則能所平等。念離則生滅平等。故曰平等平等。如是則唯餘一眞。爲法身本體。一切時方應化。無不由此顯現。若攝用歸體。無不於此寂滅。故曰無不從此法界流。無不還歸此法界。所謂唯一法身者此也。如起信論云。離念相者。等虛空界。無所不徧。法界一相。即是如來平等法身。不可說有功德差別者。揀前終教報身相好。八萬四千。艮以法身無爲。不墮諸數。無爲即無相。無數則無八萬四千之可數也。如楞伽云。法性佛。非所攀緣。一切緣。一切所作根量等相。悉皆遠離。非凡夫二乘。及諸外道。執著我相所取境界。亦不可說常與無常者。揀前終教修生法身。亦常無常。艮以自性法身。絕諸對待。常與無常。是對待法故。又如楞伽經云。大慧若有於二。

有常無常。如二無二。證一切法。無生相故。是故非常亦非無常。故教章云。若依頓教。以相盡離念故。唯一實性身。平等平等。不可說有功德差別。亦不可說常與無常。佛果義相竟。

九攝化境界

依眞而住。非有國土。

佛以法性爲身。卽以法性爲土。故云依眞非土。如華嚴經云。普賢身相如虛空。寄身相顯法身。若不如此。則如啞人見賊。叫不出矣。依眞而住非國土。問惟是一性。何分身土。答起信論云。離念相者。等虛空界。卽是如來平等法身。然旣曰等虛空界。又稱平等法身。則盡虛空界。一切所有。並彼所依虛空。

皆是如來清淨法身。設有一法不是。則非平等矣。但隨衆生機熟處現。如靈源見桃花。桃花卽現法身。香嵒聞竹聲。竹聲便現法身。佛曰。吾今此身。卽是法身。華嚴云。普賢身相如虛空等。是知。上至佛聖。下至蜎蠕。情與無情等法。徧現法身。全影妙體。東坡云。溪聲盡是廣長舌。山色無非清淨身。蓋有見於此也。至於空界之外。畢竟還有什麽道理可爲所依。楞嚴云。空生大覺中。如海一漚發。然大覺心。卽眞如心也。體惟不變。用能隨緣。蓋卽以不變處爲土。隨緣處爲身。所謂唯有如如。及如如智獨存耳

按漸教。法性身佛不說法。則法性土亦非攝化境界。今約頓教。法佛亦說。亦唯深契法性者。乃能依此土。見此佛。聞此法。如金剛三昧經。梵行長者頌云。我從無住處。是處禮如來。敬禮如來相。等空不動智。不著無處所。敬禮無住身。我於一切處。常

見諸如來。唯願諸如來。爲我說常法等。是知性土得稱攝化境界。攝化境界竟。

十佛身開合

如來法身。非智非境。釋迦佛身。法非報化。是故唯立一實佛性。

初約義明。復二。一約法身明。法身卽法性身也。法性絕待。故曰非智非境。以境智相待故。此揀終教以終教漸證。境智暫分。故前云或以境智。此教頓證。境智俱泯。故此云非智非境。如楞伽云。遠離覺所覺。法身如幻夢等。可證此義。釋迦下。約應身明。

釋迦卽應化身也。應化無性。全相全眞。故許其爲法。既許爲法。不由因成。故非報。又既許爲法。卽無生滅。故非化。此揀終教。以終教理事無礙。許於應化身中。俱見三身。故前云亦法亦報亦化。此教以理奪事。許於應化身中。但見法身。故此云法非報化。如金剛般若經云。若見諸相非相。卽見如來。此證應化身中見法身也。又云。不可以具足色身見如來。不可以具足諸相見如來等。此證法非報也。又云。如我解佛所說義。不應以三十二相觀如來。此證法非化也。是故下。次約數明。卽是總結上文。

非智非境非報非化。謂境智是二。報化是虛。既皆非彼。是故頓教唯立一實佛性。即是法身。以無二無虛故。此中論開合者。對上終教而言。以彼云。或開二佛三身。或立四佛五佛等。對此名開。若惟約當教。有合無開。在文可見。頓教法相竟

五圓教法相二　一總明　二別釋　初三　一標示　二釋成　三結示　初

五圓教中。所說唯是無盡法界。

無盡法界。卽一眞法界。謂攝法無盡故。華嚴經第七十一云。我知法界無量。我知法界無邊。我知法

界無限。我知法界無畔。乃至云。善男子。我入如來無差別法界門海。言無量。無邊。無限。無畔等。即無盡義。所以能知者。以得無差別法界故無差別即一眞也。門者。出放義。海者歸納義。一切法界。無不從此法界流。無不還歸此法界。故名此爲無盡法界。標示竟。

二釋成

性海圓融。緣起無礙。相即相入。如因陀羅網。重重無際微細相容。主伴無盡。

會玄云。性海二句。先出因由。言一眞法界。所以稱爲無盡法界者。有二義。謂性海圓融故。緣起無礙故。性海卽一眞法界。圓融者。謂一眞法界圓具無盡法性。而無盡法性。在於一眞法界中。亦彼此相融。而不相違礙。海亦如是。圓具百川之水。而百川之水。在於海中。亦彼此相融。而不相違礙。今以法喻合顯。故云性海圓融。此明性具。科註云。理法界也。緣起者。隨緣起成無盡法界。雖隨緣起成無盡法界。而亦並興不悖。故云無礙。謂彼此不相違礙。此明事成。科註云。事法界也。相卽者。理隨事徧。理卽事也。事得理融。事卽理也。此明性具與緣成相卽科註云理事無碍法界也相入者由上理隨事徧一多緣起之無邊一多緣起者謂理旣隨事而徧則有一事卽有一理而彼一事之理又能隨緣起成多法如是則緣起之法無有邊際然此猶是理事無碍但是於前緣起法中重明理事以顯無盡猶未是相入之義若尅明相入者謂由上事得理融千差攝入而無礙千差攝入者謂事旣得理而融則全事全理理旣無礙事亦如理而都無所礙故能千差攝入言千差者如上所說兩重緣起皆約事言攝入者謂彼此互相攝入謂此若攝彼

彼便入此儀文但言相入亦兼相攝謂此若入彼彼便攝此如一法望一法相攝相入既爾一法望多法亦然一法望多法既爾多法望一法亦然科註云事事無礙法界也因陁羅此云帝網謂大梵天王宮殿中網羅幢也以是帝珠結成故云帝網帝珠相望映現重重可比千差攝入故云如也重重無際者映現重重無際可尋故微細相容者雖相攝相入最極微細而各不壞相謂彼此皆可見故主伴重重者如一法帶多法攝彼一法時是能攝之主伴而彼一法帶多法入此一法時是能入

之主伴。一法既爾。法法皆然。故主伴無盡也。釋成竟。

三結示

十十法門各攝法界。

華玄云。十十門者。一一法中。多明十。故如十身十忍十眼十通等。各攝無盡者。如十身中。第一身攝九身時。能攝所攝成十。第二乃至第十。皆各攝九。則成百身。如是展轉相攝。乃至無盡。以身望身既爾。以忍望忍等亦然。然此猶是同類相攝。若異類相攝者。如十身中。一身攝十忍。十身則攝百忍等。

如是展轉相攝。乃至無盡。是故十十法門中。隨舉一門。皆各總攝一切法界。如是重重無盡法界。皆不離一眞法界。圓教惟說此法。不說餘法。縱說餘法。亦泯同平等。其猶四河入海。各失本名。故上標云。所說惟是無盡法界。總明竟。

二別釋二　一結前起後　二勸義分門　初

總相如是。若別明者。亦有十門法義差別。

首句結前。若別下起後可知。

二勸義分門十　一所依心識　一明佛種性

三行位差別　四修行時分　五因位依身　六

斷惑分齊　七同心有無　八佛果義相　九攝化境界　十佛身開合　初

說一法界性起爲心。或開十心。以彰無盡。

一法界卽一眞無障礙法界也。法界卽性。言性起者。卽指一切諸法。言一切諸法皆從性起。無不是心。故曰惟心。所以諸佛與衆生交徹。淨土與穢土齊融。法法皆彼此互收。塵塵悉包含世界。相卽相入。無礙鎔融。此別敎一乘。萬法惟心之大宗也。問根本雖由性起。枝末亦借緣興。今不言緣起者。有二義。一謂緣無自性。緣起卽性起故。二謂緣依性有離性緣叵說故。然此雖曰性起爲心。但令知萬法惟心而惟心之義。要以一門而入。故云或開十心。謂於惟心之義。開爲十法界心。以便觀察故也。以彰無盡者。言十界互攝。人所易明。如云諸佛不斷性惡。則佛界中有生界可知。又云闡提不斷性善。則生界中有佛界可知。然此且約生佛對論。若俱明十界互融。則重重無際。故無盡也。而必以此彰者。以十法界中。一一法界。皆得如是融通無盡者。以卽心故。就此而觀。則萬法惟心之義。可例明矣。按此中但明性起爲心。而科名所依心識者。順

前教故。又識亦是心。緣起無性故。所依心識竟
二明佛種性
菩薩種性。卽因卽果盡三世間一切諸法甚深廣大
與法界等。
此中有二義。一約人明別圓種性。菩薩句揀終教。
言終教三乘五性。皆當成佛。以眞如性徧一切有
心故。此則唯許菩薩爲成佛種性。卽因句揀漸教
言漸教因果歷別。因位種性不定。如六心墮落。塵
劫聲聞可知。此則因該果海。果徹因源。故云卽因
卽果。如初發心時。攝位證覺可知。亦揀頓教。言頓

教以離言說相名爲種性此則容許說因說果但不以漸教說因果歷別耳盡三句揀同圓言同圓中器世間不許成佛如涅槃云除墻壁瓦礫皆有佛性可知此則盡三世間皆爲種性如華嚴三世間主各證解脫可知三世間謂情器正覺也一切下約法明同圓種性一切諸法謂戒善諦緣事度法也甚深廣大者有二義一者緣起無性卽佛性故如法華云知法常無性佛種從緣起是故說一乘是也二者原佛本意皆究竟故又如法華云諸佛以種種方便種種因緣譬喻言詞演說諸法是

法皆爲一佛乘故。是諸衆生。從諸佛聞法。究竟皆得一切種智是也。又甚深者。等法界。出生無盡故。廣大者。等虛空。容納無邊故。故大經云。菩薩種性。甚深廣大。與法界虛空等。今但言與法界等。不言虛空者。出生必由容納。不言可知故。然一切諸法。能被教也。人天三乘。所被機也。能被之教。既皆甚深廣大。與法界等。而所被之機。自應人天三乘通爲種性。明佛種性竟。

三行位差別

攝前諸教所明行位。始從十信。乃至佛地。六位不同。

隨得一位。得一切位故。

攝者統收義。諸教即小始終頓也。言小始終頓四教各有所明行位。如小教之資等五位。始教之乾等十地。乃至終頓二教。亦各具信等諸位。隨教淺深不同。而此圓教獨能統攝一味融容。以不統不一。不足以稱圓故。此是同圓。謂攝前諸教行位爲圓教行位也。圓教行位。其相云何。故次云始從十信乃至佛地。六位不同。此三句。明行布不亂義。有兩向。向上仍屬同圓。言雖攝前諸教行位。而亦不壞六位之相。若向下則屬別圓。仍分二義。一行布門。六位差別故。科註云。六位卽三賢(住行向)十聖等妙二覺不言信者。攝十住故。愚謂據現文明言始從十信而强謂其不言信位。似違現文。若開信位。始終應有七位。亦違現文。然諸經論中或有不開等覺位者。以前際是十地初心。後際是妙覺入心地妙二位攝故。再俟參考。隨得下。二圓融門。一位卽攝一切位故。一一位滿。卽是佛故。然此二義亦不相違。以行布是教相施設。圓融是理性德用。相是卽性之相。故行布不礙圓融。性是卽相之性。故圓融不礙行布。圓融不礙行布。故一爲無量。行布不礙圓融。故無量爲一。無量爲一。故圓通隱隱。一爲無量。故涉入重重。故世親以六圓融。唯別圓。乃一生圓證。行位差別竟。

四修行時分

一切時分。悉皆不定。念劫圓融。自在無礙。

一切時分。卽從因至果中間修行之時分也。悉皆不定者。有二義。一或速。如慈氏讚善財言。此長者子。於一生內。則能淨佛刹。化衆生。圓滿一切大願。具足普賢諸行。又威光太子。一生圓曠劫之果。乃至衆海頓證。於林中。六千道成於言下。等。皆明所證速也。如文殊讚善財云。汝徧一切剎微塵等諸劫。修行普賢行。成就菩提道。又如十地品云。若衆生界盡。我願乃盡。而衆生界不可盡。我此大願善根。無有窮盡等。皆明所證遲也。是二速遲無礙。故云念劫圓融。念爲短劫速也。劫爲長劫遲也。圓謂圓滿具足。各不壞相故。融謂融通無礙。互相卽入故。如大經云。是善財童子。從初發心。乃至得見普賢菩薩。於其中間所入一切諸佛剎海。今於普賢一毛孔中。一念所入諸佛剎海。過前不可說佛剎微塵數倍等。此明速不礙遲也。又云善財童子。於普賢毛孔刹中。或於一刹經於一劫。如是而行。乃至或有經不可說不可說佛刹微塵數劫。如是而行。亦不於此刹沒於彼刹現。念念周徧無邊刹海。教化衆生。令向阿耨菩提。時善財童子。則次第得普賢菩薩諸行願海等。此明遲不礙速也。自在無礙者。稱性趣入。隨緣修行。不可以延促定。不可以遲速限也。故教章云。若依圓教。一切時分。悉皆不定。何以故。謂諸劫(長短)相入故。相卽故。該通一切因陁羅網諸世界故。仍各隨處。或一念。或無量等。不違時法也。修行時分竟。

五因位依身

但分段身。至於十地。

教章云。若依圓教。不說變易。但分段身。至於十地。離垢定前。以至彼位。得普見肉眼。故知是分段也。又如善財等。以分段身。窮於因位。問何故此中不說變易。答以上身分。甚極微細。出過諸天。應同變易。但以此教不分生死粗細之相。粗即分段。細即變易。因位依身竟。

六斷惑分齊

斷除惑障。一即一切。

此中有二義。一約惑障。一障一切障。二約斷除。一除一切除。如教章云。若依圓教。一切煩惱不可說其體性。但約其用。卽甚深廣大。以所障法一卽一切。主伴具足等。故彼能障之惑。亦如是也。是故不分使現種習。但如法界。一得一切得。故是故煩惱亦一斷一切斷也。故普賢品明一障一切障。小相品明一斷一切斷者。是此義也。斷惑分齊竟。

七同心有無

一切二乘。並已同竟。悉無所同。

一切二乘句。通約同別二教。謂同教中二乘及別

教中二乘也。並已同竟句。先明同教二乘。言同教
中二乘。乃備歷前教。至此則並已同竟。如法華經
四子信解偈云。法王法中。久修梵行。爲得無漏無
上大果。是備歷前教也。又云。我等今者。眞是聲聞。
以佛道聲。令一切聞。我等今者。眞阿羅漢。於諸世
間天人魔梵。普於其中。應受供養。是並已同竟也。
悉無所同句。次明別教二乘。言別教中。不惟二乘。
雖闡提不斷性善。豈揀二乘。故曰悉無所同。如華
嚴經中。以普賢眼見一切衆生。皆已究竟。又如來
成正覺時。普見一切衆生。皆成正覺。況夫轉同成

別。與法界合其體。性海緣起。同至入齊其用。彌綸無際。同至何所。故直示悉無所同也。同心有無竟。

八佛果義相

佛實相好。有十蓮華藏世界海。微塵數相。彼一一相。皆徧法界。業用亦爾。然德用體。通常無常。

佛實相好者。劫海修因所感。據實說故。顯餘皆權說也。蓮華藏世界海者。按華嚴經。此世界海有須彌山微塵數風輪所持。此微塵數風輪最在上者。名殊勝威光藏。能持普光摩尼香水海。此香水海中出大蓮華。名種種光明蘂香幢。此世界海。住在其中。此世界海。金剛輪山內。所有大地中。有十不可說佛刹微塵數香水海。此香水海中。各有大蓮華。一一蓮華。各有世界種於中安住。一一世界種。各有二十重華藏世界。次第布列。若娑婆世界。則二十重中自下而上。數至第十三重是也。今云蓮華藏者。卽是普光牟尼香水海中。有大蓮華名蘂香幢也。因有此世界海住在其中。故名爲藏。以能藏世界海故。世界稱海者。因有十佛刹微塵數世界種於中安住。以經中凡衆多無際者。多以海稱故。此且言一蓮華藏世界海。如此數至十。復將此十抹爲微塵名爲十蓮華藏世界海微塵以此微塵之數計佛相好則佛之相好庸可思議故教章云所以說十者顯無盡故彼一一相稱性互融故云皆徧法界如十法界中有應見白毫相者即於此處見白毫相有應見肉髻相者即於此處見肉髻相是肉髻相與白毫相稱性互融二相既爾餘二相等乃至一切相皆然此處既爾彼處乃至一切處皆然此法界既爾彼法界乃至一切法界皆然是一切相皆悉稱性互融亦稱性周徧以不融不可以言徧故業用即相上業用如放光流香現

相顯通等。稱性互融。準相可知。故云亦爾。此且明相。下乃明義。然德用體通常無常者。德卽是相。謂相以表德故。用卽是好。隨相所現故。體卽報體。德用所依故。三皆稱性。互融互徧故常。隨法界機。或見不見。故通無常。按觀佛三昧經云。我今爲時會大衆。及淨飯王。略說相好。佛生人間。示同人事。同八相故。說三十二相。勝諸天故。說八十種好（應化身）爲諸菩薩。說八萬四千諸妙好相（他報身）我初成道摩伽陁國。寂滅道場。爲普賢賢首等。諸大菩薩。於雜華（具云雜華嚴飾。略云華嚴經。）已廣分別。（指在相海品說）今云十蓮華藏等是也。此但別圓。不明同圓者。教至圓而極。果至佛而極。極則無二。故不分也。若別於分者。前五句約別圓。仍以首二句爲相。次三句爲義。然德二句。約同圓說。於中德用體爲相。通常無常爲義。應另釋之。以同圓統攝前四教義。能令法界衆生。於圓教佛相上。具見五教佛相。若惟見圓佛相卽常。如另見小佛相卽無常。若於圓佛相上。別見始教佛相。卽或常或無常。如於圓佛相上。別見終教佛相。則亦常亦無常。若於圓佛相上。別見頓教佛。無相無無不相。卽非常非無常。然非常卽通無常。非

無常卽通常義如德相既爾用體亦然故總以通常無常爲義也佛果義相竟

九攝化境界

靈山淨土華藏世界無量雜類諸國土海皆是十佛攝化境界

靈山句約同教說梵語𪩘闍崛此云靈鷲山形似鷲又是聖靈所居故以靈鷲爲名卽如來說法華等經處也淨土者三變所成如寶塔品中所說若論靈山屬娑婆境是染化土因說一乘圓教攝前諸教入圓故卽於靈山變爲淨土非離靈山外別

有淨土也。如壽量品云。於阿僧祇劫常在靈鷲山。衆生見劫燒。我此土安隱種種寶莊嚴等。據此則寶塔品中說變者。乃爲順同教義故。其實無踰靈鷲。卽是實報莊嚴故。敎章云。攝化分齊者。或說釋迦報土。在靈鷲山。如法華云。我常在靈山等。法華論主。釋爲報身菩提也。華藏下。約別教說華藏世界。實報之總名也。按華嚴經諸世界海。及世界種。皆在蓮花中安住。則蓮花爲世界之藏。故名華藏世界。無量雜類等。卽華藏世界中諸世界種。如華藏世界品云。彼一切世界種。或作須彌山形。或作江河形。或作迴轉形。或作旋流形。或作輪輞形。或作壇墠形。或作樹林形。乃至超畧十二種。或作諸莊嚴具形。其二十種。如是若廣說者。有世界海微塵數。今云國土海者。國土即是世界。雖復融即而各不壞相。故易以國名。雖各不壞相而容攝重重。主伴無盡。故咸以海稱。此等皆是毘盧遮那菩薩無量劫海之所嚴淨。隨因感果。以果酬因。故云皆是十佛攝化境界。十佛者。菩薩十身所感。十身者。一聲聞。二緣覺。三菩薩。四如來。五法身。六智身。此六皆智正覺世間。七業報。八衆生。此二皆情世間。九國土。十虛空。此二皆器世間。依華嚴疏云。此菩薩知諸眾生心之所樂。融三世間以為自身。因中既爾。果上亦然。謂毘盧遮那。令彼別教一乘八等。於一佛中俱見十佛。一成正覺佛。因中如來身感。謂乘如實道來成正覺故。二願佛。因中菩薩身感。謂菩薩發願。願滿成佛故。三業報佛。因中業報身感。謂因行業期果報。感報化酬業因故。四住持佛。因中國土身感。謂住堅固力。為眾生依故。五涅槃佛。因中虛空身感。謂體非羣相。不拒諸相發揮。所證同此。即涅槃故。六法界佛。因中法身所感。謂依法性身。成法界佛故。七心佛。因中眾生身感。謂一切眾生莫不有心。即心成佛故。八三昧佛。因中智身所感。謂智與理冥。常在三昧故。九本性佛因中獨覺身感。謂無師自悟。性本然故。十隨樂佛因中聲聞身感。謂隨樂小者。接入圓頓故。是知因中以三世間身。開爲十身。果上以三世間佛。開爲十佛。其實十身。卽是一身。十佛卽是一佛。故敎章云若約別敎一乘。此釋迦身。非但三身。亦卽十身。以此爲例。此堪忍土。非但三土。亦卽十土。所謂無障礙法界圓融土也。攝化境界竟。

十佛身開合

如來法身。境智存泯。或具或絕。釋迦佛身。非但三身。亦卽十身。故立十佛。以顯無盡。

此中二。初約法身明始教唯境爲法身。謂智與理冥時。境顯而智隱。此合智於境也。終教惟智爲法身。謂理由智現時。智顯而理隱。此合境於智也。又終教境智雙存爲法身。謂智與理冥時。境既顯而智不昧。理由智現時。智既顯而理益明。此境智兩開也。頓教境智雙泯爲法身。謂智與理冥時。智伏於理。理由智現時。理伏於智。此境智兩伏。而俱寂也。同圓則具彼境智存泯四句義而爲法身。謂四教法身。同會一法身故。此同教一乘圓也。別圓則絕彼境智存泯具五句義而爲法身。謂前四及同圓五種法身。至別圓皆不可思議故。此別教一乘圓也。故教章云。或合具前四句爲法身。以具德故。或俱絕前五句爲法身。以圓融無礙故。釋迦下。約應身明。釋迦身。卽應身也。

非但三身者。揀同教義。以同教中。有說釋迦身。即三身者。如法華龍女讚佛偈云。深達罪福相。偏照於十方。微妙淨法身。具相三十二。此是對釋迦讚。故知釋迦即三身也。又有說釋迦身是報佛者。如法華經。如來談壽量云。我成佛已來。甚大久遠。壽命無量。阿僧祇劫。常住不滅。故知釋迦身即是報佛。今通揀之。故曰非但三身。亦即十身句。乃正明別教。以說華嚴一乘法時。此釋迦身。亦隨彼教。即爲究竟十佛身也。十佛者。出華嚴離世間品。如前攝化境界中引。十身者。華嚴第八地文云。一菩提身。即是成正覺佛。以菩提即翻覺故。二願身。即是願佛。以願滿得成就故。三化身。即十佛中隨樂佛。以是隨樂小者現故。四力持身。即住持佛。以是住堅固力。爲衆生依故。五相好莊嚴身。即業報佛。以是因修行業之所感故。六威勢身。卽十佛中第八三昧佛。謂以三昧力。降魔制外故。七意生身。卽十佛中第七心佛。謂身從意生。意自心起故。八福德身。卽十佛中第六法界佛。謂澄眞法界。一切福德皆具足故。九法身。卽本性佛。性自爾故。非關修得。十智身。卽十佛中第五涅槃佛。謂智契空理。卽涅槃故。問此與攝化境界中所引十身。爲同爲異。答前屬因現。此是果成。固自不同。然果成中。分佛分身者。佛屬內覺身屬外相。由外相故。便知內覺。故承十身以立十佛。而云顯無盡者。以相作故。如華嚴五十六經云。菩薩以衆生身作刹身。而亦不壞衆生身。以刹生作

衆生身。而亦不壞於刹身。如是佛身與二乘身相

作。菩薩身與成正覺身相作。皆不壞其相。是知十

身相作。則成百身。百身相作。則成千身。千身相作。

則成萬身。如是展轉相作。則成無盡身雲。所謂無

障礙法界圓融身。卽圓融佛也。此中論開合者。同

圓爲合。謂合四教佛。爲一佛故。別圓爲開。謂開一

佛爲十佛。乃至無盡佛故。總結廣辦法相竟。

三各出斷證二　一總牒　二別出　初

若出斷證分齊者。

上法相中。雖明斷證大畧而已。今欲細釋。故先總

牒而言分齊者謂五教中至何位斷何惑證何理各有分齊知此者不惟使行人無躐等之弊亦將令增上慢人不墮大妄語而致阿鼻苦矣總牒竟

二別出五　一小教斷證　二始終斷證　三終教斷證　四頓教斷證　五圓教斷證　初三

一聲聞　二辟支　三佛果　初二　一標教定位　二依位別明　初

初小教中先聲聞位有五

初小教者揀後四教從淺至深此居初故聲聞者揀後二果從劣向勝此居先故佛說四諦聲教聞

之思修證果。故以爲名。位階位。有五者。定位數也
二依位別明五　一資糧　二加行　三通達
四修習　五無學　初
一資糧位。修五停心。總別相念。三種觀心。
位名資糧者。從喻爲名。如遠行者。必備資糧。今行人欲證無爲。必先修此三種觀行。義相似也。五停心者。停有二義。一停住。二停止。謂停住五觀。即能停止五種心故。如廣本云。多貪衆生不淨觀。多瞋衆生慈悲觀。多散衆生數息觀。多癡衆生因緣觀。多障衆生念佛觀。此五句。皆下爲停住觀心。上爲

停止妄心。上爲病而下爲藥。故名五停心觀。總別相念者。謂總相念別相念二種觀也。文雖先總後別修則先別後總。今明別相念者。爲破凡夫四種顛倒計故。如身本不淨。凡夫計淨。受本是苦。凡夫計樂。心本無常。凡夫計常。法本無我。凡夫計我。是名四倒。今以計淨計樂。恆生耽著。計常計我。不思厭離。由此所以不出三界。永在輪迴。故令其於身受心法。一一別觀。觀身則念其九孔常流不淨。觀受則念其三種（苦樂捨三種受）無非是苦。觀心則念其剎那生滅。四相無常。觀法則念其一切無我。不得自在。是名別相念觀。問。此中觀身不淨。與前多貪不淨觀有何差別。答。有三不同。一正助不同。(蓋彼爲淨除心器。此乃正修觀行。)二自他境別。(謂此觀自身。即是不淨。彼觀他身。而生九想。)三假實觀異。(謂彼是假想。此是實境。)良以五障既停。觀慧清淨。於四諦法中。以苦諦爲初門。故作四念處觀。破四顛倒。以顛倒能致苦故。總相念者。如觀身不淨。受心法皆不淨。觀受是苦。身心法皆是苦。觀心無常。身受法皆無常。觀法無我。身受心皆無我。然既已別觀。又復總觀者。良以身受心法。乃相因而立。淨樂常我。亦相因而計。不如此破。恐不盡故。三種觀行者。一停兩念結定三種闕一則資糧不足也資糧竟。

二加行

二加行位。觀四眞諦漸能伏除煩惱分別。

次上資糧名一。故爲二也由上三種觀行於貪等煩惱少伏。未能盡伏故須加行。謂加功用行。漸以伏除也。廣本開四。一煖位。由上修三種觀行。煩惱少伏。似解微萌。如未火先熱。未春先和。故受煖稱。此位捌稱四諦修十六行。捌猶初也。言資糧中。雖有三觀。所觀惟是欲界苦諦。至此加行中煖乃通觀欲界四諦故言捌也。四諦者，六道生死名苦，煩惱惑業名集，對治法門名道，寂滅理性名滅。四俱稱諦者，皆審實故。十六行者，每諦下有四行。苦下四行者：一苦行，觀五陰苦，眾苦所逼故；二空行，觀五陰空，一異相無故；三無常行，觀五陰無常，念念生滅故；四無我行，觀五陰無我，我我所不可得故。集下四行者：一集行，觀於集諦能招苦果故；二因行，觀於六因能生苦果故。六因者，一能作因，二相應因，三俱有依因，四同類習因，五徧行因，六異熟生因。科註指在俱舍及大論中說，然亦不出其義，今且以私意釋之。私謂能作因者，似是過去惑能使作造業事故，即無明支也。相應因者，似是過去行業與惑相應造故，即

行支也俱有依因似是惑業俱有依此能薰識故
同類習因者似是識田種子謂由前惑業數數薰
習而成種子所熏與能熏必相類故五徧行因者
似是識帶種子徧尋有緣父母投胎領命故此三
皆識支也異熟生因者似是識田種子
異世而熟復生胎中五陰卽名色支也

三緣行觀於四緣能資苦果故

四緣者一因緣二次第緣三
緣緣四增上緣私謂因緣者
似指名色能以六入作因與後苦爲緣故次第緣
者似指六入楞嚴云因動有聲因聲有色因色有
香因香有觸因觸有味因味知法是知六入乃次
第而成緣此致苦故爲緣也緣緣者似指觸受二
支以觸對領受皆有緣義又能與苦爲緣故名緣
緣增上緣者似指愛取有三支謂愛取是惑有是
業乃是於觸對領受時重增上一重惑業與後
苦爲緣故名增上緣也六因四緣再俟參考

四生行還受後有之生故滅下四行者一滅行觀涅槃煩惱滅故二盡行觀涅槃諸苦盡故三妙行觀

涅槃爲最勝故。四離行。觀涅槃離生死故。道下四行者。一道行。觀道品能至涅槃故。二正行。觀道品非顛倒法故。三迹行。觀道品是聖人行處去處故。四乘行。觀道品運行人至三解脫故。此十六皆名行者。能趣四實理故。又對四聖諦。起十六種觀行。以觀察故。二頂位。由前十六觀行。觀四聖諦。於前所萌似解。已漸明朗。如登高山。遠矚四方。故受頂稱。此位仍用前觀。但期進伏煩惱而已。三忍位。由頂位前觀純熟。忍可不移。樂欲勝進。故受忍稱。蓋忍者。乃深忍樂欲義也。廣本云。此位有三。謂下中上也下忍遍觀八諦修三十二行八諦者謂欲界四諦上二界合一四諦以同爲定地故遍觀者上下俱觀每一諦有四行八諦合有三十二行揀非煖頂但觀欲界四諦惟十六行也又云中忍縮觀漸減緣行乃至一行二刹那在名中忍滿中忍者忍力勝前故縮觀漸減者從後漸退曰縮從多漸少曰減如前下忍中遍觀八諦修三十二行一周訖此中忍仍前徧觀每諦皆先從欲界觀後例觀上界謂先觀欲界苦有四行例觀上界苦亦四行如是觀集觀滅乃至觀欲界道皆有四行最後例

觀上界道諦。則秖用第一道行。第二止行。第三迹
行。不用第四乘行。以易明故。是謂一周滅一行也。如是
從頭更觀。至最後例觀上界道諦下。則秖用第一
道行。第二正行。亦不用第三迹行。是謂二周滅二
行也。如是從頭更觀。至例觀上界道諦下。則用第
一道行。兼不用第二正行。是謂三周滅三行也。如
是從頭更觀。至例觀上界道。並第一道行亦不用。
是謂四周滅四行也。餘諦下行。亦如是滅。故云漸
滅。然謂之緣行者。對所緣之諦。爲能緣之行也。如
是從頭更觀。秖觀七諦。上界道諦則不須觀。是謂

縮觀謂滅四行則縮一諦而七諦中觀至欲界道諦下祇用前三行(道正迹)不用第四乘行是謂五周滅五行也如是六周滅六行七周滅七行八周滅八行至更觀則祇觀六諦欲界道諦亦不須觀是謂滅八行則縮二諦而六諦中觀至上界滅諦下亦祇用前三行(滅盡妙)不用第四離行是謂九周滅九行也如是十周滅十行十一周滅十一行十二周滅十二行至更觀則祇觀五諦上界滅諦亦不須觀是謂滅十二行則縮三諦而五諦中觀至欲界滅諦下亦祇用前三行(滅盡妙)不用第四離行是

謂十三周減十三行也。如是縮觀至欲界苦諦。漸減至三十二行。中間避繁不詳。故云乃至。謂超畧已減之行。下標所餘之行也。所餘之行。唯欲界苦諦下。第一苦行。而一行中。復分二剎那。（前一剎那正觀後一剎那已解）此猶現存。故名爲在。謂未得觀。未得解。未得滅也。名中忍滿者。忍力勝前曰中。卽入上忍曰滿。又云上忍唯觀欲界苦諦。但有一行二剎那在。前一剎那盡。名上忍滿。上忍者。忍力過中。故惟觀欲界苦諦者。言前於中忍縮觀。已至欲界苦諦。故上忍亦惟觀欲界苦諦。不兼餘諦。蓋中忍始至。上忍乃正觀也。但有一行二剎那在者。言中忍漸減緣行。已減至三十一行。今既入上忍。何不進登世第一位。但始入上忍。緣行未及少減。仍有一行二剎那俱在。若爾世第一位。云何得入。故下云若於二剎那中。深忍進觀。至前一剎那盡。名上忍滿。忍力過中。名上。即入世第一位名滿。又云世第一位。亦惟觀欲界苦諦。上忍位二剎那中後一剎那盡名世第一滿。世第一者。身居有漏名世。謂尚在世間也。相似見性名第一。謂世間第一也。亦惟觀欲界苦等者。以乍入此位。未脫此觀。已於欲界苦諦下。

第一苦行中。後一剎那猶未盡故。若於此進觀。並後一剎那亦盡。名世第一。滿有漏中最勝。名世第一。卽入無漏。名爲滿也。此上由開蒙文畧。爲初學易持。但總云觀四眞諦。並不言次第。云何。故本疏節錄廣本畧用籤釋。令行人漸次修習。庶觀行易成。而無躐等之弊。及望洋之失矣。漸能伏除煩惱。分別者。煩惱有二。一見惑。二思惑。分別卽是見惑。對境而起故。俱生乃屬思惑。任運而生故。伏除者。除表勝前。謂資糧但伏未除故。伏顯劣後。謂是伏除非斷除故。而云漸能者。顯不易。非頓斷故。如資糧中。但伏粗分。熾然遽起者至此位乃伏細分。然亦不易。如暖位刱觀四諦。起十六行。至頂位皆行行漸伏。下忍遍觀八諦。起三十二行。亦行行漸伏。尚未能除耳。中忍漸減緣行。漸除細分。乃至世第一位。減至欲界苦諦下。苦行中最後一剎那盡。而細分乃得盡除。故云漸能。如斷證頌云。小資糧伏粗別見。細分伏除加行提。即頌此初二位也。資糧爲外凡。未見法性加行爲內凡。相似見性通爲七方便位。資三加四以是入聖道之前方便故。加行竟。

三通達

三通達位。卽須陀洹。斷三界八十八使。分別見惑。見眞諦故。又名見道。

上位相似見性。至此位乃眞實通達。謂能發無漏八忍八智。證見生空所顯理故。八忍八智。謂見道十六心也。梵語須陀洹。此云預流。謂始超凡地。參入聖流故。卽小乘初果名也。或翻逆流。謂逆生死流。順涅槃流故。金剛般若云。不入色聲香味觸法。是名須陀洹。纂要引論釋云。聖人得果。不取一法。不取六塵境界。故名逆流。八十八使者。約三界四諦。具惑多少論之。如俱舍頌云。苦下具一切。（謂欲界苦）

諦下。具足十使。謂五鈍五利也。集滅各除三。謂身見邊見戒見。除此僅剩七使。集滅各七使。合有一十四使。道諦除二見。謂身見邊見。除此僅剩八使。是欲界四諦。合有三十二使。上二不行瞋。若照欲界所具之數。三界合有九十六使。但上二界不行瞋。三界八諦去了八箇瞋使。故惟八十八使也。此八十八。均稱爲使者。以能使眾生。流轉三界無出期也。此使云何能斷。謂以十六心。八忍八智刋定記云。云何十六心。謂欲界四諦下。各一忍一智。以成八心。又合上二界爲一。四諦各一忍一智。以成八心。二八卽爲十六心也。忍卽無間道。是正斷惑時。智卽解脫道。是斷惑了時。所謂苦法忍。苦法智。欲界苦。是現前法。但以忍智觀察卽是。苦類忍。苦類智。上二界苦。是不現前法。故須以欲界苦諦為例。比類而觀。故稱類忍類智。集法忍。集法智。集類忍。集類智。滅法忍。滅法智。滅類忍。滅類智。道法忍。道法智。道類忍。道類智。法忍法智類忍類智。俱同苦諦說。以此斷惑。斷至十五心道類忍時。名初果向。至十六心道類智時。名證初果。分別見惑。一時頓斷斷證頌云。初果通達斷見盡。即指此第三位也。見眞諦理。故又名見道通達竟。

四修習

四修習位。謂於欲界九品俱生思煩惱中。斷前六品名斯陀含。斷後三品。名阿那含。

由上位初果斷見見眞諦理。名爲見道。此位依所見道。修習無漏。進斷思惑。故轉名修習俱生思煩惱。卽修習位中。所斷惑也。煩惱卽惑。惑諦理故。對見名思。意地任運現故。對分別曰俱生。與生俱生故。此惑三界俱有。以難斷故。各分九品。今於修習位中。先斷欲思。故云欲界九品。圓覺大疏云。欲界修惑。修習位中所斷。分爲九品。斷至五品。是一來向。斷六品盡。得一來果。小乘中果

二今云斯陀含卽一來之梵言也。言一來者。以九品惑。能潤欲界七生。謂上上品潤二生。謂兩生欲界方能斷故。是謂獨也。二上中品上下品各潤一生。合兩生欲界方斷。是謂共

也二。中上品潤一生。一生欲界即斷。是謂獨也一、中中品中下品。各潤半身合一生欲界即斷是謂其也一。下上品潤半生。半生即斷。是謂獨也半。下中品。下下品其潤半生。半生合斷。是即其也半。俱舍頌云。斷欲三四品。三二生家家。斷欲者。斷欲界思三品者。上三品。四品者加中上品。頌意謂若斷至上三品。已損四生。餘有三生。若斷至中上品。已損五生。餘有二生。故、云。三二生家家。家家者。受生處也。若在欲界天中受生。則爲天家家。若在欲界人中受生則爲人家家。言家家者。不定意。猶言今生生者家。來生受生那家也。斷至五二向斷六一來果。斷至五。謂斷至第五中中品也。從此進向二果。名二果向。斷六者謂斷至第六中下品也。此兩品惑。其潤一生。斷此即損六生。證斯陀含。故云一來果也。此果名一來者。從此進斷名三品思。只須一來欲界生故。斷後三品者從一來果。進斷欲思。後三品。下上。下中。下下品也。從此再不來欲界受生。故以阿那含。爲名。梵語阿那含。此云不來。亦云不還。謂欲思已盡。命終卽往那含天中。更不還來欲界生。故刊定記云。欲思九品斷至八品。名三果向。斷九品盡。名第三果。故俱舍云。斷惑七八品。名第三果向。九品全斷盡。卽得不還果。斷證頌云。二三修習分斷思卽指此第四位也。修習竟。

五無學三　一聲聞　二辟支　三佛果　初

五無學位。斷上八地。七十二品俱生思煩惱盡。名羅漢果。子縛已斷。果縛猶存。名有餘涅槃。若灰身泯智名無餘涅槃。

此位稱無學者。對上三位立名。言上三位研眞斷惑。有所學故。通稱有學。至此位眞窮惑盡。在本類中無所學故。獨稱無學。上八地者。色界四禪。無色四空。離生喜樂地。定生喜樂地。離喜妙樂地。捨念清淨地。此四禪也。空無邊處地。識無邊處地。無所有處地。非非想處地。此四空也。地地各有九品。合有七十二品。品品皆有一無間道謂正斷時。一解脫道謂斷了時。若斷至第七十二品。解脫道時。名煩惱盡。俱生等義。已於前釋。阿羅漢。小乘四果。名含三義。一殺賊。殺煩惱賊故。二應供。應受供養故。三不生。永絕後有故。集註云此位斷上八地。七十二品俱生思惑盡。四智已圓。

一我生已盡智。謂我執煩惱。生已盡故。即殺賊義。二梵行已立智。謂清淨梵行已成立故。三所作已辦智。謂所應作事。皆已辦故。此二即應供義。四不受後有智。謂盡諸有結。不受後身故。即不生義。

無法可學。名無學果。子縛者。見思煩惱也。爲三界因。故名爲子。難可解脫。故名爲縛。已斷者。二俱盡故。果縛者。五陰報質也。先因所感。故名爲果。現前未脫。故名爲縛。猶存者。有殘質故。既有殘質。則是尚有餘身爲所依。故名爲有餘涅槃。成實論所謂生死因盡。名一涅槃是也。若者。設若。有不定意。以利根者。回心即入菩薩乘故。灰身泯智。約鈍根者言。灰身者不受後有。永滅其身。泯智者不發大心。永殞其智。身智既已灰泯。則是無有餘身餘智爲所依故。名爲無餘涅槃。成實論所謂生死果盡。名二涅槃是也。聲聞竟。聲聞乘中。此位爲勝。但以未發大心。仍科聲聞。

二辟支三　一標類　二分釋　三總結　初

次辟支有二

辟支者梵音之畧。具言辟支迦羅。此翻緣覺。亦翻獨覺。一名含二義故。

二分釋二　一緣覺　二獨覺　初

一緣覺。値佛出世。禀因緣教。觀生滅門。覺眞諦理故。

藉緣而覺名爲緣覺此出名也值佛出世者生有佛時此定機也言緣獨二覺根性無異惟以值佛不值佛爲異今云值佛卽定知爲緣覺機也稟因緣教者謂稟承佛說十二因緣之敎法故觀生滅門者生謂生起約順觀流轉門說滅謂滅無約逆觀還滅門說順觀流轉門者第一觀於無明於事於理無所明了由斯爲緣造作種種業行故云無明緣行此二支屬過去因集諦所攝業牽識走轉入胎藏故云行緣識識執持故七日一轉而成胎中五陰故云識緣名色名卽受想行識四陰以胎

中倘無實用。但有其名也。色即色陰。從迦羅藍遏蒲曇等。乃至生諸根形。四支差別。故名爲色。名色增長。至七七位六根圓具。故云名色緣六入。以根有入塵義故。六入成就。月滿出胎。觸對前境。故云六入緣觸。習觸生覺。覺於違順中庸等相。故云觸緣受。受謂覺受。即領納義也。此五支屬現在果。苦諦所攝。由覺受故。於可欲境。心生貪染。故云受緣愛。愛心熾故。追逐不舍。故云愛緣取。因取起行。造種種業。爲諸有因。故云取緣有。此三支前二屬惑與過去無明同。後一屬業。與過去行同。皆現在因。

亦集諦攝。以因感果。當生三有。還受五陰之身。故云有緣生。五陰假合。不久變壞。故云生緣老死等。憂悲苦惱。亦老死中事。以老必憂苦。死必悲惱故也。此二支屬未來果。據此則順觀流轉。乃廣前苦集二諦。為緣覺人說也。逆觀還滅者。從老死至無明逆次而觀。如緣起經云。由誰有故。而有老死。如是老死。復由何緣。上二句為推因智。下二句為審因智。約三世推審。共成六智。既推審已。知老死因生而有。名住法智。其次又以七智觀生支因。如是展轉逆觀。觀至行支。因無明而有。共成七十七智惟無明無因。不須更觀。只須發勇猛心。奮堅固力。斷滅無明。則展轉相因而滅。故云無明滅則行滅。行滅則識滅。乃至生滅則老死憂悲苦惱滅。然此中。約逆觀能生推審住智。即是道諦。約還滅能顯眞諦無生之理。即是滅諦。乃廣前道滅二諦。爲緣覺人說也。問十二因緣。既即四諦。四諦即同十二因緣。何故兩乘分說。答。聲聞根鈍。樂畧心粗。以苦諦爲初門。故說四諦法以應之。如法華云。若人遭苦。厭老病死。爲說涅槃。盡諸苦際是也。辟支根利。樂廣心細。以集諦爲初門。故說因緣法以應之。如法華云。若人有福。曾供養佛。志求勝法。爲說緣覺是也。緣覺竟。

二獨覺

二獨覺出無佛世獨宿孤峯觀物變易自覺無生故獨自覺悟名爲獨覺此出名也出無佛世者生不値佛此定機也獨宿者非指夜眠謂獨自留止也孤峯者非止一山謂逈絕人境也言此類好樂寂靜厭惡憒閙不羣居不侶行故俱舍名爲麟喻大集名爲犀角蓋以麟犀之角皆獨喻此類畢已無眷屬也觀物變易者研究化緣傾渴空理朝暮間見花開謝春秋際覩葉青黃悟諸法無常證無生諦理斷見思惑登無學位大論云如一國王出園中游淸朝見林花果蔚茂甚可愛樂王食而臥王

諸夫人皆共取花毀折林樹王寤覺已見林毀壞自覺悟曰一切世間無常變壞皆已如是思惟是已無漏心生斷諸結使得辟支道今云自覺無生是也分釋竟

三總結

雖名不同行位無別然斷三界分別俱生與聲聞同更侵習氣故居其上

名不同者緣覺獨覺異故行無別者一觀內緣（緣覺）一觀外緣（獨覺）同一緣起爲觀行故位無別者斷界內惑證偏眞理同爲中乘無學位故然行位爲實

緣獨是名。雖名異而實同。有佛無佛。隨時堪修。幸勿以名異而惧實也。分別卽是見惑。俱生卽是思惑。同爲煩惱障。由此不出三界。故依三界標名斷此者。位齊四果。故曰與聲聞同。問聲聞分初二三四。云何同耶。答。辟支根利。不制分果。證卽究竟。同於聲聞無學。更侵習氣者。侵猶損也。習氣者。慣習氣分。如瓶中酒。盤中腥。酒腥雖除。而餘氣仍存也。此有二種。一見習。二思習。見習者。謂二乘本不計我。不覺言我。如云我身我衣我來我去等。皆見習也。思習者。謂二乘已斷三毒。不覺暫動。如修羅鼓琴。迦葉起舞。欲習也。舍利弗吐食。恚不受請瞋習也。畢陵迦求懺。仍呼小婢。慢習也。（餘可例思。）辟支進損乎此。故曰侵也。居其上者。以聲聞不侵習故。辟支竟。

三佛果二　一修因　二證果　初二　一發願

二修行　初

後明佛從本因地。初發心時。緣四諦境。發四宏願。小教中。先明聲聞。次明辟支。唯佛未說。故後明也。此是寄言總標。（總標佛因佛果。應另爲一科。因文略故。寄言於此。）　一從本因地者。本對迹言。謂現在爲迹。過去爲本。因地者。卽指過去在凡地也。在凡夫地。卽具成佛種性。故名為因。初發心者。初發出世成佛心也。言雖具成佛種性。若不發心。機猶未定。今云初發心時。已知其為成佛人耳。緣四諦境者。緣謂能觀之智。境謂所觀之境。所觀之境。即是四諦（苦集滅道）言此人依四諦境起能觀智。以能觀智。還緣於境。於境審諦故。感動其自利利他之懷。故云發四宏願。宏者大也。願者志之所期也。此願非常誓期必圓。故以大稱。所言四者。對四諦境故。一者緣於苦諦。凡自他未度之苦。皆令得度。即眾生誓度願。二者緣於集諦。凡自他未解之集。皆令得解。即煩惱誓斷願。三者緣於道諦。凡自他未能安行之道品。皆令得安。卽法門誓學願。四者緣於滅諦。凡自他未能究證之涅槃。皆令究竟。卽佛道誓成願。發願竟。

二修行二　一三祇修六度　二百劫種相好

初二　一總標　二別釋　初

於三僧祇修六度行。

僧祇半梵也。具云阿僧祇。此云無央數。俱舍云八十中大劫。據常途一增一減爲一小劫。二十番增減爲一中劫。八十番增減爲一大劫。今云八十中大劫者。謂是八十番增減四箇中劫積成之大劫也。大劫三無數。謂此等大劫。數至三箇無數。名爲三僧祇劫。修六度行者除六蔽度六道故謂布施除慳貪蔽度餓鬼道。持戒除破戒蔽度地獄道。忍辱除瞋恚蔽度修羅道。精進除懈怠蔽度畜生道。禪定除散亂蔽度人道。以人道多攀緣故。智慧除愚痴蔽度天道。以天道多著樂故。其實六度各除諸蔽。各度諸道。此約多分言之。總標竟

二別釋三　一初僧祇　二二僧祇　三三僧祇

初

初祇從古釋迦至於尸棄值七萬五千佛若望聲聞即資糧位。

初祇中。三祇中第一祇也。直說無憑難於取信。且約今佛因中爲例言之。故云從古釋迦。大論第四云。過去有佛名釋迦牟尼與諸比丘至瓦師舍宿

其瓦師名大光明。以草敷座。燃燈奉石密漿。施佛及比丘已。卽發願云。願我當來。於五濁惡世作佛所有名號弟子。皆與今佛無異。爾時瓦師者。卽今釋迦牟尼佛也。梵語釋迦牟尼。此翻能仁寂默。能仁是姓。取慈悲利物義。寂默是字。取智慧冥理義。彼古釋迦者。乃今佛初僧祇劫。所遇之第一佛。由彼發心。故云從也。至於尸棄者。尸棄此翻寶髻。乃七佛中第一佛也。戒疏云。從釋迦至罽那尸棄。似非七佛中第一。或另是一佛。亦未可定。俟考。値遇也。七萬五千者。初後中間。通計所遇之佛。有此數故修事相行。獲五功德。一不生惡道。二不生邊地。三諸根完具。四不受女身。五能識宿命。煩惱少伏。故云若望聲聞。即資糧位。初僧祇竟。

二二僧祇

二祇。從尸棄至於燃燈。值七萬六千佛。齊煖位。

梵語提洹竭。此云燃燈。乃今佛第二僧祇。所遇之最後佛也。大論云。太子生時。身光如燈。故至成佛。亦號燃燈。按本行經。此佛是婆羅門子。非是太子。未知孰是。存疑。瑞應經翻爲錠光。錠亦燈也。約義翻。故七萬六千者。亦通計初後中間。所值佛數。較前多一千者。精進勝前故。

當值燃燈佛時。名摩那婆。以七莖蓮華作供。兼布髮掩泥。佛履之而過。遂蒙記云此摩那婆此翻儒童。或雲童。亦名善慧。於未來世。當得作佛。號釋迦牟尼。十號具足。如我無異。由此煩惱分伏。相似信發。戒疏云。爾時雖自知作佛。而口不說。口既不說。知非眞信。亦如未春先和。未火先熱。故齊煖位。二僧祇竟。

三三僧祇

三祇從然燈至毘婆尸。値七萬七千佛。齊頂位。

毘婆尸。梵語也。此翻勝觀。謂能觀智與所觀境皆最勝故。此以境智爲名。亦云徧見。謂於事於理無不見故。亦勝觀義也。廣本云此時自知。亦向人說必當作佛。自他不疑。戒疏云。是時然燈佛時僧祇滿時。亦內心了了。自知作佛。口自發言。又云如登高山。了見四方。故齊聲聞頂位。三祇修六度竟。

二百劫種相好

修行六度。各各滿後。更住百劫種相好因。是下忍位。

此科文有四句。於中首句。牒前行言修行六度。仍是三祇中事故。次句結前時。各各滿者。六度中無一不滿。如廣本云。尸毗王代鴿。檀滿。尸毗翻與與謂連聲應與以好施爲名也。徧割身肉。就鷹貿鴿。至盡一身。不惱不沒。自誓眞實。感身平復。是檀滿相。普明

王捨國尸滿 佛之前身也。昔有駁足王、誓取千王頭以祭山神。最後捕得普明王。王被捕泣曰。死誠不惜、但在國許建無遮大會、而今乖信破妄語戒矣。駁足曰。既不妄語、放汝事訖即來。普明還國、作無遮會訖、委政太子。仍來就死。終不妄言。是戒滿相。

羼提被割截無瞋忍滿 佛於往昔、爲忍辱仙人、住山修道。歌利王畋獵疲寢。妃共禮仙。王覺問仙得四果否。仙答不得。王言既未斷欲、何誘我妃。乃割截其支體。仙以慈忍不動。隨誓血變爲乳。是忍滿相。

大施太子抒海進滿 昔佛爲大施太子、求如意珠、雨寶濟貧。得珠墮海、抒海取之。筋骨斷壞、終不發懈。諸天來助。龍恐還珠。是進滿相。

尙闍黎鵲巢頂上禪滿 螺髻仙人名也。得第四禪、出入息斷。鵲以爲木、於髻生卵。定起欲行、恐損其卵、即更入禪。俟哺成飛去方起。是禪滿相。

劬嬪大臣分地息諍慧滿 昔諸國因地起諍。時有大臣名劬嬪、分閻浮提地以爲七分。均平各足、曾無欠少。由是息諍。是般若滿相。

問教章云依

婆沙等論。菩薩成佛有四時。第一時。三祇修有漏
四波羅密。指施戒忍進。第二時。百劫種相好。亦不出施
等四度。第三時。出家苦行修禪度。第四時。樹下證
覺修般若度。今何三祇。即云六度滿耶。答。大論云。
三僧祇滿足六度業。乃約事禪事智滿耳。俱舍云
道樹已前。前四波羅密滿。至佛果位。後二波羅密
滿。是約緣理禪。緣理智滿。淺深固自不同。非有違
也。三句。起後時。非百劫不能全修。故須更住。又種
相有五不可。謂三界必是欲界。餘二界不可。四洲
必是南洲。餘三洲不可。六道必是人道。餘五道不

可二身必是男身女身不可三世必是有佛佛前佛後不可五事俱値難可得遇故須百劫種卽是修如春時下種故云種也相卽三十二相謂始自頂上肉髻終至足下安平共有三十二也好卽八十種好謂始自無見頂終至手足有德共有八十種也因卽是福故廣本云因修百福成一相（不言好者有相必有好無好不成相故）廣註云修行六度成百福德用百福德成就一相則福德爲相好之因者明矣言百福者如云大千盲人治差爲一福或云大千人服毒救得爲一福等如是積至百則爲百福積至三

千二百。遂能成就三十二相。是下忍位者。由上頂位自知作佛口亦能言至此則不惟能言。且能忍可於心。進修六度。成百福以爲相好因也。戒疏云。若過三僧祇。種三十二相業。準望聲聞此是下忍之位。修因竟。

二證果三　一漸次增進　二斷結成佛　三說法被機　初

次入補處。生兜率。托胎出胎。出家降魔。安住不動。爲中忍位。次一刹那。入上忍位。後一刹那。入世第一位次者。下忍之次。由前六度滿。相好種堪於成佛。故於下忍之次。入補處位。謂暫居兜率。將來補佛處。也。兜率天名。或兜率陁。華言知足。於五欲境知止足故。此欲界第四天也。於中有內院。有外院。外院爲上品十善天人所居。若劫壞時。彼亦隨壞。內院爲一生補處菩薩所居。乃至劫壞。三災不及。今指內院。托胎。謂從兜率降神處母胎也。降魔者。卽於菩提樹下。破萬八魔兵。及鬼衆也。安住不動者。破魔衆已。安然而坐。身體及手足。靜然安不動。其心常憺怕。未曾有散亂。按大通智勝佛。卽是坐道場時也。爲中忍位者。自是經一剎那。忍力勝前。望聲聞爲中忍位故次一剎那者爲中忍之次更經一剎那也忍力益勝望聲聞爲上忍故曰入上忍位後一剎那者謂上忍後復經一剎那也隣於出世在世間爲第一故曰入世第一位戒疏發隱云六度種相好因準下忍謂準聲聞齊下忍位登補處至坐道場準中忍一剎那謂次一剎那準上忍又一剎那謂後一剎那入世第一按聲聞此位伏除分別煩惱相似見性此亦應爾漸次增進竟

二斷結成佛

發眞無漏三十四心頓斷分別俱生煩惱習氣在於

染變化土。成劣應身佛

由上位伏除分別煩惱。相似無漏。至此位乃發起眞無漏心也。眞無漏心有三十二(四)種。先以八忍八智。斷分別煩惱。(卽見惑)後以九無間九解脫。斷俱生煩惱。(卽思惑)若論思惑。三界九地。各有九品。今以此位根性猛利。九地合爲一箇九品。故只用九箇無間道。(謂正斷時)九箇解脫道。(謂斷了時)然此中分別俱生雖言先斷後斷。實不同於聲聞。先後各斷。蓋同時之先後也。又聲聞漸斷。辟支頓斷。正使。漸侵習氣。佛位則正使習氣。一時俱盡。故云頓斷分別俱生等斷證頌云無學三位羅思盡辟支侵習佛無餘。即指此後三位也。聲聞立分果。對前三果有學。說四果爲無學。辟支不立分果。一證即稱無學。雖稱無學。似而非眞。以尚有習氣。爲可侵故。佛於因中伏惑。果中方斷。且是正習俱盡。乃眞是無學。據此則聲聞對有說無。辟支帶有名無。佛果絕學永無。雖同號無學。而淺深有異。蓋聲聞如燒木爲炭。辟支如化炭爲灰。尙存熱性。至佛果則如灰飛爐冷。並溫性亦無。此無學三位淺深之辨也。

化土者。化身所依。而有染有淨。染則瓦礫荆棘。淨則七寶莊嚴。如舍利弗。及螺髻梵王所見。今對二乘等。故在忍土。即堪忍土如維摩云。世尊隱是無量自在之力。乃以貧所樂法度脫衆生。爲欲度斯下劣人故。示是衆惡不淨土是也。應身即是化身。而有勝有劣。勝則十丈千丈等。劣則丈六七尺等。如觀佛三昧海經中說。今對二乘等。故現劣應。即丈六身如法華云脫珍繡服。著弊垢衣。右手執持除糞之器。壯有所畏語諸作人。汝等勤作等是也。斷結成佛竟。

三說法被機

坐生草座。說小乘諦緣之法。令彼一類下下凡夫外道轉凡成聖也。

坐生草座者。自恣儀云。吉祥長者施軟草。如來受已成正覺。又成道記云。示其座也。受吉祥之茆草。本行經云。佛坐道場時。天帝化為刈茆人。菩薩問其名答曰吉祥佛爲自他吉祥乃受其茆其色青緑柔軟光滑若孔雀項毛因是吉祥長者所施故以爲名古佛成道皆以生草爲坐今後皆爾如法華云是人必當取草坐於道場是也說小乘等敎也諦謂四諦屬聲聞乘緣謂十二因緣屬辟支乘對大乘言此二皆爲小乘以未達法空理故令彼一類等機也三根中菩薩爲上辟支爲中聲聞爲下凡外又劣於聲聞故爲下下又五教中圓教爲上上小教爲下下始終頓如次分下中上也凡謂泛爾凡夫外又兼著邪見對聖位言此二皆爲凡

夫轉凡成聖者。稟諦緣教。證我空理。成就聲聞辟支二聖果故。斷證喻云。此教斷證。如木作灰。如色歸空。斷煩惱障。滅分段死。顯生空理。證偏真果。可以意會。小教斷證竟。

二始教斷證二　一標始教　二明斷證　初

二始教中。

次於小教曰二。以五教中從劣向勝。小居一故。大乘初門曰始。對下終教立名。內有所攝曰中。以向下諸位斷證。此能攝故。

二明斷證五　一信賢位　二加行位　三十地

位　四等覺位　五妙覺位　初

信等四位。伏除二障。分別現行。與小教總相念齊。即資糧乾慧地也。

信謂十信。等該三賢。總爲四位也。若別明者。信以隨順爲義。言十者。一信心。於理不疑故。二念心。憶念無忘故。三精進心。精一進趣故。四慧心。純以智慧故。五定心。寂湛常凝故。六不退心。深入無退故。七護法心。保持不失故。八回向心。向佛安住故。九戒心。得無遺失故。十願心。所去隨願故。廣本云。此位初伏二障。與小教停心位齊。二障者。煩惱障所知障也。煩惱障以人空觀伏。所知障以法空觀伏。云初伏者。謂初起二空觀智。欲伏而未伏也。小教停心。謂資糧位中五停心觀也。位齊者。位分相等故。問。小教停心。但起人空觀。初伏煩惱障。何得言齊。答。雖階位似齊。而大小攸分。如皇家內管領。與王家內管領。雖同稱六品。而權勢勝劣不同。卽所管之事。亦自有勝劣。又如六部六房等。雖同稱戶禮兵刑等名。而高下天淵。終頓圓三教。格量或位。皆準此可知。住以契入爲義。別亦有十。一發心住。發大道心故。二治地住。履以成地故。三修行住。長養衆行故。四生貴住。入如來種故。五方便具足住。道胎已成故。六正心住。心相同佛故。七不退住。日益增長故。八童眞住。靈相具足故。九法王子住。生爲佛子故。十灌頂住。長成灌頂故。廣本云。此位雙伏二障中。少伏煩惱障分別現行。少伏者。少分伏也。伏煩惱障等者。人空觀勝故。行以進取爲義。別亦有十。一歡喜行。十方隨順故。二饒益行。能利衆生故。三無瞋恨行。覺他無違故。亦名無違逆行。得無違拒故。四無盡行。窮未來際故。亦名無屈撓行。精進不息故。五離癡亂行。得無差悞故。六善現行。顯現羣異故。七無著行。無諸留礙故。八尊重行。咸爲第一故。亦名難得行。成就勝善故。九善法行。成佛軌則故。十眞實行。一眞無漏故。廣本云。此位雙伏二障中。少伏所知障。分別現行。伏所知障等者。法空觀勝故。問。住位伹伏煩惱。行位伹伏所知。何二位俱言雙伏。答。菩薩根利。初心即期雙伏。但以煩惱易伏。所知難伏。畧分先後耳。分別者。對俱生言。以二障皆自分別俱生。此二位中先伏分別。又分別俱生皆有現行種子。此二位中先伏分別中現行。向以回入爲義。別亦有十。一救護衆生離衆生相回向。滅除度相故。二不壞回向。壞其可壞故。三等一切佛回向。覺齊佛覺故。四至一切處回向。入一切土故。五無盡功德藏回向。功德無盡故。六隨順平等善根回向。行無漏善故。七隨順等觀一切衆生回向。等順衆生故。八眞如相回向。有無無著故。九無縛解脫回向。自如無礙故。

十法界無量同向法界量滅故廣本云此位伏除二障分別現行粗分伏除二障等者人空法空二觀平等齊驅故據菩薩意本期雙伏雙除故總言伏除二障而伏除時且能畧分先後故偏云分別現行粗分謂於二障中各有分別俱生於分別俱生中先以伏除分別於分別中各有現行種子於現行種子中先以伏除現行於現行中各有粗分細分蓋以熾然而起盛者名粗綿焉而微動者名細此位則伏細而除粗也今不言粗分者一往不分為是略本故與小教總相念齊者約四位總言準廣本云與小教別總相念齊是約三位總言以彼於信位已言初伏二障與小教停心位齊至住行二位但言伏惑分齊不言齊小位次故約三位總言與別總相念齊然

向位既齊總念。信位已類停心。則住行二位。比肩別念可知。故總言四位。與總相念齊也。即字。通資糧乾慧。資糧出唯識。謂修習福智資糧。勤求解脫。故。乾慧出大品。謂體陰界入。如幻如化。已具智慧未入無漏理性水故。言即資糧者。謂與唯識五位中。第一資糧位同。即乾慧者。謂與大品十地中。第一乾慧地同。問。諸經論中。皆有位次。今獨會唯識與大品者。以始教有相宗。有空宗。凡言即唯識者。即是相宗。凡言即大品者。即是空宗。後皆準知。信賢位竟。

二加行位 若論加行。位位俱有。而獨於向位後。開出四加行者。為顯聖地法尊勝故。

暖等四加伏除二障分別種現與小教四善根齊卽加行性地也

暖卽暖位等該頂忍及世第一共四位也暖者如鑽木取火已有暖相故頂者如登山眺遠已到極頂故忍者心中了了吐露不出故世第一者世間最勝刹那登聖地故廣本云此加行位伏二障分別種子除分別現行細分是伏除各說謂伏分別種除分別現也今云伏除二障分別種現是伏除總言若將伏字對種字除字對現字看去則廣畧詞異而義同矣問卽如所釋亦但言伏分別種除分別現而不言現行細分何得言

義同。答。一往不分。如上位已辨。又廣本於此位更言少能伏除俱生現行粗分。今何不說。答。既云少能。是伏除均未能了。故畧而不說。與小教四善根齊者。準前小教亦是以四加爲名。今易以善根者。以能生後位無漏善法故。又爲揀當教四加。及唯識四加同名加行故。卽加行者。謂與唯識五位中。第二加行位同。彼論云。福慧資糧。既圓滿已。爲入見道。復起加行。伏除二取。二取卽二障分別現也。卽性地者。謂與大品十地中。第二性地同。集註云。解慧善巧。轉勝於前。得相似無漏性水。故云性地。斷證頌云。始教十向與四加伏除二障分別現。小教資加位正齊。種子還餘地初斷。卽信賢加位義也。加行位竟。

三十地位四　一別明初地　二合明六地　三別明八九　四例明十地　初

初地斷二障分別種與小教初果齊卽通達見地也

初地歡喜地也向位與二障分別中伏種除現至此位則並種亦除故云斷也問除之與斷有何差別答分斷名除謂分分除故永除名斷謂永不生故今種除則永不生也與小教初果齊者同爲見道故卽通達位者謂與惟識五位中第三通達位同彼論云加行無間此智生時體會眞如名通達位初照理故立見道名卽見地者謂與大品十地中第三八人地第四見地同按廣本見地上有八人二字今不具者以後攝前故

高麗師云。此二位。入無間三昧。見眞諦理。愚謂初地入心。卽入人地。住心卽見地。準廣本云。初地始斷二障分別種子。更斷俱生現種一分。今不言更斷俱生等者。或是出心。然出此卽應入後。更斷俱生等事。不專在初地故畧之也。斷證頌云。俱生現種斷一分。初地與小初果同。卽此位義也。別明初地竟。

二合明六地

三五七地斷二障俱生現種。三五七分。與小教二三四果齊。卽薄欲離欲已辦地也。

二障分別。至初地則永以不生。以種已斷故。故三五七地。惟約俱生論斷。而言斷二障俱生也。然俱生中。亦有現行種子。入地智勝。現種齊斷。除初地斷俱生現種一分。餘有十一分。約後九地。及等妙二覺斷之。今云三五七地等者。應云二三四五六七地斷二障俱生三五七分。蓋兩地斷一分也。如二三地。離垢始斷。發光斷竟。四五地中。燄慧始斷。難勝斷竟。六七地中。現前始斷。遠行斷竟。三分皆約斷竟而說。故但言三五七地。而二四六地可義攝矣。上初地斷俱生現種一分。既許與初果齊。而二地三地。更斷一分。自應與二果齊。四地五地更斷一分。自應與三果齊。六地七地。更斷一分。自應與四果齊。然雖曰齊。亦不過分位畧相似耳。其實所斷之障。有煩惱所知之異。所證之理。有人空法空之異。必如此會通者。爲引接故。卽薄等者。謂二地三地。與大品薄地同。薄地者。戒疏云。體愛假發眞。斷欲思煩惱薄也。四地五地。與大品離欲地同。離欲地者。戒疏云。體愛假卽眞。斷欲界思煩惱盡也。六地七地。與大品已辦地同。已辦地者。戒疏云。體色無色愛卽眞。發無漏智慧而斷盡界內思惑也。斷證頌云。三五七八九地分。小教後五位齊平。此先明三五七地。與小教後五中二三四果齊也。合明六地竟。

三別明八九

八地斷八分。與小教辟支佛齊。卽辟支地也。九地斷九分。與小教佛果齊。

八地。謂不動地也。斷八分者。應云斷二障俱生現種第八分。今但云八分者。例上可知。故然上位七地。既許與四果同。而八地中更斷一分。自應與辟支同也。卽辟支地者。謂與大品十地中。辟支佛地同。辟支佛地者。戒疏云。緣覺發眞無漏功德力大能除習氣也。九地。謂善慧地也。斷九分者。亦是二障中俱生現種第九分。然八地斷八分。既齊小教辟支而九地斷九分。自應齊小教佛果。以小教辟支後。更無別位。卽佛果故。斷證頌云。三三五七八九地分。上已明三五七地。此乃明八九地也。又頌云。小教後五位齊平。上已明齊二三四果。此乃明齊辟支。及佛地也。又頌云。自後小教便不知。以佛後無位。故別明八九竟。

四例明十地

言例明十地者。九地後應言十地。今不言者。以八九二地既各斷一分。十地亦應各斷一分。不言可知故。十地位竟。

四等覺位

等覺斷十一分。卽菩薩地修習位也。

等覺者。覺齊佛覺。出入相際。故又上去妙覺。唯餘一等故斷十一分者亦是二障俱生現種第十一分也上九地但斷九分等覺即斷十一分準知第十分決定在十地中斷矣即菩薩地者謂與大品十地中菩薩地同菩薩地者高麗師云此菩薩地正使斷盡扶習潤生然彼所謂正使者煩惱現種也所知現種例亦應斷今云十一分者尚餘佛地一分故名等覺謂去佛一等也即修習位者謂與惟識五位中第四修習位同修習位者彼論云從初入地見道起已爲斷餘障證得轉依復數修習無分別智名修習位據此則是從二地已來通名修習位也開蒙問何名等覺答十地滿心金剛喻定現在前時名等覺位按楞嚴九地中總結修習文云是諸菩薩從此已往修習畢功功德圓滿亦目此地九地名修習位指掌疏

釋云是諸菩薩者但是渾言尚未指定從此已往者乃指定二地已來諸菩薩也以自二地乃入修位初地是見道位故至六地即入無爲有作行畢七地增進無爲八地一眞如心無作之行亦竟故云修習畢功訖於九地已獲全體大用故云功德圓滿意顯十地爲修習出心諸經論中多收於修習位中今捨出存正故亦目此地已前名修習位然既曰亦目非是定指此地爲修習位盡但亦可目耳是知究竟修盡不惟十地應兼等覺以既未到佛地不可便說無修但證意多而修意少也余昔註楞嚴至九地

便結修習。心竊疑之。及細玩亦目二字。乃至非是定許九地。卽爲修盡。所以有究竟修盡。不惟十地亦兼等覺之議論。今註教儀。至始教斷證中。而等覺乃云卽修修習位。據此乃知事有多岐。理無二致。故將楞嚴經文。併指掌疏釋全錄於此。畧以見余昔所論之不謬也。斷證頌云。十一分至等覺離。卽此位義也。等覺位竟。

五妙覺位

妙覺十二分盡。卽佛地究竟位。在於淨變化土。成勝應身佛。坐天衣座。說大乘空相之法。令彼小乘及下根凡夫外道。轉小成大也。

此位分三意釋之。初斷障分齊。所覺之理。無能等者。故稱妙覺。又因圓名等覺。果滿名妙覺也。斷十二分盡者。亦是二障俱生現種。然十一分。既在等覺中斷。則十二分。自應在妙覺中斷也。即佛地者。謂與大品十地中佛地同。佛地者。高麗師云。以一念相應慧頓斷殘習。天衣爲座而成佛也。然彼所謂頓斷殘習者。亦惟約煩惱障說。今約雙斷二障。故與彼大同小異。即究竟位者。謂與惟識五位中究竟位同。究竟位者。彼論云。前修習位所得轉依。應知即是究竟位相。蓋修習位能證得。屬因位。究竟位已證得。屬果位也。在於下。果上依正。於淨化土者。惟聖所居曰淨。無障惱故成勝應身者。住於二空曰勝。非劣應故。惟識論云。隨未登地有情所宜。化爲佛土。或淨或大。佛變化身依之而住。能依身量。亦無定限。像法決疑經云或見大身或見千丈一里百里等或見此處七寶莊嚴卽此教身土也坐天下說法被機天衣座者表殊勝自然之義如法華經妙莊嚴王及其夫人解頸珍珠瓔珞價値百千兩金而散佛上於虛空中化成四柱寶臺敷百千萬天衣其上有佛結跏趺坐放大光明爾時妙莊嚴王作是念佛身希有端嚴殊特成就微妙第一之色此卽如來爲妙莊嚴王現勝應身坐天衣座也說空相法者空指妙智般若等經相指方等深密等經令彼小乘及下根凡夫外道等者小乘謂小教二乘下根謂

大乘中下根。謂雖有大根。而慧性不利也。慧性不利。根類小乘。今遇始教之佛。及聞空相之法。或體悟空理。或諦觀法相。故轉小而成大也。斷證頌云妙覺盡斷十二分。勝應空相轉小機。即此位義也。斷證喻云。此教斷證。如鏡離垢。如月出雲。斷二障。滅二死。顯二空。證二果。初地至妙。每有十二品。可以準思。始教斷證竟。

賢首五教儀開蒙增註卷三終

賢首五敎儀開蒙增註卷四

賢宗後學通理述　嗣法門人心輿較訂

三終敎斷證二　一標終敎　二明斷證　初

三終敎中。

次於始敎曰三。以五敎中。從劣向勝。小居一。始居二故。大乘理備曰終。對上始敎立名。以始敎雖稱大乘。理未備故。內有所攝曰中。以向下諸位斷證。此能攝故。

二明斷證三　一信位斷證　二賢位斷證　三後四斷證　初

七信伏二障分別俱生現行粗分與始十向齊十信伏二障分別俱生現行細分與始第一齊

七信者十信中第七所謂護法心也廣本云初信中具三位一不覺二發心三成信此位即略伏二執我執即煩惱障法執即所知障與小停心始十信齊今不言者以是略伏未得實伏分齊故首言七信約實伏分齊說故伏二障者謂終教菩薩根性猛利煩惱障所知障一齊伏也又二障中各有分別俱生亦一齊伏又分別俱生中各有現行種子亦一齊伏又現行種子中各有粗分細分今七信實伏者止齊

現行粗分。廣本云。與小總相。始十向齊。今但言與始十向齊。不言小總相者。大小逈異故。始教信位註中雖已通難。恐更招故。斷證頌云。終七信與始十向。二位同伏二執障。分別俱生粗現行。伏此位齊小總相。卽此位義也。十信者。信位中第十。所謂願心也。伏二障等準知。言七信於二障分別俱生中。實伏現行粗分。八九二信。非不進伏。今論實伏分齊。必至十信。乃伏現行。細分廣註云。與小教加行。始教世第一齊。今但言與始第一齊。不言小加行者。亦如上說。斷證頌云。十信位中伏細現頓教初信還同貫。終教十信。秖齊頓教初信。故云同貫。小始二教加行齊如上所引廣註云。與小教加行。始教世第一齊。然世第一乃加行第四。依然不出加行。故小始二教。皆言加行齊也。後約三教明伏斷終教十信。秖齊頓之初信。不入圓位。十信已前。並亦不入頓位。故自七信已前。且約當教以頌。消終初住。圓頓俱有位次。故於十信後。通約圓頓終三教。以明伏斷差別。此一頌。卽十信位義也。信位斷證竟。

二賢位斷證三　一住位斷證　二行位斷證

三向位斷證　初

初住除煩惱分別俱生現行。與始初地齊。七住除所知。分別俱生現行。與始七地齊。

初住。謂終教住位中。第一發心住也。圓當初信。頓當七信。上於信位名伏。如石壓草。此於住位明除。如鎌刈禾。然伏既雙伏。除亦雙除。今論實除。且約煩惱障言。而煩惱障中。有分別俱生。分別俱生中。各有現行種子。今實除現行也。按廣本。此位但除現行粗分。而細分猶待五住中除。今未至五住。卽言除者。謂已到能除分齊。雖餘細分。可必其除。如治病者。藥已對症。少疴卽言除。故與始初地齊者。力用相似故。若約斷障。則不齊。以始教初地斷二障分別種故。按廣本云。與小初果。始初地齊。今不言小初果者。亦如上說。下準此知。斷證頌云。圓初頓七信相同。終教初住堪齊功。煩惱現行齊此除。始小初地初果同。即此位義也。七住。謂終教住位中。第七不退住也。圓當七信。頓當初住。上位已除煩惱障分別俱生現行。則所知障分別俱生現行。自應在此位中除也。然所知障中。亦有分別俱生。而分別俱生。各有現行種子。今實除現行也。按廣本亦但除現行粗分。至細分猶待十住中除。今未到十住。即言除者。亦如前通。與始七地齊者。亦力用相似故。按廣本仍說與小教四果齊。今不錄者。亦如前說。斷證頌云圓信七連頓住一。終住第七侵所知。現除位當始

七地小教四果乃同級即此位義也住位斷證竟

三行位斷證

二行伏二障分別俱生種子粗分與始妙覺齊十行伏二障分別俱生種子細分

二行謂終教行位中第二饒益行也（圓當九信頓當七住）上初住除煩惱現七住除所知現則是二障現行住位中皆已除矣而二障種子自應在行位中伏然亦但伏粗分按廣本初行伏煩惱種粗分與始等覺齊二行伏所知種粗分與始妙覺齊今開蒙從略舉後攝前仍合前所伏而總言之故云二行伏

二障種子粗分。既二行與始妙覺齊。則初行與等覺齊。可以比知。斷證頌云。二障粗種圓九信。頓七住終二行伏。始教妙覺方齊此。自後諸位始便無卽此二行義也。十行。謂終教行位中。第十眞實行也。圓當十信、頓當十住。上於二行中。已伏二障粗種。尚餘二障細種。至此位乃伏也。按廣本。三行伏煩惱種子細分。至十行伏所知種子細分。今爲從略。亦舉後攝前。仍合前所伏。而總言之。故云十行伏二障分別種子細分。準上二行。已齊始教妙覺。則三行已去。始教無名。故不更會始教。斷證頌云。細種猶待圓頓終。十信十住十行伏。即此十行義也。行位斷證竟。

三向位斷證

初向除二障分別俱生種子粗分。十向除二障分別俱生種子細分

初向謂終教向位中第一。救護眾生離眾生相回向也。上於二行中。已伏二障粗種。至十行。又伏二障細種。則是二障種子。粗分細分。俱在行位中伏矣。伏者。如種含生性。但不與緣合。尚未敗耳。今至向位。如種已敗。故云除也。然除非頓除。仍分粗細。

初向中先除粗分。如種半敗。若仁皮俱壞。生性無依。則是細分已除。故次云十向等也。十向。謂終教向位中第十法界無量回向也。圓當十住。頓當十行。言初向已除粗種。而二障種子細分。必至此乃能除。故斷證頌云。各進一位粗種斷。圓十信進一位。則是初住。頓十住進一位。則是初行。終教十行進一位。則是初向。此位除二障種子粗分。故云粗種斷也。漸進至十細亦無。圓當十住。頓當十行。終教位當十向。此位除二障種子細分。故云細亦除也。此二句。即向位中義也。總結賢位斷證竟。

三後四斷證後四謂加地等妙。略本合錄。文不能分。故總為一科。

四加伏二障習氣。初地至妙覺斷習氣十二分。在於受用土中。成受用身佛。說大乘藏心之法。令彼權教菩薩。及二乘人。並一類中根。凡夫外道。轉權成實也七住已前。二障之現行已除訖於十向。二障之種子。又除。現種既除。惟餘習氣。自應在加行位伏。故云四加伏二障習氣。若按位分伏者。暖位伏煩惱習粗分。頂位伏煩惱習細分。忍位伏所知習粗分。世第一位伏所知習細分。今不分者。爲從略故。或亦菩薩根利智明。一往具伏。不顯粗細等相。所謂如急流水。望如恬靜。非謂無流。由不顯故不分也

初地至妙等者。按廣本云。初地斷二障習氣一分。

十地斷二障習氣十分。等覺斷二障習氣十一分。進斷佛地習氣一分。卽是妙覺。據此則是從初地來。位位斷習一分。爲從略故。不欲繁分。故總言初地至妙。斷習氣十二分也。成受用身佛者。唯識云。受用身有二種。一自受用。謂諸如來三無數劫。修集無量福慧資糧。所起無邊眞實功德。及極圓淨常徧色身。盡未來際。恆自受用廣大法樂。二他受用。謂諸如來。由平等智。示現微妙淨功德身。居純淨土。爲住十地諸菩薩眾。現大神通。轉正法輪。決眾疑網。令彼受用廣大法樂。合此二種。名受用身。

此約唯識相宗。自受用似是實報。他受用明是示現。究有二相。且他報唯被十地菩薩。今約終教性宗。報身從眞如起。非同相宗由轉識得。自報他報。似惟一體。故愚於佛果義相中問云。自報他報。爲同爲異。答曰。同一報身。有機無機異。故如起信云。是菩薩功德成滿。於色究竟處。示一切世間最高大身。以一念相應慧。無明（佛地一分習氣是也）頓盡。名一切種智。（自受用）自然而有不思議業。能現十方利益衆生。（他受用）然既曰。能現十方利益衆生。則不同相宗獨被十地。又如論云。諸菩薩從初發意。至究竟地心所見者。名爲報身。身有無量色。色有無量相。相有無量好。如是功德皆因諸波羅蜜等無漏行熏及不思議熏之所成就。又云。復次初發意等所見者。以深信眞如法故。少分而見。知彼色相莊嚴等事。惟依心現。不離眞如。然此菩薩。猶自分別。以未入法身位故。若得淨心。所見微妙。其用轉勝。菩薩地盡見之究竟。相宗所謂破十地機者。約見之究竟而言。餘非不破。但隨分粗妙耳。今云在受用土。現受用身者。約最初成佛時言。然亦未分自他。至云坐金剛座。說藏心法。乃是現他受用耳。而言坐金剛座者。金剛顯其不壞。以是隨受用身土。盡際無有壞故。始教亦名大乘。今是終教。盡大乘說。藏心法。卽眞如法也。約不動名眞如。約和妄名藏心。始。教不知通眞名阿賴耶。終教知惟眞故名如來藏。依楞嚴有三名。一空如來藏。非一切法。二不空如來藏。卽一切法。三空不空如來藏。離卽離非。是卽非卽。爲成佛之因心。卽發覺之本體。故名之爲如來藏也。已上明成佛說法。此下明彼機成益。令彼者。出佛本意。權教者。指始教空相二宗。菩薩者。已發大心。一爲空遮。一爲相礙。俱非究竟。總稱權教。二乘該聲聞緣覺。小教中暫息化城。亦權人也。中根凡夫。有大乘機性。權在人天中者。中根外道有大乘機性。權在邪定聚者。此皆所被機也。據此則所說之法。不必一定大乘。但終歸大乘。不必一定藏心。但同宗藏心。所依身座。不必一定受用。但不離受用。不必一定金剛。亦隨機所見。以所被之機。有大小凡外之不同故。轉權成實者。相宗菩薩。知妙有不礙眞空。空宗菩薩。達眞空不礙妙有。二俱不執。體合中道。小教二乘。了知自所住地。近於佛慧。若能前至寶所。亦可得去。中根凡夫。信知自心作佛。自心是佛。中根外道。卽邪見而成正見。行非道而達佛道。斷證頌云。圓頓終初行向地。謂圓初行頓初初向。終教十地中。初歡喜地也。斷現種盡及習一。上於三賢位中。已斷二障現行種子盡。次於四加伏習。初地中斷習一分。此且約終教言之。圓初行。頓初向。同此可知。十一分盡圓與頓。向地初平終等級。圓與頓。向地初。謂圓初向。頓初地也。平終等級者。平於終教等覺之級。此通約終頓圓三教言之。頓斷十二登離垢。謂頓教斷習氣十二分。證離垢地。不言圓教者。圓教無正對頓教。二地之位故。終極妙覺後不知。謂頓教歡喜地與終教極果。妙覺位齊是則頓教自離垢地後。終教則不知名也。終教斷證頌。齊此而止。因進頌頓圓諸位。不及說終妙果用。今約義補足以便憶持。頌曰。受用身登金剛座。演說大乘藏心法。機被大小並凡外。轉權成實利益匝。斷證喻云。此教斷證。如器成金。如冰即水。初住至妙。每有四十二品。勝始教可知。終教斷證竟。

四頓教斷證二　一標頓教　二明斷證　初

四頓教中。

次於終教曰四。以五教中從劣向勝。終居三。頓居四故。一超直入曰頓。對上二教立名。言上二雖分始終。要皆由漸而入故。內有所攝曰中。以向下諸位斷證此能攝故。問。既稱頓教。何分諸位。答。約眞實無。就妄說有。如圓覺經云。於實相中，實無菩薩及諸眾生。何以故。菩薩眾生，皆是幻化。此眞無妄有也。又云。眾生迷倒，未能除滅一切幻化。於滅未滅，妄功用中，便顯差別。若得如來寂滅隨順，實無寂滅，及寂滅者。此妄有眞無也。以妄有眞無，故無無妨稱為頓教。以眞無妄有，故無妨演出諸位。

二明斷證三　一信位斷證　二賢位斷證　三聖位斷證　初二　一初信斷證　二七信斷證

初

初信伏二障分別俱生現行。與終十信齊。

初信者。頓教初信。謂信心也。伏現行者。粗細俱伏。與終十信齊者。前終教十信頌云。十信位中伏細現。粗現可知。頓教初信還同貫。乃是以終教十信。會通頓教初信。今反以頓教初信。會通終教十信。顯彼此同伏現行也。初信斷證竟。

二七信斷證

七信除煩惱。分別俱生現行。與終初住齊。

七信者。頓教七信。謂護法心也。除煩惱現行者。於終教初住中明。前終教初住頌云。圓初頓七信相同。終教初住堪齊功。煩惱現行從此除。是言終教初住。實伏煩惱現行。與圓初信頓七信同功。今未至圓教。且說頓教七信。實除煩惱現行。與終教初住同也。信位斷證竟。

二賢位斷證三　一住位斷證　二行位斷證

三向位斷證　初

初住除所知分別俱生現行。與終七住齊。七住伏二障分別俱生種子。與終二行齊。

初住者。頓教初住。謂發心住也。除所知等者。謂上於七信中。已除煩惱現行。而所知現行。至此初住中。乃能除故。與終七住齊者。前終教七住頌云。圓信七連頓住一。終住第七侵所知。現除位當始七地。小教四果乃同級。是言終教七住。侵所知障。論實除方及現行。與頓教初住。圓教七信。所除分齊正等。今未至圓教。且說頓教初住。除所知現行。與終教七住齊也。按始教位當七地。小教四果同級。已於終教。七住中明。七住者。頓教七住。謂不退住也。伏二障種子等者。上於七信位中。除煩惱現。初住位中。除所知現。是二障現行。皆已除矣。進伏種子。自應在七住位中。然亦且伏粗分。而細分猶待十住中伏。今略之也。前終教二行頌云。二障粗種圓九信。頓終七住二行伏。是言終教。二行伏二障種子粗分。與頓教七住。圓教九信。所伏分齊相等。今未至圓教。且言頓教七住。伏二障分別俱生種子。與終二行齊也。問。既七住方伏粗分。細分猶待十住。今未至十住。何得遽言伏也。答。已到能伏分齊。雖餘細分。可必其能伏。故雖未至十住。便許其伏。且今是略本。不欲繁分。若必欲分者。還如終教。十行頌說。斷證頌云細種猶待圓頓終。十信十住十行伏。是言終教十行伏二障種子細分。與頓教十住。圓教十信。所伏分齊正等。今雖未至圓教。亦應云頓教十住。伏二障種子細分。與終十行齊。今不具者。略本從略。不繁分。故住位斷證竟。

二行位斷證

十行除二障分別俱生種子。與終十向齊。

十行者。頓教十行。謂初行至十行。總言之也。除二障等者。上七住已伏粗種。十住又伏細種。是二障種子。皆已伏矣。至十行中。初行除粗種。十行除細種開蒙從略。不分粗細。故總言十行中。除二障種子也。與終十向齊者。終教斷證頌云。各進一位粗種除。漸進至十細亦無。準上位伏種。圓當十信。頓當十住。終當十行。今云各進一位。則圓當初住。頓當初行。終當初向。粗種除者。謂先除二障種子粗分。漸進至十者。謂圓當十住。頓當十行。終當十向。細亦無者。謂二障種子細分。以並除矣。今未至圓教。且言頓教。又開蒙從略。粗細不分。故總言十行中。除二障分別俱生種子。與終教十向齊也。行位斷證竟。

三向位斷證

初向除習氣一分。與終初地齊。

初向者。頓教初向。謂救護眾生離眾生相回向也。上於十行位中。二障現行種子。業已除盡。至初向。則更除習氣一分。而言與終初地齊者。斷證頌云。圓頓終初行向地。斷現種盡及習一。首句三教三位。相對而釋。謂圓初行。頓初向。終初地也。次句言三教三人。在上位中。已除二障現行種子盡。及此位。復除習氣一分。今未至圓教。且言頓教初向。除習氣一分。與終教初地齊也。總結賢位斷證竟。

三聖位斷證二 一地位 二佛位 初

二地除習氣十二分。與終妙覺齊。

二地者。頓教二地。謂離垢地也。除習氣等者。言上於初向。除習氣一分。自是位位除習一分。至初地。則除習十一分。與終等覺齊。開蒙但明初向。從三向至初地。避煩不具。故超言二地也。言上於初地中。除習氣十一分。進至二地。自應除習氣十二分。而言與終妙覺齊者。斷證頌云。十一分盡圓與頓。

向地初平終等級頓斷十二登離垢終極妙覺後不知十一分盡等謂頓教初向中除習一分自是位位除習一分至十一分盡則頓當初地圓當初向故云圓與頓向地初也平者分際正同以若望終教則是等覺階位故云終等級也頓斷十二登離垢等謂頓教於初地後更除習氣一分則是十二分盡位登離垢至終教則是極果謂妙覺位也按圓教二向後終教無位故此二句單約頓教言之又頓教二地既齊終教妙覺則三地去終教亦無有位故云後不知也地位斷證竟

二佛位斷證

妙覺除習氣二十二分盡。在於法性土中。成法性身佛。坐虛空座。說一乘眞性之法。令彼漸教菩薩。及二乘人並一類上根。凡夫外道。轉漸成頓也。

妙覺。謂頓教妙覺。卽佛位也。除習等者。言頓教於二地中。除習氣十二分盡。由三地去。位位除習一分。故至妙覺。則二十二分盡也。問。一超直入。位次何分。位次尙無。況云斷證。答。雖一超直入。而所超不無階位。今卽以所超階位。而分斷證分齊。譬如大鵬。雖一飛萬里。而程途自具。豈可因一飛而不信程途。又如剛錐。雖立透千紙。而層數宛然。誰許緣立透而撥層數。況夫一生頓證。亦由多劫漸修。又何妨以多劫漸修之位次。而分一生頓證之階降也哉。在法性土。成法性身者。唯識云。雖此身土。體無差別。而屬佛法相性異故。淸涼引古疏云。佛義是相。爲功德法所依止故。衆德聚故。二身自體故。法義是性功德自性故。能持自性故。諸法自性故。宗鏡云。此卽於自心性相。分身土之名。以自心相義名身。自心性義名土。又唯識云。此佛身土。俱非色攝。圓覺經頌云。一切佛世界。猶如虛空華。此顯法性土也。般若論頌云。報化非眞佛。亦非說法者。此顯法性身也。按起信論。所謂法性身土者。卽是窮盡生滅門。顯出眞如門中。自體性相義耳。坐虛空座者。如楞嚴云。言妄顯諸眞。妄眞同二妄。今此眞如門者。對生滅門說。所謂言妄顯諸眞也。要知對生滅而言眞如。則眞如亦屬生滅。所謂妄眞同二妄。如楞嚴云。此亦生滅是也。若能於眞如門中。不立眞如。顯重空理。則性土時時現前。性身昭昭不昧。名爲坐虛空座。是知虛空者。非指太虛爲空。乃並空亦虛。所謂重空是也。廣註引般若經云。如來者。無所從來。亦無所去。故名如來。如來者。卽性身也。去來旣無。坐臥安有。蓋是以無相之身。而坐眞空之座。故法華云。諸法空爲座。處此爲說法。所說之法。名一乘者。是第一義故。絕諸對待故。非二非三故。乘此成佛故。又名眞性者。窮盡虛妄生滅性故。其體卽是眞如不生滅性故。令彼等。謂所被之機。略明有三。詳分則有七種。略明三者。一漸教菩薩。二小教二乘。三上根凡夫。詳分七者。始教中有空相二宗。運終教爲三。此三通名漸教。漸次修證。歷別不同故。二乘中有聲聞辟支。此二皆屬小教。樂着小法。權息化城故。上根中有凡夫。有外道。此二偏約上根雖屬凡外。能頓成故。問。有言報化說法。法身不說。云何能被此等機耶。答。彼約漸教。若頓教中。法佛亦說。如楞伽云。法佛頓現。報佛化佛光明照曜。自證聖境。頓現法相。

而爲照曜令離一切有無惡見等言法佛頓現報
化者乃全法身之報化顯報化即法身也光明照
曜自證聖境者約自報言謂法佛以自性光明照
曜自證聖境現受享法樂即是頓現自報頓現法
相而爲照曜者約他報及化身言謂於自證聖境
中頓現諸法差別之相而爲自性光明之所照曜
現他報及化身頓演一切諸法差別之相即是頓
現他報及一切應化令離一切有無等者約他報
及化身所被機宜言之小教中我無法有名爲有
無始敎中相宗依生滅識建立生死及涅槃因是
名爲有空宗說一切法皆無自性是名爲無大乘
終敎說第一義空該通眞俗通俗即兼有通眞即
兼無凡夫迷於色空計有計無外道或於斷常執
無執有此等在清淨法身無非是病故總名惡見
如羣藥在無病身中皆足致傷亦通名毒藥據此
則自證聖境中頓現法相皆對症之藥而菩薩聲
閒凡外皆無病服藥致傷之者頓現自報如老醫
自延天齡他報應化如良醫時醫皆因症投劑至
於令離一切有無惡見則菩薩聲聞凡外頓現清
淨法身法身既現不惟他報及與應化並自報亦

無所用。如因症投劑。受治者。頓成無病之身。身既無病。不惟良醫時醫並老醫。亦無所需矣。依此喻。辯此義。則法佛不說法之難。可立通也。

轉漸成頓句。謂所成之益。清涼疏華嚴序云。見聞為種。八難超十地之階。解行在躬。一生圓曠劫之果。獅子嚬呻。眾海頓證於林中。象王廻顧。六千道成於言下。然見聞解行。不揀凡夫外道。眾海六千。通收菩薩聲聞。轉漸成頓。義可準思。斷證頌云圓教初地並二地。與頓等覺妙覺同。斷習二十一二分。自後頓教不知名。此是圓頓合頌。謂圓教初地二地。與頓教等覺妙覺位同。等覺除習氣二十一分。妙覺除習氣二十二分。今未至圓教。且言頓教。又開蒙不言等覺。故但言妙覺。除習氣二十二分。然圓教二地。既同頓教妙覺。則圓教自三地已去。頓教無位。故不知名。頓教斷證。頌齊此而止。因進頌圓位。不及頌頓妙果用。亦應補足。以便憶持。頌曰。依法性土現性身。坐虛空座說一眞(謂一乘眞性之法。)菩薩二乘並凡外。轉漸成頓稱上根。斷證喻云。此教斷證。如狂迷歇。如睡夢覺。本品準前。此中三地已超終妙。增成五十二品。頓教斷證竟。

五圓教斷證二　一標圓教　二明斷證　初

五圓教中。

圓謂圓融。對上四教立名。如小教我無法有。始教假空攸分。終教偏照。頓教偏遮。俱爲不圓。此教則遮照同時。空假無礙。情我也與無情法也。同圓種智。故獨以圓稱。廣本云。行位因果無非法界。法界圓融。四義無礙。若乃廢行布而執圓融。恐淺位起增慢之愆。故今依圓融而立行布。使初心無躐等之弊。

標圓教竟。

二明斷證六　一信位斷證　二住位斷證　三行位斷證　四向位斷證　五地位斷證　六妙

覺斷證　初三　一初信斷證　二七信斷證

三九信斷證　初

初信除煩惱分別俱生現行。與頓七信齊。

初信者。圓教初信。謂十信中。第一信心位也。於中分三。一不覺。謂博地凡夫。不覺本覺法界性。故二發心。謂從凡夫地發起。普賢廣大行願心故。按廣本此位圓伏二障中。已伏煩惱障分別俱生現行。與頓初信終十信。始世第一小加行齊。開蒙不載斷證頌。亦缺。三成信。謂信心成就。永離一切猶豫不定心故。今言初信者。正當此位。除煩惱等者。按廣本此位圓除二障中。已除煩惱障分別俱生現行粗分。

與小初果始初地終初住。頓七信齊。今開蒙從略。不會前三教。於前已會故。故但言與頓七信齊。又廣本言。五信於圓除二障中。已除煩惱障分別俱生現行細分。與小三果始五地終五住。頓十信齊。問。五信方除細現。何得於初信中。便許其除現行耶。答。發心既已伏現。成信自應除現。然圓人根利粗現既除。細現豈容更留。如破竹者。大頭既已劈破。小頭自相因而破。故雖未至五信。無妨許其已除現行。下伏種等準知。頌。圓初頓七信相同。終教初住堪齊功。煩惱現行從此斷。始小初地初果同。此頌凡三引。終教初住已引頓教七信。又引。今是圓教起首。乃三引也。然終教但引頓教加釋。恐猶未明。今於圓教重釋。言圓初頓七信相同者。謂圓教初信。頓教七信。同一斷證也。終教初住堪齊功者。謂終教初住其斷證之功。亦能同此煩惱現行，從此除者，謂煩惱障分別俱生現行，皆從此圓初信頓七信。終初住中除也。始小初地初果。圓者謂始教初地、小教初果，其分位略可同此。初信斷證竟。

三、七信斷證

七信除所知分別俱生現行，與頓初住齊。

七信者，圓教七信，所謂護法心也。按廣本，此位圓除四障也，更除所知障分別俱生現行，與小四果、始七地、終七住、頓初住齊。今但言與頓初住齊者，以開蒙從略，不會前三教，故斷證頌云：圓信七連頓住齊，并終教第七住所知現除，位當始七地、小教四果等齊級。此頌亦三引，於圓教中釋云：圓七信，即圓教七信；頓住一，即頓教初住。

終教第七。即是終教七住。此三位俱能進侵所知障。但約實除分齊。惟齊俱生現行。望始教位當七地。望小教四果同級也。七信斷證竟。

三九信斷證

九信伏二障分別俱生種子。與頓七住齊。

九信者。圓教九信。所謂戒心也。上初信除惱現。七信除所知現。是二障現行。上位皆已除矣。今至九信。相應進伏種子。而言二障等者。謂圓伏二障中。分別種。俱生種。一齊伏也。仍以開蒙從略。不會前其教故。但言與頓七住齊。按廣本。九信伏粗種。十信伏細種。今九信便言伏者。準上除現可知。斷證頌云。二障粗種圓九信。頓終七住二行伏。始教妙覺方齊此。自後諸位始便無。此頌亦三引。釋曰。上斷二障現行。此伏二障種子粗分。故云二障粗種。圓九信能伏八也。望頓教位當七住。望終教位當二行。伏。謂與圓九信同伏此惑。望始教位即妙覺。故云齊此。如是則自九信後十信已去。始教便無名字。信位斷證竟。

二住位斷證

十住除二障分別俱生種子。與頓十行齊。

十住者。圓教十住。蓋通指發心住。乃至灌頂住也。言上位九信伏種。十信已伏。至初住即應除種。今論行布。位位備歷。至第十乃除竟也。按廣本。初住除粗種。十住除細種。兼伏習氣。今開蒙從略。不分粗細。但言十住中除竟。不言兼伏習氣者。住行兩楹中攝故。十住出心初行入心前後兼伏。非專在住。故略之耳。與頓句會頓教也。斷證頌云。細種猶待圓頓終。十信十住十行伏。各進一位粗種斷。漸進至十細亦無。釋曰。按廣本。九信但伏粗種。故云細種猶待。謂圓教必至十信。頓教必至十住。終教必至十行。乃能盡伏。今開蒙從略。粗細不分。九信中縱許一伏種。蓋舉始以攝終耳。各進一位者。圓教十信進一位則是初住。頓教十住進一位則是初行。終教十行進一位則是初向。粗種者。二障種子粗分。斷即是除。約圓教十信伏種竟初住除種種粗分。頓初行。終初向。準此可知。漸進至十者。圓教位當十住。頓教位當十行。終教位當十向。細亦無者。謂二障種子細分亦除。開蒙從略。不分粗細。故統言十住除二障分別俱生種子。謂除竟也。不會終教。故但說與頓十行齊。住位斷證竟。

三行位斷證

初行除習氣一分。與頓初向齊。

初行者。圓教初行。所謂歡喜行也。上位中現種俱盡。故此位即言除習。但纔除一分耳。不言伏習者。上已辨在兩楹中攝。故望頓教位當初向。故與齊也。斷證頌云。圓頓終初行向地。斷現種盡及習一。釋曰。圓頓終。三教合說也。初行向地者。對教各論謂圓初行頓初向。終初地也。上位斷現種。至此位俱盡及更除當位中習氣一分。今論圓教。故且言初行除習氣一分。并會頓教。故又言與頓初向齊。不會終教者。頓教中已會故。行位斷證竟。

四向位斷證

初向除習氣十一分。與頓初地齊。

初向者。圓教初向。所謂救護眾生離眾生相回向也。上初行除習一分。自二行來。位位除習一分。即至初向合除十一分也。斷證頌云。十一分盡圓與頓。向地初平終等級。釋曰。十一分盡者。謂除習至十一分也。圓與頓。乃二教合論。向地初。初對二教分言。謂圓教中向位之初。頓教中地位之初也。此二教兩位。論除習俱至十一分平齊也。終等。謂終教等覺。級階位也。言終教等覺論斷證。階位同於上二。故上言平終等級。今是圓教。故且書初向除習氣十一分。開蒙不會終等。故但言與頓初地齊。斷證頌云。頓斷十二登離垢。終極妙覺後不知。此二句不關圓教。乃是頌頓教。會終教義也。因鱗次上頌附錄。釋曰。頓謂頓教。言頓教初地。已除十一分習。若再除一分則是十二。便登二地。以二地名離垢地也。按終教位當妙覺。顯頓教自三地去。終則無名。故云終極妙覺後不知耳。又按廣本云。十向除習氣二十分。與頓十地齊。開蒙不具因頌中有。故補之。頌曰。二十分盡圓十向。許頓法數云。終訛也。十地洞消息。釋曰。圓初向中。已除十一分習。自是位位除習一分。至十向中。合除習氣二十分盡。按頓教位當十地。故許其能洞消息。向位斷證竟。

五地位斷證

二地除習氣二十二分。與頓妙覺齊。

按廣本。先言初地。文云。初地除習氣二十一分。與頓等覺齊。開蒙不錄。但約二地言之。二地者。圓教二地。所謂離垢地也。言圓教於初向中。已除十一分習。自是位位除習一分。歷九向至二地。合除習氣二十二分。按頓教位當妙覺。故云與齊。斷證頌云。圓教初地並二地。與頓等覺妙覺同。除習二十一二分。自後頓教不知名。釋曰。按廣本。先言初地。次言二地。故云圓教初地。並二地也。圓教初地。與頓等覺齊。圓教二地。與頓妙覺齊。故云與頓等覺妙覺同也。圓教初地。除習二十一分。圓教二地。除習二十二分。故云除習二十一二分也。自後者。自是而後。從三地去也。不知名者。言二地已齊頓妙。三地已去。頓教則無名字。故不知也。地位斷證竟。

六妙覺斷證

妙覺除習氣三十二分盡。在於無障礙法界土中。成無障礙法界身佛。坐普融無盡師子座。說一乘緣起法界之法。令彼偏教菩薩。及一切迴心佛果二乘。並一類上上根凡夫外道。轉偏成圓也。

妙覺者。圓教極果。即佛位也。言上位於離垢地中。除習氣二十二分。自三地來。位位除習一分。既至妙覺自應除習氣三十二分。而言盡者。更無餘惑可除。廣本所謂圓斷二執現種習盡是也。廣註云。圓斷現種習盡者。始教從初地至妙覺。於中斷二障滅二死。證智斷二果德。顯我法二空理。共有一十二品。終教從初住至妙覺。每凡也有四十二品。不開四加行者。但是初地之加行。故頓教本位四十二品。亦同終教。但頓教二地已齊終教妙覺。從三地至十地。兼等妙二覺。便成五十二品。約所除障言。圓教本品。例前頓教。但圓教二地。已齊頓教妙覺。從三地至十地。加等妙二覺。即成六十二品。亦約所除障言。故知圓教斷證是實。餘皆權也。法界土者。以一眞法界爲土。統該前四教所有諸土。無障無礙。故名無障礙土。法界身者。以一眞法界爲身。統該前四

教所有諸身。無障無礙。故云無障礙身。蓋土約體
言。爲所依。故身約用言。爲能依。故又慈恩云。法性
屬佛。爲法性身。法性屬法。爲法性土。愚謂法界卽
是法性。有寂靜義。名之爲土。有覺照義。名之爲身。
佛證一眞法界。從體起用。卽寂而照。名爲依法界
土。成法界身。若攝用歸體。則卽照而寂。是體用本
自無外。寂照亦不相妨。故身土皆以無障礙名之。
師子座者。大論云。非是實師子。亦非木石師子。以
如來是師子。所坐之處。若牀若座。皆以師子名也。
故淸涼疏云。師子座者。人中師子處之。說無畏法

故。普融者。融有二義。一融攝。二融入。融攝者。謂普能融攝一切諸法。而一切諸法。皆顯現於師子座中。融入者。謂普能融入一切諸法。而一切諸法。皆顯現乎師子之座。如是則互相攝入。主伴重重。故又以無盡名之。如華嚴經云。其師子座。高廣妙好。演說如來廣大境界。爾時毘盧遮那如來。處於此座。其身充滿一切世間。其音普順十方國土。據此則普融無盡之意。可概見矣。說一乘者。圓頓二教。皆爲一乘。但頓教偏顯眞如。故上言眞性之法。圓教備明緣起。故此言緣起之法。緣起之法。亦稱法界者。且約事法界言。謂一一事法、各不同故。亦可言理法界。謂既從性海緣起。一一事法、莫不各具法界性故。又此中緣起。與終教中緣起不同。言彼是藏性隨緣。漸次而起。如云、無明不覺生三細境界為緣長六粗是也。此是性海圓融、緣起無礙。如云。海印三昧威神力。一時頓現各差別是也。令者、佛法力致之然故。彼指始終頓三。以三教菩薩。各有所偏。如始教中相宗偏有。空宗偏無。終教中偏亦有亦無。雙照也。頓教中偏非有非無。雙遮也。迴心佛果二乘者。謂小教二乘。及闕始終頓法。迴小乘心趣向佛果。亦菩薩類也。然以跡居聞緣。故仍以二乘稱之。上上根者。宿世已成。言此人於宿世中。備歷五教。已成上上根故。凡夫外道者。現世緣缺。言此人雖具上上根性。但今生未遇佛教。尚在凡夫地位。或不遇明師。暫住外道法中。如彼纔出頭來。一聞千悟。放下屠刀。立地成佛是也。轉偏者。此上皆偏。成圓者。轉而成圓。謂同歸圓教一佛乘故。又圓教有二。一別圓。如華嚴初成頓演。不共諸教。故。二同圓。如法華。臨終圓收。諸教同會。故。然此中。上上根凡夫外道。轉偏成圓。似受別圓教益。亦轉同成別也。偏教菩薩。迴心二乘。轉偏成圓。似受同圓教益。亦轉異成一也。斷證頌云。三十二分習氣盡。妙覺法界轉偏機。乃從略頌故。斷證喻云。此教斷證。如拆錦花。如鎔金師。初住至妙。品數準終。但此三地。超頓妙覺。便有六十二品。此釋圓教斷證。總結第三五教竟。

四六宗二　一總標牒　二別列釋　初

言六宗者。

言指賢首。謂判釋一代時教。有言宗而言六者。隨教各別。故清涼云。先則以義分數。次則依教開宗。

故五教後。辨六宗也。宗字有三義。一宗崇。此約一切教典中。當部所崇曰宗。如法華宗實相。涅槃宗佛性。華嚴宗法界等。是爲宗崇。二宗重。此約一切行人中。心之所重曰宗。如小乘宗我空。大乘宗法空。一乘宗空空等。是爲宗重。三宗尙。此約立敵相對時。語之所尙曰宗。如因明立量云。聲是有法定無常爲宗等。是爲宗尙。今此六宗。皆當部所崇。論主心重。亦語之所尙也。者之一字。乃牒定之辭。總標牒竟。

二別列釋六　一隨相法執宗　二惟識法相宗

三眞空無相宗　四藏心緣起宗　五眞性寂滅宗　六法界圓融宗　初二　一當部通明

二淺深別辨　初

一隨相法執宗。謂一切我法中。起有無執故。卽小乘諸師。依阿含緣生等經。造婆沙俱舍諸部論等。

此有五義。一標宗名。筆削記云。宗於事法。故云隨相計法定實。語曰法執。二釋宗義。法上部等有我有法。一說部等無法無我。餘諸部中。有法無我。故云我法有無等也。三出宗主。筆削記云。小乘諸師者。宗主也。根本卽上座大衆二部。枝流則犢子等。

一十八部。四依宗經。阿含等者。所依經也。等於正法念佛本行等。五造宗論。造下。所造論也等於世親所造。五百小乘論等。當部通明竟。

二淺深別辨二　一標重六　二別辨釋　初

於中又六。

於中者。謂於第一宗中。又六者。重分六宗也。

二別辨釋六　一我法俱有宗　二法有我無宗　三法無去來宗　四現通假實宗　五俗妄眞實宗　六諸法但名宗　初

一我法俱有宗。此中有二。一人天。二小乘。謂犢子。法上。賢胄。正量。密林山部等。彼立三聚法。一有爲聚法。二無爲聚法。三非二聚法。初二是法。後一是我。又立五法藏。一過去。二現在。三未來。四無爲。五不可說藏。此卽是我。以不可說是有爲無爲故。然此一部。諸部論師。共推不受。呼爲附佛法外道。以諸外道所計雖殊。皆立我故。

一謂隨相法執宗中。第一宗也。雙計我法。俱爲實有。崇重乎此。依此立言。故以名宗。此中有二者。謂立此宗者。有二種人。故先言人天乘者。以人天乘中。計我計法。有實體故。次言小乘者。蓋是依附小乘學人。尚未能達小乘理者。以小乘無我彼尚立我故。此依探玄。華玄不言人天者。以文略故。又人天任運計我。不立宗故。犢子法尚等。當宗部主也。按小乘中。根本枝末共有二十部異。謂根本有二部。枝末有十八部。根本二部者有二說。一如南山戒疏云。如四分中。初結集時選五百上座。卽迦葉等。在窟內結集。名上座部。餘衆在窟外結集。名大衆部。此一說也。二如百法贅言。引宗輪論云。佛涅槃後。百有餘年。摩竭陁國。俱蘇摩城。王號無憂。統攝贍部。感一白蓋。化洽人神。是時佛法初破。分為兩部。一大眾部。謂老少同會共集律部。二上座部。惟老宿同會共出律部。問前後兩說究何適從。答根本枝末。略以四句分別。一根本根本。窟內窟外是也。二枝末根本。老少共集。老宿共集是也。三根本枝末。亦指此二。四枝末枝末。即下十八是也。然枝末根本。與根本根本。雖前後暫分。其實一根本也。蓋以佛初入滅。眾聖結集。以窟內為上座部。以窟外為大眾部。雖分二部。皆不違佛意。亦彼此不相諍論。是分而不分也。及乎百有餘年。佛意漸湮。兩部各執臆見。互相是非。名為佛法初破。宗襲大眾者。重集律部。老少同會。仍名大眾。宗襲上座者。重集律部。惟選老宿。仍名上座。故上云枝末根本。根本根本。其實一根本也。私意如是。尚冀高明者教之。枝末十八部者。如宗輪論說。大眾部流出八部。上座部流出十部。故彼文云。第二百年。大眾部流出三部。重集時老少同會。因耆德少。二百年便分。一一說部。二說出世部。三雞胤部。次二百年。從大衆部。復出一部。名多聞部。又次二百年。大衆部中。復出一部。名說假部。又次二百年滿。最後二百年。有一外道名曰大天。於大衆部出家受具。多聞精進。居制多山。與彼部僧乖諍。因此分爲三部。一制多山部。二西山部。三北山住部。此是大衆部中流出八部。又彼文云。從三百年初。次第二百年滿。即是三百年初。迦多衍尼子。於上座部出家。重集律部。時惟選老宿。因耆德多。三百年始分。盛弘一味論。少說經律。既乖部旨。遂分爲兩部。一說一切有部。亦名說因部。謂此部立義。廣出因故。二雪山部。即上座部弟子。本弘經教。至說因部起。多弘對法。故伏上座。上座弟子弱。移於雪山避之。故轉名雪山部也。次三百年。從一切有部復出一部。名犢子部。又次三百年。從犢子部流出四部。一法上部。二賢胄部。三正量部。四密林山部。又次三百年。從一切有部。復出一部。名化地部。又次三百年。從化地部流出一部。名法藏部。又次三百年末。從說一切有部。流出一部。名飲光部。次第四百年。次第三百年末已。即是次第四百年。從一切有部。復出一部。名經量部。亦名說轉部。此是上座部。流出十部。除雪山部。以彼仍是上座部也。華玄云諸部異計。各是一宗。謂十八本二。枝末十八根本有二。各不同故義類相從。合之爲六。今第一我法俱有宗中。而云犢子等者。華玄鈔云。此計中總有五全。及一少分。五全者。一犢子。宗輪論疏云。上古有仙。居山靜處。貪欲心起。染牛生子。以犢子爲姓。又涅槃經有犢子外道。從佛出家。其門徒遞代相承。至分部時。皆名犢子。蒞部主從宗襲爲名也。二法上。此部引持律藏。自許所持之法。在於眾部之上故。三賢胄。其先世是賢阿羅漢。部主乃其苗裔。故以之名。蒞胄者。苗裔義也。四正量。此部自謂所立之義校度無謬。揀非量。及似量。於理極成。不可奪。不可破。名爲正量。因明所謂眞比量也。五蜜林山。部主所居之山。林木蘩蜜。卽以爲名也。五部通取。故云總五部全。及一少分者。卽文中等字也。泰法師云等謂五部外更取根本經部，不取枝末經部，卽根本經部亦不全取，故言少分。以根本經部中亦執有勝義我故，而我稱勝義者，妄計出離生死，得證涅槃，皆由於我義最勝也。彼立三聚等，出彼所立理也。所立之理，義分三聚，聚者積集義，謂一類相從之義，積集一處，名之爲聚。一有爲聚，謂生死法；二無爲聚，謂涅槃法；三非二聚，謂勝義我，妄計有生死性，非無爲攝，有涅槃性，非有爲攝。又立五法藏，藏者含藏義，謂各能含藏一類相從義故。一過去藏，二現在藏，三未來藏。此三卽是一有爲聚，良以生死法中，三世輪轉，無有斷絕，故開爲三世，成三法藏。四無爲藏，故聚爲藏者，體用各出故。五不可說藏，卽上非二聚。彼計勝義我。不可說有為無為藏故。然此一部等。顯彼非正道也。諸部論師等。二十部中。除犢子及所流四部。並根本經部。餘通指也。其推者。同共推排。不受者。佛眾不容。呼為句。出其所以不受之故呼斥呼。讀佛經書。而違佛正教。故以附佛法外道呼之。問。既附佛法。何稱外道。答。以諸外道所計雖殊。皆立我故。百法贅言云。從犢子部。流出法上等四部。執義皆同。謂已解脫更墮。墮由貪復還。此二句釋有我。獲安喜所樂。隨樂行至樂。此二句釋有法。我法俱有宗竟。

二法有我無宗二　一標宗明義　二立正破邪

初

二法有我無宗謂薩婆多上座多聞等彼說諸法二種所攝謂一名二色或四種所攝謂三世及無爲或五種所攝謂一心二心所三色四不相應五無爲故一切法皆悉實有並不立我以無我故異外道計

三謂隨相法執宗中第二宗也計法爲有知我是無崇重乎此依此立言故以名宗薩婆多上座多聞等當宗部主也梵語薩婆多此云說一切有此部惟不立我而云諸法皆有故以爲名上座部後轉名雪山部此出本名者顯一切有部元從上座

部中分出。立義多同。但一切有部。盛弘對法。雪山部遵襲經律。為少異耳。多聞部。元從大眾部分出。除宗襲少異。餘義多同一切有部。華玄鈔云。此計中總有三全一少分。三全者。一。一切有。即薩婆多二雪山。即上座部之轉名。三多聞。從大眾部分出。以部主學通三藏。深通佛旨。故得此名。此三通取。故云總有三全。言一少分者。即文中等字也。等謂三部外。更取化地部。部主昔作國王。化治地上人民。厭後捨位出家修道。分部時。從本為名也。然一不取本部。惟取末部。故言少分。由彼末部計云。過去未來。並皆實有。亦有中有一切法。中即現在。謂過未之中。意言過未不見。尚是實有。何況中間現有一切法。豈得云無故言亦有中有等彼說諸法等。出彼所立義也。所立之義有從略說。有處中說。有詳細說。文云二種所攝。從略說也。一名即是四蘊。本是一心而有四名。故但言名。即該四。謂受想行識也。二色即是色蘊。此謂五蘊攝一切法。爲對樂略機故。但言名色二種。又云或四種所攝等。處中說也。三世及無爲者。於前五法藏中。除不可說藏。以是神我。此中不立我故。其實有爲無爲。足攝一切法。爲對樂中機故。開有爲爲三世。兼無爲而爲四種。末言或五種所攝者。詳細說也。一心二心所等。即前小乘中五位七十五法也。然五位中前四仍屬有為。後一仍前無為。為對樂詳機故。開有為為四。兼無為而成五種。況復五位內含七十五法。故謂此為詳細說耳。故一切法等。結釋部名也。故字承上。謂承上二種。四種五種。各攝諸法之故。則一切諸法皆悉實有。以未達法空故。並不立我者。已知我空故。由此所以名法有我無宗也。如百法贅言引一切有部云。諸所有者。皆二所攝。一名二色。又云。無轉變諸蘊。此證無我。以諸蘊即我也。有出世靜慮。此證有法。以靜慮即法也。以無二句。乃揀邪顯勝。謂前部以有我。故呼為附佛法外道。此部以無我故異外道計。蓋明是揀邪。亦爲顯勝於前耳。標宗明義竟。

二立正破邪二　一總明立破　二別出異計

初

又於有爲之中。立正因緣。以破外道邪因無因。

如上所說。不出有爲無爲。恐有妨云。無爲成出世善。前宗外立之可耳。有爲是世間法。前宗旣立。此宗何必更立。蓋部主又要於有爲之中。立正因緣。以破外道邪因。及無因耳。說正因緣等者。華玄鈔云。因緣能破無因。正因以破邪因。會玄云由三毒因緣。起福等三業。三業因緣。起三法界。由此因緣。有一切法等。蓋即以此爲正因緣也。總明立破竟。

二別出異計四　一束廣爲中　二束中爲略　三結過申妨　四斥迷指典　初

然外道見。雖有九十五種。或計二十五諦。從冥生等。或計六句和合生等。或謂自在梵天等生。或謂微塵宿作等生。或計時方虛空等。而爲世間及涅槃本。

然字轉語辭。謂轉釋外道無因。及邪因也。九十五種廣說也。廣非定廣。可束爲中。故置雖言。會玄云。華嚴第六回向疏云。諸處多說九十五種。別有九十五種邪論。薩婆多律說。外道六師。各有十六種法。一法自學。餘十五各教一弟子。師徒合論。有九十六。貞元疏云。別有九十五種外道邪論經。則九十六中。一是佛道。問。六師皆外道。何得云一是佛道。答。如虫蝕木。偶爾成文。非彼虫眞能文也。然六師雖皆外道。其所說亦有。偶合於佛道者。或以其說到行不到。依然目爲外道。至許其一是佛道者。亦不以人廢言之意耳。華玄鈔云。至妙虛通。目之曰道。心遊道外。即稱外道。其意以惟佛爲正道。餘皆邪耳。或計下。處中說也。論計惟九。宗含十一。皆現有教文傳習西域者。或計二十五諦者。數論師也。數即慧心數。數度諸法。根本立名。從數起論。名爲數論。論能生數。亦名數。數論。其造數論。及學數論者。皆名數論師。本源卽是迦毘羅。造案金七十論云。劫毘羅（卽迦毘羅）。此云黃赤。鬢髮面色皆黃赤故。時世號爲黃赤色仙人。其人從空而生。自然四德。一法。（自然得無諂曲殺盜等法。）二智。（法而有智。尋討經論。）三離欲（自然不貪五欲）四自在。（法爾得如所意。心神輕妙。隨我運役。）得此四已。依大悲說。先爲阿修和仙人說。次阿修和。傳與般尸訶。般尸訶傳與褐伽。褐伽傳與優樓佉。優樓佉傳與般婆和。般婆和傳與自在黑。其先般尸訶。廣說四德。有六十千偈。至自在黑。姓拘氏。見大論難受。略鈔七十偈。初入金耳國。以鐵葉腹。頭戴火盆。擊王論鼓。而求論議。申數論宗。王以七十斤金賜之。彼欲彰已譽。遂以金七十標名。彼釋二十五諦。總略爲三。一自性。約未生大等但位自分爲言亦名勝性。約已生大等勝用增勝爲言古稱冥性。智論云。外道通力。至八萬劫。八萬劫外冥然莫辨。謂爲冥諦。二變異。中間二十三諦自性所作。名爲變異。三我知。即最後神我能知二十三諦爲我所受用故處中爲四。一是本非變異。謂冥性能生大等故爲本。不從他生。故非變異。二亦本亦變異。謂大。我。五微。以大從冥性生。故變異。能生我。故爲本。我從大生。故變異。能生五微。故是本。五微從我生。故變異。能生五大。故爲本。三唯變異非本。謂五大。五知根。五業根。及心平等根。此十六法。從五微生。故變異。不能生他。故非本。若準百論。則五微但生五大。五大生十一根。如是則五大。亦本亦變異。而十一根。乃惟變異非本也。四非本非變異。謂最後神我。即我知為體。不從他生。亦不生他。故非本非變異。如彼數論問云云何分別本性變異及知者。答曰。本性無變異一也。大等七法。亦本亦變異二也。五大等十六法。但變異三也。知者。非本非變四也。廣有二十五。準百論。從冥即本性冥然莫辨故。生覺。即大本性故。智。有覺照故。從覺生我心。覺照我知。我須之境。覺相著故。名之為心。亦名我執。心起着故。亦名我慢。論云。我慢有何相。謂我聲。我觸。我色。我味。我香。我福德可愛。如是我所執。名為我慢。從我心生五微塵。聲觸色味香。初現極微細相故。亦名五唯量。唯者定義。定唯用此成五大故。量者。五各有體。有能生緣量故。從五微塵生五大。五微者。體用微細。無差別故。五大者。體用強大。有差別故。言生者。聲生空大觸生風大色生火大味生水大香生地大此據金七十論但一生一又智論引僧佉經說從聲一塵成空大聲觸二塵生風大色聲觸三生火大色聲觸味生水大總用五塵生地大藉塵多者力弱藉塵少者力強故四輪成世間空輪最下風輪次上餘可知

五大生十一根

先生五知根次生五作業根後生心平等根先生五知根者謂聲唯生空大空大成耳根是故耳根還聞聲觸唯生風大風大成身根是故身根還覺觸色唯生火大火大成眼根是故眼根還見色味唯生水大水大成舌根是故舌根還知味香唯生地大地大成鼻根是故鼻根還聞香而優樓佉仙人則計偏造義五大造眼根而火大偏多餘四例知皆用五大成各一偏多耳次生五作業根者金七十論即總用五大成謂一語具即口舌等能說名句故二手能執捉故三足能行步故四小便處即男女根能戲樂故五大便處即是大遺能除穢故後生心平等根者金七十論云分別爲體故論云分別爲心相是相即心事亦具五唯成通緣諸境故若爾則心平等根係五唯成何百論通言五大生

耶。通云有說以肉團心爲體。則是五大生矣。二十五我知者。百法明鈔云。我知者。謂神我。神我有知。能思慮故。問。自性云何能與諸法。爲生因耶。答。三德合故。具三德在冥性中。眠伏不起。在大等二十三法。便有覺悟。卽起動義。故二十三一一皆以三德合成。言三德者。梵語薩埵剌闍答摩。薩埵。此云有情。亦云勇猛。今取勇義。剌闍。此云微。亦名塵坌。今取塵義。答摩。此云闇。三德應名勇塵闇。若傍義翻。舊云染粗黑。新云黃赤黑。又舊名喜憂闇。新云貪瞋癡。又舊名苦樂癡。新云苦樂捨。敵體而言。卽是貪瞋癡。能生苦樂捨之三受。黃赤黑者。是其色德。貪多輕光故色黃。瞋多動躁故色赤。癡則重覆故色黑。由自性合三德故。能生諸法。故自性是作者。我非作者。問若非作者。何用我爲。答。爲證於境故。謂二十四諦。是我所知所見之境。故我是見者。而非作者。餘不能知。惟我能知。故名我知。或計六句和合生者。卽衞世師也。新云吠世史迦薩羅。此云勝論。立六句義最爲勝故。或勝人所造故。其人卽成劫之末。人壽無量。外道出世。名嗢露迦。此云鵂鶹。晝避聲色。匿跡山藪。夜絕視聽。方行乞食。時人以爲似鵂鶹鳥。故以鵂鷂仙人名之。即百論優樓佉也。或名羯拏僕。羯拏。此云米齊。僕。此云食。謂此人常以米臍爲食也。先爲夜遊。驚他稚婦。乃不夜乞。唯收場碾糠粃中米臍而食。故時世號爲食米臍仙人。多年修道遂獲五通。謂證菩提。便欣入滅。但嗟所悟未有傳人。後經多劫。波羅痆斯國。有婆羅門。名摩納縛迦。此云儒童。其子名般遮尸棄此云五頂頂髮五旋。頭有五角。性德雖具根熟稍遲。既染妻拏。卒難化導。後三千歲。因入園遊。與其妻兢花相忿。鵂鶹因乘通化之。五頂不從。仙人且返。又三千歲。化亦不得。更三千歲。兩兢尤甚。相厭既切。仰念空仙。仙人應時。以神通力。迎往所住山中。與說所悟六句法義。一實。二德。三業。四大有。五同異。六和合。實者諸法實體。德業所依。名之爲體。德業不依有性等。故實有九種。一地。(準唯識論疏。有色味香觸。四塵名地。)二水。(有色味觸三塵名水。)三火。(有色觸。二塵名火。)四風。(唯觸名風。)五空。(唯聲名空。)六時。(彼過去此未來遲速名時。)七方。(東西南北等名方。)八我。(覺樂苦欲瞋勇行法非法九德和合因緣能起智相名我。)九意。(覺等九德不和合因緣能起智相名意。)德者德相。有二十四。一色。(眼取名色。)二香。(鼻取名香。)三味。(舌取名味。)四觸。(身取名觸。)五數。(一非一名數。)六量。(細大長短方圓名量。)七別性。(空時方我四上有一實非一實等差別因緣名別性。八合。先不至今至時曰合。九離。先至時今不至曰離。十彼性。遠覺所待名彼。十一此性。近覺所待名此。十二覺。五根取境現比二量名覺。十三樂。適悅名樂。十四苦。逼惱名苦。十五欲。希求色等名欲。十六瞋。損害色等名瞋。十七勤勇。欲作事時先生策勵名勤勇。十八重性。地水和合墜墮名重。十九液性。地水火合流注名液。二十潤。地水等合攝受名潤。二十一行。念作二因所生數習勢用名行。二十二法。行所可行曰法。二十三非法。行所不可行曰非法。二十四聲。法非法名稱名聲。業者。業用有五。唯識疏釋晦而難明。今以私意釋之。一取。先離今合曰取。二捨。先合今離曰捨。三屈。以遠合近曰屈。四申。以近合遠曰申。五行。離彼合此離此合彼變遷名行。大有唯一。實德業三同一有故。離實等法。別有一法爲體。由此大有。

有實等故同異亦一也如地望地有其同義望於水等即有異義地之同異是地非水水等亦然亦離實等有別實體和合句者如鳥飛空忽至樹枝住而不去亦由和合句義令有住等唯識疏云能令實等不相離而相屬名和合義或謂自在梵天等生者中該三計計自在者即塗灰外道等諸婆羅門也故唯識云有執大自在天體實徧常能生諸法大自在天在色界頂梵語摩醯首羅彼外道等共計此天有四德一體實二徧三常四能生萬物又瑜伽云彼作是思世間諸物必應別有作者生者及變化者謂自在天此一計也計梵天生者有

二、一卽圍陁論師。計那羅延天、能生梵天。梵天能生四姓。故梵爲物祖。那羅延。此云堅固。既云能生梵天。或卽指自在天。以彼計此天爲不壞故。提婆論云。從那羅延天齊中生大蓮華。蓮華之上。有梵天祖翁。謂梵天爲萬物之祖。從梵天口。生婆羅門。兩臂生刹利。兩胜生毘舍。兩脚生首陁。故彼梵天。作一切有命無命物主。此計梵天。從那羅延天生。二卽安荼論師。彼計本際。謂世間最初。唯有大水。時有一大安荼出生。金色如雞卵。後爲兩段。上爲天。下爲地。中間生一梵天。能作一切命無命物。是故梵天爲萬物因。此計梵天。從安荼生。故文中。或謂自在梵天等生一句。中該三計也。或謂微塵宿作等生者。中分二計。計微塵生者。卽路迦耶論師也。路迦耶此云順世。外道名也。法華云。路迦耶陁疏云。此翻惡問答。依諸惡見。不善問答故。彼計一切色心等法。皆用四大極微為因。然四大最精靈者。能有緣慮。卽名為心。如五塵雖皆是色。而燈發光。餘則不爾。故四大中。有能緣慮者。卽名為心。計宿作生者。卽宿作論師也。彼計一切眾生。受苦樂報。皆隨宿世所作本業因緣。是故若有持戒精進。受身心苦。能壞本業。本業既盡。眾苦盡滅。眾苦滅已。卽得涅槃。是故宿作為一切生死涅槃因。瑜伽云。何因緣故。彼諸外道。作如是見立如是論答彼見世間雖具正方便而招於苦雖具邪方便而致於樂彼如是思若由現法士夫作用爲彼因者彼應顛倒由此理故起如是見立如是論問彼說苦樂由於宿作與內教同何不許之答佛說業有三種一現報業謂現世作善作惡現世受報二生報業謂現世作善作惡來生受報三後報業謂前世作善作惡或今生後生乃至多生受報皆爲後報由彼但許宿作今受雖略同於後報亦未全同況夫餘二理猶全昧故不許也宿作言等生者謂宿作生苦樂又轉生涅槃故或執時方虛空等者中該四計計時者卽時敬外道也彼執一切物皆從時生是故時是常是一是萬物因是涅槃因廣百論云或有執時是眞

實常。以見種等。衆緣和合。有時生果。有時不生。時有作用。或舒或卷。令彼條等。隨其榮華。由是決定知實有時。百論亦云。如是時雖微細不可見。以節氣花實等。故知有時。計方者。卽方論師也。彼計方生人。人生天地。滅後還入於方。故方是常。是一。是萬物因。是涅槃因。計虛空者。卽口力論師也。彼計從空生風。從風生火。火生煖。煖生水。水生凍堅作地。地生五穀。五穀生命。命沒還歸於空。是故虛空是實。是常。是一。爲一切因。爲涅槃因等者。指無因論師也。彼計一切萬物。無因無緣。自然生。自然滅。

是故自然是實是常。是萬物因。是涅槃因。瑜伽云。何因緣故。彼諸外道。起如是見。立如是論。答。謂彼見世間。無有因緣。或時欻爾。大風卒起。於一時間寂然止息。或時忽爾。暴河彌漫。於一時間。頓卽空竭。或時欝爾。果木敷榮。於一時間。颯然衰悴。由如是故。起無因見。立無因論。然此一科。初說九十五種。如前已釋。次明十一宗。一冥性。二六句義。三自在天。四梵天。五安荼。六微塵。七宿作。八時。九方。十虛空。十一自然。蓋廣說雖有九十五種。束之不出。十一宗也。束廣爲中竟。

二束中爲略

統收所計。不出四見謂數論計一。勝論計異。勒沙婆計亦一亦異。若提子計非一非異。若計一者。則謂因中有果。若計異者。則謂因中無果。三則因中亦有無果。四則因中非有無果。餘諸異計。皆不出此。

初統收四見。統收者。總括意。所計者。如上所說十一師之所計也。四見如下。不出者。謂總括十一師計。不能超出四見。謂數下。先出第一見。數論卽數論師也。彼計一者。於二十四諦中。計所生二十三諦。與能生冥性。其體定一。如唯識云。一執有法。所生法也。謂大等二十三諦。與有等性。能生有法等性。謂冥諦也。其體定一。出其所計。謂彼計所生。有法與能生有性。其體定一。如數論等。指造論及習論者其人衆多。故以等字該之。勝論句。次出第二見。勝論卽勝論師也。計異者。彼於六句義中。計大有等。等於同異。和合二句。與有等性。謂實句。德句。義句。能依法也。與有等性。卽實句等。所依性也。其體定異。出其所計。謂彼計大有等。離實德業外。別有一法爲體。如唯識云。二執有法。卽大有等。如勝論等。亦指造論及習論者。等該衆多如上。勒沙下。出第三見。勒沙婆。名含二義。一翻苦行。六師中第四。二翻無慚。六師中第五。亦苦行類。計亦一亦異者。彼計果與因亦一亦異。如唯識云。有法卽是果法。與有性。卽是因性。其體亦一亦異。會玄引涅槃云。迦羅鳩駄此翻牛領。說若人殺害一切衆生。心無慚愧。終不墜惡。不墜惡卽生善。果與因亦異也。有慚愧者。卽入地獄。殺生心慚入獄。果與因亦異也。一切衆生。悉是自在天之所作。天喜衆生安樂。天瞋衆生苦惱。安樂由天喜。苦惱由天瞋。果與因亦一也。云何當言人有罪福。意顯作惡無罪。作善無福。果與因亦異也。又引涅槃經阿耆多此翻無能勝。自謂所計無能勝者。故卽苦行也。說若自斫。若教他斫。自偷教他偷。自婬他婬。自妄他妄。乃至恆河南布施。恆河北殺生。悉無罪福等。肇曰。其人拔髮。五熱炙身。以苦行爲道。今身併受苦。後身常樂。計苦行爲樂因。樂與苦違。果與因亦異也。計併受而常樂。苦盡樂生。果與因亦一也。若提下。出第四見。若提子。六師中第六師也。若提此翻親友。是其母名。依母受稱。故置子言。廣百論翻邪命。不依正命故。會玄翻邪見。不具正見故。具云尼犍陁若提子。尼犍陁此翻離繫。乃出家外道也。計非一非異者。彼計果與因非一非異。如唯識云。四執有法。卽果法。與有等性。卽因性。其體非一非異。會玄引涅槃經尼犍陁說。無善施。無今世。無後世。無修道。一切眾生。經八萬劫。於生死輪。自然解脫。有罪無罪。悉亦如是。肇曰。其人謂道。不須營求。經多劫數。苦盡自得。道不須求。果與因非一也。苦盡自得。果與因非異也。如是四見。唯識論。各有彼執非理之破。

茲不具錄。欲悉者往檢自知。若計下。轉成四執。若計一者句。承前第一見（果與因一）言。則謂因中等。乃轉成第一執也。會玄云。數論計自性諦中。有二十三諦。卽因中有果也。若計異者句。承前第二見（果與因異）言。則謂因中等。乃轉成第二執也。會玄云。勝論計大有性。離實德業外。別有一法。卽因中無果也。三字。承前第三見（果與因亦一亦異）言。則因中亦有無果。乃轉成第三執也。如無慚計殺生無慚不墜。則因中亦無果。計殺生心慚入獄。則因中亦有果四字。承前第四見（果與因非一非異）言。則因中非有無果。乃轉成第四執也。如尼犍陀計八萬劫於生死輪自然解脫。有罪無罪。悉亦如是。有罪得解脫。則因中非有果。無罪得解脫。則因中非無果。如是四執。初墮增益謗。次墮損減謗。三墮戲論謗。四墮相違謗。以不離四句故也。餘諸下。結略該廣。經云離四句絕百非。則百非即四句之百非也。今四執宛同四句。餘計豈越百非。故總結之曰餘諸異計皆不出此。束中爲略竟。

三結過申妨

雖多不同。就其結過。不出二種。從虛空生。即是無因。

餘皆邪因。然無因邪因。乃成大過。謂自然虛空等生應常生故。

初以九十五種。束爲十一宗。次以十一宗。束爲四見。四見轉成四執。況復餘諸異計徧滿寰中。故云多不同也。雖之一字。顯不以爲多。以就其結過處。不出二種。如口力論師。計一切法從虛空生。卽是無因。其餘異計。皆爲邪因。非正因緣故。此結過也。下乃申妨。然字轉語詞。亦慼傷意。謂慼傷無因邪因之過大也。既慼其過。乃出妨詞。欲令知非翻邪。以悟正因緣耳。自然亦屬無因。故與虛空合出。等字總該邪因。如方時。乃至冥生。皆邪因也。應常生者。人常生人。天常生天等。不借善因緣。獄還生獄。鬼還生鬼等。不由惡因緣。如是則六凡不因業繫。四聖無緣修成。世出世法。一例俱壞。其爲過可勝言哉。所謂乃成大過者以此。結過申妨竟。

四斥迷指典

以不知三界由乎我心。從癡有愛。流轉無極。迷正因緣故。異計紛然。安知因緣性空。眞如妙有耶。廣明異計。如瑜伽顯揚婆沙中百金七十論等。

初斥迷正教。三界由乎我心。乃佛教之大宗。義通淺深。今以五教分之。一小乘教。唯依六識三毒。建立染淨根本。謂若以三毒爲能熏。令六識造業受報。則爲建立染本。若以無貪等爲能熏。令六識修道證滅。卽是建立淨本。二始教。說有八識。唯是生滅。依生滅識。建立生死。及涅槃因。謂現識當壞滅時。依此識種。引起後識。如是因果相續。展轉無窮。則是建生死因。若轉識成智。證無生理。則是建涅槃因。三終教。所說八識。通如來藏。隨緣謂依如來藏。隨無明緣。成立。謂眞妄和合成阿賴耶。由此轉變。一切諸法。謂若從眞起妄。則隨緣轉變六凡法界。若返妄歸眞。則隨緣轉變四聖法界。四頓教。說一切法。唯一眞如。說一切法卽三界內外法也。唯一眞如者。意顯離眞如外。無別有法。則三界由乎我心明矣。五圓教說一法界。性起爲心。一法界卽一眞法界。言一眞者。絕對待故。不同頓教對生滅。言眞如也。言法界者。界有性分二義。今取性義以能爲諸法之性。一切諸法。皆由性起故。旣由性起。則一切法。無非是性。故曰爲心。蓋心卽是性。惟動靜少異。譬如依金作器。雖器器皆金。而是器之金。非渾然無作之本金。據此則無作本金。喻一眞法界之性。古德目爲本源眞心者是也。然旣稱本源。則諸法從生。旣稱眞心。則萬妄資始。況夫三界。所謂由乎我心者宜矣。又性起爲心者。且指眞如心。生滅心也。以此二心。親依性起。如起信云初以一心爲本源矣。以一心開二門。一者心眞如門。二者心生滅門。以由此二門故。展轉變起色心等法。則三界依正無不俱該耳。

是知三界唯心。乃佛法之宗極。該終頓圓三。萬法唯識。亦正教之由漸。該小始二。不知乎此。卽名爲癡。謂無明也。由無明故。於彼唯心唯識法上。執爲實有。妄生愛染。名爲有愛。然有愛必有憎。以愛憎相因。不言可知故。而愛增成貪憎積爲瞋。由此有貪瞋癡。起諸非法。造於有漏。自致流轉無極。謂流轉三界。無有窮極也。若知心識爲因。依心識而修正觀。癡愛爲緣。銷癡愛而成妙止。則是悟正因緣。今曰不知。故言迷也。由迷正因緣故。別生異計。如前冥生。乃至虛空生等。紛然雜亂。莫可定憑。是因緣尙不能知。況復因緣性空。小始二教之義。眞如妙有。終頓圓三教之義。又安能知耶。中論云。因緣所生法。我說卽是空。是亦名爲假。亦名中道義。謂若以因緣性空。證得偏空。卽小敎義。若以因緣性空。證得眞空。卽始敎空宗義。若以因緣性空。證得假有。卽分敎相宗義。若以因緣性空。證得卽空卽假。雙照中道。卽終敎義。若以因緣性空。證得非空非假。雙遮中道。卽頓敎義。若以因緣性空。證得正相卽時卽相非。正相非非時還相卽遮照同時。不可思議中道。卽圓敎義。然此中因緣妙有。皆約生滅門說。性空眞如。皆約眞如門說。但眞如有分滿。妙有有淺深。故今卽以因緣性空眞如妙有。而該五重敎義。廣明下。指廣有典。言廣明者。不止如上所說。九十五種。束爲十一宗。乃至四見四執等也。總屬心遊道外。迷正因緣。故同以異計稱之。瑜伽。顯揚。婆沙。中。百。金七十論者。略指六論。餘以等字該之。就六論中有內論。有外論。內論原爲攻外。攻彼應須知彼。故並存之。名義俟考。法有我無宗竟。

三法無去來宗

三法無去來宗。謂大衆。說轉。雞胤。制多。西山。北山。法藏。飮光部等。唯說現在諸有爲法。及無爲法耳。以過未之法。體用俱無故。

初標宗名。三。謂隨相法執宗中第三宗也。此宗唯於現前法上。立因立果。不許過去爲因。當來爲果。故以爲名。謂大下。出宗主。華玄鈔云。都八全一少分。八全者。卽大衆等部。大衆者。卽窟外結集之大衆也。又大天分部時。此爲根本。以結集時集僧多故。說轉部者。謂此時說一種子。現在相續。轉至後世。名說轉部。雞胤者。上古山中有仙。聞兒啼聲。訪得於野雞窩中。養以成人。不知誰家子。因以雞胤爲姓。部主其後裔也。制多。山名也。梵語制多。此云靈廟。以此山多有靈廟故。即部主大天所依處也。西山北山者。即制多山之西山。與北山也。本一制多山部。因部衆不合。又分出二部。一移西山。爲西山住部。一移北山。爲北山住部。法藏。即部主名也。或名法蜜。即目連弟子。目連滅後。習師所說。其意以能含正法。如藏之蜜。故以爲名。亦名法護。謂蜜護法藏故。飲光者。上古有仙。身光明盛。飲蔽餘光。

部主是其苗裔故以爲名又摩訶迦葉名飲光或亦迦葉弟子習師所說展轉變故此八部中大衆下五部原從大衆部中流出自應與大衆同宗至後二部乃上座部中流出何得言全或亦有少異但以少從多言都八全耳如宗輪論敘法藏部云餘義多同大衆敘飲光部云餘義多同法藏法藏多同大衆飲光多同法藏同法藏即同大衆也一少分者取根本化地部以彼云去來世無現在爲與無爲是有不取末部即根本亦不全取故言少分唯說下顯宗義現在謂現前時也諸有爲法世間法也及無爲法出世法

也。言唯說者。獨許義。其意以現在法上。無論有爲無爲。皆爲實有。以者因也。其意以何故獨許現有。以過未是無故。過謂過去法。未謂未來法。過去法已滅。未來法未生。已滅未生。二俱無體。體性尚無。用將安發。故云俱無。然此雖爲釋上。亦不許過未法爲有意也。如唯識論云。有餘部說。指八全一少分雖無去來。無過去因。及未來果。而有因果恆相續意。唯說現在法上。說有因果相續。謂現在法。謂彼所說因果相續。即於現在法上論也。極迅速者。指現前一念。況長時也。猶有初後生滅二時。言現前一念。如石火電光。最極迅速。猶有初生後滅二時。況夫長時。及一報終盡。其初生後滅可知定有。生時酬因。則前因已滅。過去無體也。滅時引果。則後果未生。未來無體也。時雖有二。而體是一。生滅時雖有二。謂初與後也。中間報體唯一。謂同現在也。前因正滅。後果正生。謂即此現在。望後果為前因。能引後果故。望前因為後果。能酬前因故。據此則引果之前因。於一期初生後。皆為正滅。酬因之後果。於一期未滅前。皆為正生。是即以一期現在。在後果為正生。在前因為正滅也。體相雖殊。謂因果生滅。而俱是有。俱是現在法。有實體用故。如是因果。引果之因。酬因之果。非假施設。實能引果。能酬因故。實然離斷常。初生後滅故離常。因果體一故離斷。又無前難。薩婆多部等約三世相望對立因果。謂因果之法。須三世相續。過去為因。現在為果。現在為因。未來為果。此則因時即有有果矣。故招大乘難云。若因時已有後果。果既本有。何待前因。因義既無。後果當有。無因無果。豈離斷常。今既初生後滅。因果體一。故不招前大乘之難。誰有智者。捨此信餘。此部主自負意言法無去來。於理極成。但凡有智之人。必不肯捨此宗。而信餘宗。故云誰有。猶言那裏有也。廣註云。過未因果法。不實如空花。顯去來是無。現在因果法。體用俱不無。顯現在是有。由此名為法無去來宗也。法無去來宗竟。

四現通假實宗

四現通假實宗。謂說假部。就前現在有為法中。在五蘊為實。在界處為假。隨應諸法。假實不定。其成實論末經部師。即是此類。

初標宗名。四謂隨相法執宗中第四宗也。現謂現在法。前宗於過未法。已知是假。執輕於現在法固計爲實。執重此宗於現在法上。兼通假實二義。故以名宗謂說句。出宗主。部名說假者。說實是舊執。與前宗同。今顯異於前宗。故但言說假。謂於前宗所執實法上。又能說一分假也。就前下。明宗義。仍就前宗者。對前顯異故。前宗已無去來。故此但言現在。又前宗於現在法中。計以爲實。今不同彼。通假實故。有爲法。世間法也。問。據會玄云。說假部者。以此部所說世出世法。皆通假名。及眞實故。今儀中言有爲法中。似唯於世間法中。論假論實。與會玄何相背也。答。儀中唯約能顯。謂蘊界處也。會玄兼約所顯。謂蘊界處中。所顯人空慧也。在五蘊色受想行識爲實者。本體實有積聚故。界處十八界。十二處。爲假者。五蘊開合假成故隨應諸法者。謂隨常應用。現在根塵法也。假實不定者。廣註云。六根六塵中。除去意法而論假實。或粗假細實。謂極微有自體故實。粗色是聚成故假。或粗實細假。粗色有形體可見故實。極微是分析將無故假。若取意法論假實者。意無形相。法是塵影故假。意有生滅。法成憎愛故實。故云假實不定。其成下。引流類。成實論。是訶梨跋摩造。此師在家是數論弟子。後出家入佛法中。始造此論。經部所攝。經部者。即經量部。有本有末。今言末經部者。取經部末一分也。唯識疏云。經部十處。二十處中。除心法二處。粗假細實。與說假部界處爲假。五蘊是實。其義略同。故云卽是此類。謂經部末一分。卽是說假部之流類也。華玄鈔云。一全一少分。一全者。卽說假部。一少分者。卽枝末經部。以根本經部。於前第一宗攝故。不言成實者。亦經部攝故。現通假實宗竟。

五俗妄眞實宗

五俗妄眞實宗。卽說出世部等。謂世俗法皆假。以虛妄故。出世法皆實。非虛妄故。

初標宗名。五謂隨相法執宗中第五宗也。俗謂世間法眞謂出世法。此宗以世間法爲虛妄以出世法爲實有故以名焉。卽說句出宗主部名說出世者。前宗但於世間法上論假論實。以蘊處界。皆世間有爲法故。此顯異彼故云說出世部謂此宗乃創說出世法也。謂世下。明宗義世俗法謂蘊處界也。皆假者但有假名以是因緣所生虛妄法故出世法生空理也。皆實者實有體性以是無生正理非虛妄故此是出世部義而上云等者等於何部華玄鈔云少似中論偈前一半。如中論偈云因緣所生法我說卽是空是亦名爲假亦名中道義此宗說世俗是

妄。少似因緣所生法。出世爲眞。少似我說卽是空

後二句義。此宗亘得。故但云前半。語同意別。中論云因緣所生法。意明緣起無性。當體卽眞。此宗謂是虛妄。中論云我說卽是空。意是空諸所有。此宗謂非虛妄。盡欲實諸所無耳。故云少似。以語同。故言似。因意別。故言少。會玄云。若或全似。則與大乘無別。俗妄眞實宗竟。

六諸法但名宗

六諸法但名宗。卽一說部等。謂一切我法。但有假名。無實體故。

初標宗名。六謂隨相法執宗中。第六宗也。總該有爲無爲。世出世間等法。言此宗以法由我立。我相

旣空法亦無實但是如來爲度衆生假立名字故爲宗也卽一下出宗主一說者決定說謂決定說是假名設有二說等並不許故謂一下明宗義我法者我所有法但約法說第二宗中已無我故何庸更說假名但有假名者因我立法故無有實體者緣起無性故前宗以世間爲假出世爲眞此並出世亦假所謂一說部者亦因義召名耳問旣兼出世何故通以緣起無性而釋無實體義乎答法華云佛種從緣起況其他乎部主中亦言等者少似中論偈中第三句如華玄鈔云但有假名亦如中論是亦名爲假然中論第三句意是令

彼空者從空出假此則立假為宗又於假名上生執亦語同意別故言少似通論以上六宗第一我法俱有是二執並熾呼為附佛法之外道第二法有我無是已無我執尚有法執既有法執則我相亦未全離乃初入小乘第三法無去來是於三世法中過未執輕唯現在執重也第四現通假實是又於現在世間法中界處執輕謂是假故五蘊執重謂是實故第五俗妄眞實是乃於世出世間法中世間執輕謂俗諦為妄故出世執重謂眞諦為實故今第六諸法但名是不唯世間執輕即出世

問亦輕。亦但是假名故。然既知但是假名。不生堅執。而輕執仍所未免。據此則小乘聖果可保。若更進一步。則可跻大乘位矣。總結隨相法執宗竟。

二唯識法相宗

二唯識法相宗。謂一切諸法皆唯識現故。卽無着天親。依方廣深蜜等經。造瑜伽唯識論等。

此亦五義。一標宗名。筆削記云。唯遮境有。識揀心空。宗相法故。名法相宗。謂一下。明宗義。諸法卽五位百法。皆唯識現者。揀小乘心外有法。以小乘敎中。爲破邪因無因。顯正因緣。而彼小乘人等不達唯識正理。遂計諸法從因緣生。心外實有。今明因緣所生諸法。皆唯識現。但除妄計。謂妄計實有。而生取着。以立有義。說現卽是有義。引入大乘究竟有理。未彰卽空妙有眞性。屬分敎義也。卽無句出宗主。無着天親二菩薩名也。名義俟考。依方下。依宗經。方廣深蜜皆經名。同部同類。攝經甚多。故以等字該之。古德云。等經取善戒佛地十輪等。造瑜句。造宗論。瑜伽唯識皆論名。古德云。論等取對法。百法顯揚等。唯識

法相宗竟

三眞空無相宗

三眞空無相宗。謂一切諸法皆空無相故。卽提婆清辨。依般若妙智等經。造百論掌珍論等。

初標宗名。眞遮妄相。空揀有性。宗空無故名無相宗。謂一下。明宗義。一切諸法。卽指八十一科。皆空無相者。有二揀別。一揀小乘。（以彼計因緣生法。心外實有故。）二揀法相。（以彼爲破定性。明法從緣假立名相故。）今明因緣所生諸法。皆空無相。但除妄計。（妄計名相。而生分別。）以顯空義。（無相卽空義。）引入大乘平等空理。未彰卽有眞空法性。始敎義也。

卽提句。出宗主。提婆清辨二菩薩名。依般句。依宗經。般若指大品。妙智亦般若類。或云經本未至。名如論中見故。筆削記云。等經者。等於八部。及諸空經。造百句。造宗論。百論。提婆造。掌珍論。清辨造。筆削記云。論等者。等於中論。十二門論之類。眞空無相宗竟。

四藏心緣起宗

四藏心緣起宗。謂一切諸法。唯是眞如隨緣。具恆沙性德故。如堅慧馬鳴。依勝鬘涅槃等經。造寶性。起信論等。

初標宗名。此宗名藏心緣起者。藏心卽是眞如。隨緣之名。藏有含藏義。出生義。謂一下。明宗義。出生義者。謂一切諸法。唯依眞如隨緣而有。揀前相宗眞如凝然。唯識現故。含藏義者。謂具恆沙性德。揀前空宗。但明一切皆空故。卽堅下。出宗主。會玄云。梵語婆囉末底。此云堅固慧。西域相傳。是地藏菩薩。於佛滅後七百年時。出中天竺大刹利種。造究竟一乘寶性論。及法界無差別論等。馬鳴亦菩薩名也。依勝下。依宗經。勝鬘涅槃皆經義類相從之經尙有。不能盡言。故以等字該之。廣註云。等經指楞嚴瓔珞等。造寶下。造宗論。寶性論。堅慧菩薩造。起信論。馬鳴菩薩造。論等者。筆削記云。等於佛性等。一類之論也。藏心緣起宗竟。

五眞性寂滅宗

五眞性寂滅宗。謂想相俱絕。直顯性體故。卽馬鳴龍樹。依楞伽般若等經。造眞如三昧。智度論等。

初標宗名。此宗以眞性寂滅爲名者。謂想下。明宗義。所謂想相俱絕。直顯性體故。想相俱絕。則是心境兩忘。能所俱寂。成上寂滅。直顯性體。則是顯示眞性。爲諸法體。成上眞性。又直顯者。揀彼藏心緣起。會緣入實。猶屬曲顯故。卽馬下。出宗主。馬鳴龍樹。二菩薩名。卽本宗論主也。依楞下。依宗經。楞伽般若。二經名。即本宗所依經也。等經者等取義類相從之經。如維摩。思益。楞嚴。圓覺等。是也。造眞下。造宗論。眞如三昧論。馬鳴菩薩造。智度論。龍樹菩薩造。論等者。等取義類相從之論。如一心徧滿論。融俗歸眞等是也。眞性寂滅宗竟。

六法界圓融宗

六法界圓融宗。謂無盡法界。如因陁羅網。主伴重重。圓融無礙故。即龍樹天親。依華嚴等經。造不思議十地論等。

初標宗名。此宗名法界圓融者。謂無下。明宗義。謂無盡法界者言一眞法界該四法界有事有理理隨事變一多緣起事得理融千差攝入該攝重重無盡法界因法界無盡之義難明故取因陁羅網重重無盡之相以比之梵語因陁羅華言帝網即天帝殿上懸覆之網眞珠貫成其間珠影重重互相攝入一珠爲主衆珠爲伴又能攝爲主所攝爲伴所入爲主能入爲伴又此一珠連帶衆珠入彼一珠彼一珠攝此衆珠彼一珠連帶衆珠入此一珠此一珠攝彼衆珠互爲主伴重重無盡彼法界無盡準此可知然雖法界

重重無盡。而卻彼此圓偏而不妨。互相融通而無礙。故曰圓融無礙。揀前五宗。各有偏局。而不圓融也。卽龍句。出宗主。華玄云。龍樹既得下本(華嚴)遂造大不思議論十萬頌。備傳西域。此方十住毘婆沙論。卽彼論釋十地中之初二地。天親菩薩。造十地論。立六相圓融義。依華句。依宗經。等經者。等取如來不思議境界經。金剛鬘經。修慈等經。造不下造宗論。二論之類。西域更有。故以等字該之。○然此六宗。後後勝於前前。初一唯小乘。次三皆大乘。後二是一乘。又初一唯小教。二三皆始教。(法相宗爲終教之始)

無相宗。爲頓教之始。四卽終教。五卽頓教。六卽圓教。如是合會。異地懸符。理在可遵。後賢當辯。良以竺乾弘法。以六宗爲準繩。支那傳經。用五教作模範。若乃捨模範。而求印紋。紋何由眞。離準繩而製物器。器必不正。故凡末世之升堂據座。弘經傳法者。於宗於教。不可不知所辯也。總結第四六宗竟。

五三觀二　一所依體事　二能依觀法　初三

一總標　二列釋　三總結　初

言三觀者。先所依體事。總爲十對。

言指賢首。謂判釋一代時敎有言。三觀者。眞空觀。

理事觀。周徧觀也。眞空觀。何法眞空。理事觀。何法理事。周徧觀。何法周徧。故先明所依體事。以不有所依。能依無所從立。故體者。可據義。事者。可別義。以凡有一法。皆具可據可別之二義。故並言之。謂體之事。依主釋。事之體。依士釋也。總爲十對者。法界玄鏡云。三觀所依。其事略有十對。一教義。二理事。三境智。四行位。五因果。六依正。七體用。八人法。九逆順。十感應。隨一一事。皆爲三觀所依之體也。華嚴指歸云。所標之法。浩瀚無涯。撮爲十對。用以統收。一教義。謂無盡言教及所詮法義。二理事。謂緣起事相。及所依眞理。三境智。謂所觀眞俗妙境及能觀普賢大智。四行位。謂普賢行海。及菩薩五位相收。五因果。謂菩薩生了等因。及如來智斷等果。亦是普賢圓因。舍那滿果。六依正。謂蓮華藏界等。無邊異類諸世界海。及諸佛菩薩法界身雲。無礙依持。七體用。謂凡舉一法。必內同眞性。體也外應羣機。用也八人法。謂佛菩薩師弟等人。說法界諸法門海。九逆順。謂無厭足王。勝熱婆羅門等。及現施現戒。順理正修等。十感應。謂眾生根欲器感。及聖應隨宜示現。科註云。此依華嚴圓教義釋。教章云。

一教義。則攝一乘三乘。乃至五乘等。一切教義。理事等九對。皆同此說。科註云。此釋則通五教義也儀主先集廣本。通約十界五教等。文言浩瀚。讀尙不能。況復解義。故後集開蒙。唯依五教。列釋如下。

總標竟。

二列釋十　一教義　二理事　三境智　四行位　五因果　六依正　七體用　八人法　九逆順　十感應　初

一教義。卽小始終頓圓爲教。七十五法。五位百法。八十一科。二門三大。一百八句。二智十如。六相十玄爲義。

小始終頓圓。俱係如來被機所說。故名爲教。次云七十五法。小教義也。頌云。色法十一。心法一。四十六種心所法。一十四種不相應。三種無爲七十五。小乘教中。辨析此等差別之義。令斷見思。證生空理。故爲義也。五位百法者。大乘相宗分教義也。頌云。色法十一。心法八。五十一種心所法。二十四種不相應。六種無爲成百法。大乘相宗分教。辨析此等差別之義。令達萬法唯識。證法空理。故爲義也。八十一科。大乘空宗始教義也。頌云。色心陰入界。

四諦十二緣。十八空六度。四智八十一。大乘空宗始教。辨析此等差別。令達諸法無相。證眞空理。故爲義也。二門三大。大乘終教義也。起信云。初依一心爲本源。謂一眞法界。次依一心開二門。一者心眞如門。謂不變名眞。不動名如。所謂守自性也。二者心生滅門。謂初起名生。終盡名滅。所謂不守自性也。三大者。體相用也。昔馬鳴菩薩。依終教諸經。造起信論。辨析二門三大等。發明三界惟心。令達藏性緣起。證依言眞如。故爲義也。一百八句。一乘頓教義也。按楞伽經。大慧菩薩云。我名爲大慧。通達於大乘。今以百八義。仰咨尊中上。此欲問先請也。

佛云。汝等諸佛子。今皆恣所問。我當爲汝說。自覺之境界。（此允問許說也）及大慧一一致問。世尊一一牒定。然後逐一爲說。始自不生句生句。常句無常句。乃至處句非處句。字句非字句。仍復結告大慧云。是百八句。乃先佛所說。汝及諸菩薩應當修學。細詳每句中兩箇句字。皆上立下遣。唯第一句。乃上遣下立。及查唐譯經本。亦是上立下遣。而云生句非生句。據此則是宋本有心改譯。艮以人但知以非生遣生。而不知生遣非生。故此改譯。令知對遣。方契頓教離言。眞如義也。後後句。皆仍舊。而獨改初句者。其意以初句。與後後句爲例。而又留後後句。與初句爲例。蓋必以初例後。以後例初。方成對遣義故。二智十如。一乘同圓義也。法華云。諸佛智慧甚深無量。實智也。約自證言。究竟該括。云甚深無量。其智慧門難解難入。權智也。約化他言。權不終權。故難解難入。後又云。唯佛與佛。乃能究盡諸法實相。所謂諸法如是相。如是性。如是體。如是力。如是作。如是因。如是緣。如是果。如是報。如是本末。初相爲本。後相爲末。究竟等。謂究竟而論。等一實相。所謂無不從此法界流。無不還歸此法界也。據此則前九皆權。若能一一明了。則是究盡諸法。後一爲實。若能畢竟體入。則是究盡實相。蓋前約佛智顯權實。此約諸法顯權實耳。又此二段。乃如來出定之後。開章之語。一經所說。

不出乎此。然法華爲同圓之經。故知此爲同圓之義。六相十玄。一乘別圓義也。華嚴十地品云。攝諸波羅蜜。淨治諸地。總相別相同相異相成相壞相。十地論釋之。賢首淸涼演之。以顯圓融無礙。賢宗依華嚴經。立十玄門。一同時具足相應門。如海之一滴具百川味。二廣狹自在無礙門。如一尺之鏡現千里影。三一多相容不同門。如一室千燈光光相涉。四諸法相卽自在門。如金與金色不相捨離。五隱顯秘密俱成門。如秋空片月晦明相並。六微細相容安立門。如琉璃之瓶盛多芥子。七因陁羅網境界門。如兩鏡互照傳曜相寫。八託事顯法生解門。如擎拳竪臂觸目皆道。九十世隔法異成門。如一夕之夢。翱翔百年。十主伴圓明具德門。如北辰所居。衆星皆拱。然華嚴爲別圓之經。六相十玄。均依彼立。故知此爲別圓之義。教義竟。

二理事

二理事。人空二空。依言離言。法界眞如爲理。亦漏無漏。有爲無漏。無爲無漏。非漏無漏。普融無盡身土爲事。

理即五教所顯之理。事即五教所成之事。所顯之理者。華玄鈔云。生空即人空。亦我空。所顯。即小教理。二空即我法空。所顯。是始教理。無性眞如。謂如來藏心。隨緣無性。即依言眞如是終教理。即無性眞如。體絕安立。即離言眞如。是頓教理。總融諸法。無有障礙。即法界眞如。是圓教理。問理無形體。亦非事相。何亦列在體事中耶。答隨教淺深分齊可別得名體事。如貞元疏云。雖通是理。取差別義故。

所成事者。略言身土。亦漏無漏者。小教身土。有界外漏理障未除。無界內漏事障已斷故。有爲無漏者。始教身土。從識種起。故是有爲無漏善生。得名無漏。無爲無漏者。終教身土。依藏心現。故是無爲始本不二。故是無漏。非漏無漏者。頓教身土。唯一眞性。爲與無爲漏與無漏皆悉泯絕。無寄託故。普融無盡者。圓教身土。同圓則通收前四普融無礙。別圓則一多緣起。重重涉入。理事竟。

三境智

三境智。四諦。二諦。三諦。第一義諦。無盡諦理爲境。無漏淨慧。根本後得。權實無礙。內證自覺。十十無盡爲智。

境卽五教所觀之境。智卽五教能觀之智。所觀之境有五。一四諦。謂苦集滅道。如前小教中釋。卽小教境。二二諦。眞諦俗諦。卽始教境。分教相宗。多觀俗諦。縱觀眞諦。亦俗諦攝。以是待俗立眞。非眞眞故。始教空宗。多觀眞諦。縱觀俗諦。亦眞諦攝。以是拂俗歸眞。非立俗故。對下終頓二教。雙卽雙非。故云二諦。三三諦。謂眞諦俗諦中諦。卽終教境。爲接始教空宗。初立眞諦。爲接分教相宗。次立俗諦。爲顯當教無礙。後立中諦。謂眞非俗外。不離俗而明眞。俗非眞外。無違眞而應俗。對前始分二教。此爲終極。四第一義諦。一性孤迥絕待離言。卽頓教境。不惟非俗非眞。而中亦不立。一念不生。即名爲佛。故是頓教。五無盡諦。謂一切諸諦。各各無盡。即圓教境。一多大小。互攝互人。主件重重。猶如帝網。故是圓教。能觀之智亦五。一無漏淨慧。古德云。四諦斷證智也。愚謂即是本覺體上。發起小乘始覺之智。力能斷見思惑。證生空理。故云無漏淨慧。又斷惑證理。皆依四諦。與古德亦不相違。即小教智。觀四諦境故。二根本後得。謂根本智。後得智。即始教智。根本智。趣眞所引。還照於眞。後得智。緣俗所引。還照於俗。若分始分二教者。如上二諦中說。三權實無礙。謂權智。實智。無礙智。即終教智。權智化他。正照俗諦。亦略兼於眞。實智自證。正照眞諦。亦略兼於俗。無礙智。則權實雙行。眞俗並照。自證化他。二俱無礙。正屬終教。亦略兼於同圓。四內證自覺。謂內證智。自覺智。即頓教智。內遮外有。雖證亦無能證所證。自揀緣生。雖覺亦無能覺所覺。唯一自性。體通萬有。但能離念。即是如來平等大慧。所以華嚴經云如來成正覺時。普見一切眾生。一時同成正覺。正屬頓教。亦略兼於別圓。五無盡。謂無無盡智。即圓教智。諦說境智竟。

四行位

四行位觀四眞諦。六度萬行。四信五行。遣二無我。一攝一切爲行。資加等五。信住等六爲位。行即五教能入之行。位即五教所入之位。華玄云。五教修行不同。得位亦有差別。今先明行對教有五。一觀四眞諦。謂苦集滅道。四俱稱諦者。皆審實故。四俱稱眞者。無虛妄故。又此四能證眞實理故。依功能立名也。即小教行。一諦中起四行。四諦則有一十六行。若偏觀入諦則有三十二行。研眞斷惑。不離乎此。故爲行也。二六度萬行。六度者。施戒忍進禪慧也。萬行者。極言其多。如一施行中。有無量門。戒忍等亦然。何止於萬。若定執一萬者。則鑿矣。即始教行。但以住相而行者。爲分教有相行。不住相而行者。爲始教無相行。三四信五行。四信者。信眞如。信佛。信法。信僧。五行者。施行。戒行。忍行。進行。止觀行。即終教行。四信五行。文出起信。故是終教。以起信屬終教論故。四遣二無我。謂人無我。法無我也。人無我遣人相。法無我遣法相。今云遣二無我者。謂並彼能遣之二無我。亦復俱遣。即此遣遣說名爲行。即頓教行。以一法不立故。五一攝一切。謂一行攝一切行。即圓教行。既一攝一切。即一切入一。重重攝入無障無礙。是爲圓行。資加下。次明位。亦應有五。今以二通。一資加等五。謂資糧位。加行位。通達位。修習位。無學位。是爲五位。此通小始二教。但有小大淺深等異。二信住等六。謂十信。十住。十行。十向。十地。等覺。妙覺。是爲六位。此通終頓圓三教。但有頓漸偏圓等覺行位竟。

五因果

五因果。七方便等。等覺已下爲因。須陀洹等。妙覺爲果。

因即五教能成之因。果即五教所成之果。能成之因。亦應有五。今以二句通該。七方便等。七方便謂五停心別相念。總相念之三資糧。暖頂忍世第一之四加行。爲小乘初步之方便故。等即等於此也。下以須陀洹爲果。此爲因位可知。即小教因。等覺已下。謂地向行住信。通四教因。以始終頓圓四教。雖前後淺深不同。大率皆以等覺已下爲因。所成之果。亦以二句通該。須陀洹等。須陀洹。此云入流。謂已斷見惑。參入聖流故。等者等於後

三。謂斯陁含。阿那含。阿羅漢也。若論小乘四果。前三既屬有學。應是因位。今以分證眞理。是分果故

妙覺爲果。妙覺對等覺言。古德云。等覺照寂。妙覺寂照。照寂故。惟備其體。不名爲妙。寂照故。兼全其用。故名妙也。若準小教。前三果既稱分果。則此中十地等覺。皆可稱果。故廣本稱歡喜等十地爲果。今不爾者。以四教根利。故降勝爲劣。以充足其志。不同小教根鈍。故斥劣爲勝。以引發其心。即四教果。因果竟。

六依正

六、依正。淨化劣勝受用。法性法界身土。爲依爲正。

依正。謂五教人所住依報土。能住正報身也。報身報土。對教各五。一淨化身土。謂凡聖同居。凡夫見染。小聖見淨。今約小聖故云淨化。即小教身土。以能淨我執煩惱。受身既淨。住處亦見淨也。二劣

受用身土謂受享法樂。有勝有劣。今約始分有相無相。法樂既劣。身土亦劣故。即始教身土以能除法執煩惱故。然法執煩惱。除之不無分齊。故雖通稱劣受用身土。而隨彼所除煩惱分齊。更分前後劣勝。三勝受用身土前受用法樂轉勝於前。故身土亦轉勝。即終教身土以能盡二執種子故。然種子不無粗細。雖通稱勝受用身土。而隨彼所盡粗種子粗細。亦更分前劣後勝。文中二教合明。故總言劣勝受用。四法性身土依起信論。明法性身土者。即是窮盡生滅門。顯出眞如門中性相義耳。故宗鏡云。自心相義名身。自心性義名土。即頓教身土以能盡二障習氣故。五法界身土以一眞法界爲身土。然一眞法界。該四法界。既能該四法界。則通該前四教中。所有身土。混融無礙。故廣本稱爲無障礙身土。即圓教身土。文中末言爲依爲正者。乃總結上之淨化等。爲五教之依報。並爲五教之正報也。依正竟。

七體用

七體用。五分法身。丈六報身。離一切相。凝然法身。功德滿足。四智報身。體大法身。相大報身。絕待離言。一實之性。不分三異。清淨法報。眞應相融。一多無礙。圓滿十身爲體。隨形六道。三類分身。眞如用大。爲他報化。智隨物現。法界緣起。無盡身雲爲用。

體謂五教果體。能發起用故。用謂五教果用。發起由體故。華玄云。體則法報等。用則應化等。法報有五。一五分丈六。謂五分法身。丈六報身。卽小教法報。一五分者。戒身。

防非止惡故。二定身。息慮靜緣故。三慧身。破惑趣眞故。四解脫身。俱斷正使。及習氣故。五解脫知見身。解脫正習。了見生空理故。然此五分。具義亦略似五蘊。雖各有功能。而凡眼不見。故稱法身。丈六者。即釋迦身也。然釋迦雖屬應化。而應化有因有果。如三祇修度。百劫植相。是名爲因。丈六金身相好具足。是名爲果。隨因所感。端嚴畢備。亦得名爲報身。**二離相凝然功滿四智。**謂離一切相凝然法身。功德圓滿。四智報身。**即始教法報。**始教空宗。離一切相。相宗眞如凝然。說名法身。又始教成佛。定滿三祇。故云功德圓滿。四智者。大圓鏡智。平等性智。妙觀察智。成所作智。如次轉八七六五識相應心品而成。然德滿則相圓。智成則果就。內外具足。說名報身。**三體大相大。**謂體大法身。相大報身。**即終教法報。**起信云。一者體大。謂一切法眞如平等。無增減故。古德釋曰。性體當相。即法身也。又云。二者相大。謂如來藏具足無量性功德故。古德釋曰。依不空藏。性德本具。修行出障。與此相應。即自報也。他報屬用。不預悉。**四**

絕待離言清淨法報。謂一實之性。不分三異。**即頓教法報。**相宗待空立有。空宗待有立空。終教待邊立中。皆有可言。頓教中且不立。況復空有。故云絕待。由絕待故。不惟不可言空言有。即中亦不可言。故曰離言。一實之性者。由絕待故。強名為一。由離言故。強名為實。又總以絕待離言故。強名為性。性且強名。況名云三。故曰不分三異。謂不分法報化也。然雖曰不分。而法報化亦不離此。今且約自性自證明二身。故曰清淨法報。謂自性即法身。自證即報身。二俱言清淨者。未涉化門。法性由來不濁。自報尚未歷染。**五眞應相融。一多無礙圓滿十身。**法身與自報合為眞身。他報與化身合為應身。眞身自報自性自證為一。他報應化。已涉化門為多。相融者。互相融通。無礙者。各不壞相。正以互相融通。故能圓滿周徧。又以各不壞相。故能十身歷然。十身者。菩提樹下。降覽成道。為菩提身。本願度生。酬因降迹。為願身。普應羣機。隨類現化。為化身。神力任持。全身不壞。為力持身。微塵相海。莊嚴實報。為莊嚴身。威德廣大。魔外歸服。爲威勢身。意有所往。身即隨到。爲意生身。福德具足。如海徧圓。爲福德身。法性淸淨。周徧法界。爲法身。妙智圓明。通達無礙。爲智身。然此十身。即是三身。頌曰。菩提願化力持意。五身皆屬於應化。威勢福德屬他報。嚴智自報法即法。**即圓教法報。**問。十身既攝三身。何故唯結法報。答。既眞應相融。一多無礙。隨舉一身即具一切。今依前四教例權結法報。**末言爲體者**

乃總結上之五種法報爲果體也。應化亦五。一隨形六道。謂隨六道形。現六道身。**即小教應化。**應化者應機化身。蓋應即是化。不同法報。各是一身也。然體中丈六。即是化身。應判爲用。因是一化之總。既判爲報。又判爲體。至此乃以隨類化身爲用。謂即於釋迦丈六身。隨形分化六道身也。**二三類分身。**謂大化。小化。隨類化。**即始教應化。**大化千丈。應十地機。小化丈六。應二乘機。隨化隨形。應異類機。八識規矩頌云。圓明初發成無漏。三類分身息苦輪。既屬相宗。如是始教。**三眞如用大。**

爲他報化。謂於用大中。分他報及化身。**即終教應化。**起信云。三者用大。能生世出世間善因果故。謂隨染業幻自然起大用。應地前類。及諸凡夫。令始成世善。名化身。隨登地機。說大乘法。令終成出世善。名他報身。**四智隨物現。**謂依自覺聖智。隨順物機顯現差別智慧。**即頓教應化。**楞伽經云。法佛頓現報佛化佛。光明照曜。自證聖境。頓現法相。而爲照曜。令離一切有無惡見等。然既曰頓現法相。而爲照曜。即是一智隨物現。令離一切有無惡見等。即是應化破機。文中不言身者。以是頓現不常顯故。智則不爾。雖不現時。亦常顯故。**五法界緣起無盡身雲。**謂一眞法界性海圓融。緣起無盡。如性起十身互爲緣起。則成百身。百身互爲緣起。則成千身。如是展轉互爲緣起。則成無盡身雲。**即圓教應化。**亦隨前四教例。權結應化。又十身等。既應緣而起。皆得以應化稱之。**末言爲用者。乃總結上之五種應化爲果用也。體用竟。**

八人法

八人法。人天。小乘。菩薩。及佛。爲人。四諦因緣。三空。八識。三覺。九相四十一門。十無盡句。爲法。

人謂五教能依修人。法謂五教所依修法。能依修人。二句總攝。一人天小乘。人天皆凡夫。小乘該聞緣。即小教中人。以小教轉凡成聖。約未轉時名凡。即人天也。約已轉時名聖。即小乘聞緣也。二菩薩及佛。菩薩因位中人。佛者果位中人。該四教中人。以始終頓圓四教。雖淺深不同。約未證極果。皆名菩薩。約窮盡因門。同稱爲佛。爲人二字。乃通結人天小乘。菩薩及佛。爲五教中能依修人也。所依修法。對教有五。一四諦因緣。四諦謂苦集滅道。因緣謂十二有支。即小教中法。謂聲聞依四諦法修。辟支以因緣法修。二三空八識。三空者。謂人空。法空。俱空。此約空宗。以彼三乘。皆由觀性空而得道故。八識者。賴耶。末那。前六。此約相宗。以彼三乘。皆由修惟識而證果故。即始教中法。謂相宗。有相法。空宗無相法也。三三覺九相。三覺者。一本覺。住性佛性。二始覺。引出佛性。三圓覺。至得佛性。此約返妄歸眞言之。謂由本覺而發始覺。由始覺而漸至圓覺也。九相者。三細相。六粗相。三細相者。謂業相。轉相。現相。六粗相者。謂智相。相續相。執取相。計名字相。起業相。業繫苦相。此約從眞起妄言之。謂無明不覺生三細。境界爲緣長六粗也。即終教中法。欲識返妄歸眞之次第。須達從眞起妄之緣由。故三覺九相。順逆兩陳。文出起信。義屬終教。四四十一門。一諸識生滅門。二藏識境界門。三有無妄計門。四頓漸淨染門。五常不思議門。六建立誹謗門。七空無生性門。八如來藏性門。九四大修行門。十諸法因緣門。十一言說分別門。十二遠離四句門。十三大般涅槃門。十四分別緣起門。十五常聲依幻門。十六因果差別門。十七聖智一乘門。十八意成身相門。十九五無間業門。二十諸佛體性門。二十一四等蜜意門。二十二依二蜜法門。二十三法離有無門。二十四宗趣言說門。二十五虛妄分別門。二十六善於語義門。二十七蜜執解脫門。二十八智不得一境門。二十九勿習世論門。三十涅槃差別門。三十一如來覺性門。三十二不生不滅門。三十三揀別無常門。三十四入滅現證門。三十五常無常義門。三十六蘊處生滅門。三十七四法差別門。三十八佛如恆沙門。三十九諸法刹那門。四十如來變化門。四十一遮斷貪肉門。詳出楞伽經。**即頓教中法。**儀主頌曰。四十一門離一百八句。遣法相非非。盡眞性頓然現明。是頓教。**五十無盡句。**此中有豎有橫豎論。無盡者。如行願品十大願王。一一皆有虛空界盡。眾生界盡。我此禮敬無有窮盡。念念相續。無有間斷。身語意業。無有疲厭等語。即是十無盡句橫論無盡者。如十願中。隨舉一願。即具餘之九願。連本即成百願。隨舉一百。即具餘之九百。連本即成千願。隨舉一千。即具餘之九千。連本即成萬願。如是展轉相攝乃至無盡。卽圓教中法。以是不可思議境故。爲法二字乃通結上之五重。爲五教中所依修法也。人法竟。

九逆順

九逆順。六羣比丘。尼犍達多。廣額。世論。無厭。勝熱。爲逆。十大聲聞。彌勒文殊。大慧普賢。五十三員諸善知識爲順。

逆。謂五教中逆行化道者。順。謂五教中順行化道者。逆行化道者。略明有五。一 六羣比丘。一難陀。此云歡喜。二跋難陀。此云善歡喜此二人。善解陰陽算數說法論議。而性多欲。然既善解陰陽等。而乃性多欲者爲發起欲分戒故。三迦留陀夷。此云黑光。四闡陀此云納經。此二人。善解毘曇。深通射道。而性多癡然既善解毘曇等。而乃性多癡者。爲發起癡分戒故。五馬師。六滿宿此二人。善於音樂戲笑論說法義。而性多瞋。然既善於音樂等。而乃性多瞋者。爲欲發起瞋分戒故。是知六羣之貪欲。瞋恚愚癡皆爲示現。即小教逆行。舉六以攝羣也。二尼揵陁此云離繫。外道六師之一。具云尼乾陁若提子。尼乾陁姓也。若提。翻親友。是其母名。依母受稱。是若提之子故。其人計道不須求。八萬劫滿自得。然外道六師。各生異計。不合唯識正理。而諸菩薩。爲欲破彼異計。造瑜伽唯識等論。細研異計。唯菩薩能破。非餘人所及。蓋爲發起唯識之所示現。即始教逆行。舉一以攝六也。三達多。出法華報恩等經。具云提婆達多。此云天授。謂斛飯無子。

從天祈嗣。妄計天所授故。佛之從弟。阿難之胞兄也。或翻天熱。以初生時。人天等衆。心皆驚熱。蓋與佛爲怨之兆耳。法華經佛與授記文云。由提婆達多善知識故。　令我具足六波羅蜜等。乃至記以過無量劫。當得成佛。號曰天王。報恩亦云。若有人言。提婆達多實是惡人。入阿鼻獄者。無有是處據此則生生世世。與佛爲怨。乃至今生破和合僧出佛身血。勸闍王害父等。皆爲示現。即終教逆行。法華圓敎。兼終兼頓。此約授記。取終一分義。舉一以例諸也。四廣額世論廣額者。涅槃云。波羅奈國。有屠兒名廣額。日中殺無量羊。見舍利弗。廻心受戒。放下屠刀。自言我是

千佛一數。世論者。順世外道論也。唐譯楞伽經。佛
告大慧。我憶有時。於一住處。有世論婆羅門。來問
我言。瞿曇一切是所作耶。我言此是初世論。又問
一切非所作耶。我言此是第二世論。乃至婆羅門
復問我言。頗有非是世論者不。我言有。但非於汝
及餘一切外道能知。何以故。以於外法虛妄分別
生執著故。若能了達有無等法。一切皆是自心所
見。不生分別。不取外境。於自處住。自處住者。是不
起識。不起於何。不起分別。乃至云大慧。世論婆羅
門作如是問。我如是答。不問於我。自宗實法。默然
而去。作是念言。沙門瞿曇。無可尊重。說一切法。無
生無相。無因無緣。唯是自心分別所見。若能了此。
分別不生。**即頓教逆行。**廣額放下屠刀。自信作佛。世論一言之下。默契無生。皆順頓發
一是惡人。一爲外道。明是逆行。**舉二以例餘也。五無厭勝熱。**無厭王名
也。梵語阿那羅。此云無厭足。華嚴經六十六云。阿
那羅王。有大力勢。十千大臣。前後圍繞。共理王事。
治罰罪人。或斷手足。或截耳鼻。乃至或以湯煮。或
以火焚。或驅上高山。推令墮落。有如是等無量楚

毒。發聲號叫。如眾合獄。王理事已。執善財手。將入宮中。告善財言。我若實作如是惡業。如何而得如是果報。善男子。我國眾生。多行殺盜。乃至邪見。作餘方便。不能令其捨離。我為調伏彼眾生故。化作惡人。受種種苦。令其一切作惡眾生。見是事已。心生惶怖。斷所作業。發菩提意。勝熱婆羅門者。華嚴經六十四云。善財至伊沙那聚落。見彼勝熱。修諸苦行。求一切智。四面火聚。中有刀山。高峻無極。登彼山上。投身火聚。時善財童子。頂禮其足。作如是言。云何學菩薩行。婆羅門言。汝今若能上此刀山。投身火聚。諸菩薩行悉得清淨。爾時善財即登刀山。自投火聚。未至中間。即得菩薩善住三昧。纔觸火燄。又得菩薩寂靜樂神通三昧。白言聖者。如是刀山及大火聚。我身觸時安隱快樂。即圓教逆行。無厭殺業。勝熱苦行。皆屬逆行。二皆善財勝友。明是圓教。舉二人以例婆須蜜女等也。為逆二字。總結上之五類。為五教中逆行化道人。故順行化道者。略明亦五。一十大聲聞。謂舍利弗。智慧。目犍連神通。富樓那說法。須菩提解空。迦旃延論議。迦葉頭陀。阿那律天眼。優波離持戒。阿難多聞。羅睺羅密行。是名十大弟子。以各稱第一故。頌曰。舍智連通說。富那須空旃論迦頭陀。那律天眼波離戒。阿難多聞密行羅。即小教順行。舉十人以例五百千二等也。二彌勒。造瑜伽論。傳法相宗。即始教順行。相宗一類之經。多以此菩薩為發起。舉一人以例眾也。三文殊。謂文殊師利菩薩。即終教順行。始教空宗。終教性宗。多分皆以此菩薩為發起。今於終教中舉一菩薩以例餘菩薩也。四大慧。謂大慧菩薩佛說楞伽經以大慧為當機。即頓教順行。按頓教諸經。餘多以文殊為當機。今約楞伽一經。舉大慧以例文殊等也。五曰普賢。五十三員諸善知識。謂普賢菩薩及五十三員中。順行諸善知識。除勝熱無厭等。諸逆行故。即圓教順行。

華嚴圓教。以普賢爲長男。故獨舉之。以例文殊等也。五十三員中。卽德雲海雲等。亦皆住難思境故。

爲順二字。謂總結上之五類。爲五教中順行化道人故。逆順竟。

十感應

十感應。六道二乘。五性三乘。權教聖凡。漸教賢聖。偏教種類。最上利根。圓器爲感。化身佛及菩薩。眞佛悲願。起報化等。如來大定智悲願力現他受用。三種無作意成身。諸善知識。及十身佛爲應。

感者。謂五教中致應之感。應者。謂五教中隨感之應。致應之感。對教有五。一 六道二乘。六道以受苦爲感。以受苦故。熏動大悲。二乘以知苦為感。謂知苦思離。是二乘機故。即小教中感。以小教中有凡有聖也。二五性三乘權教聖凡。五性三乘似唯指於相宗。以相宗中眞如凝然。無隨緣義。故五性中有成佛不成佛者。然三乘者。即五性中之三乘。非離五性外。別說三乘也。權教聖凡。當即兼於空有。以談空說有。皆為權便。聖見凡情。皆足致應故。即始教中感。以相宗空宗。皆始教故。三漸教賢聖。始終二教。對頓皆名漸教。今指終教。以始教已明故。賢謂三賢。聖謂十地及佛。聖兼十地。以是分聖故。然三賢有希聖之機。十地有冀極之兆。皆足以致應故。即終教中感。不言信位者。以既屬漸教。機性尚未定故。四偏教種類。始終頓三。對圓皆名偏教。今指頓教。以始終已明故。種類。謂一切種類。言頓教不揀勝劣貴賤。天人鬼畜等。但有頓入機性。皆足致應故。即頓教中感。不揀種類。唯依眞性。五最上利根圓器。謂備歷諸教。諸教所不能滯。故曰最上利根。諸教功德。一一圓滿具足。無障無礙。故曰圓器。卽圓教中感。不滯偏教。亦不揀於隨感偏教。故能致圓應。之應。對教亦五。一化身佛。及菩薩。化身佛者。說有三種。一大化千丈。應十地機。二小化丈六。應凡小機。三隨類不定。應一切機。今是小化。卽釋迦身。法華云。我以佛眼觀見六道衆生。貧窮無福慧。入生死險道。乃至云為是衆生故。而起大悲心。示現有生有滅者是也。及菩薩者。菩薩化身。說通二種。若菩薩中。有隨佛下生者。則通小化。但不必丈六。如法華妙音欲來彼淨華宿王智佛囑云。汝莫於彼國土。生下劣想。彼娑婆世界。高下不平。穢惡充滿。佛身卑小。諸菩薩衆。其形亦小。若同事攝化。因機轉變者。亦通隨類。如法華觀音菩薩。應以辟支身得度。卽現辟支身等。卽小教中應。以凡小唯堪見此故。二眞佛悲願起報化等。眞佛者。謂以二空所顯眞如為法身佛也。悲願起報化等。謂因於衆生興大悲心。發願度脫。起報化等身。應三類機也。然報身卽是大化。謂現千丈身。應十地機。故化身卽是小化。謂現丈六身應凡小。

機故。等身卽隨類化。謂隨類不定應一切機故。**卽始教中應。**唯識論云。隨未登地有情

所宜化爲佛土。或淨或大。佛變化身依之而住。能依身量亦無定限。此是相宗說眞如凝然。但約能

證之佛。隨宜起應化等故。金剛般若經彌勒偈云。應化非眞佛。亦非說法者。此是空宗說應化無體。

唯依眞身起故。**三如來大定智悲願力現他受用。**如來者。乘如實

道來成正覺。大定者。法性寂然。周徧不動。大智者。自受用身受享法樂。大悲者。以智導悲。不墮情見。

大願者。爲利衆生。普現十方。現他受用者。與十地機共享法樂。**卽終教中應。**起信論云。

是菩薩功德成滿。於色究竟處。示一切世間最高大身。以一念相應慧。無明頓盡。名一切種智。自然

而有不思議業。能現十方。利益衆生。然旣曰能現十方利益衆生。自不同相宗獨被十地前。於終教

斷證中。已引起信論詳辨。**四三種無作意成身。**亦名意生身。隨意成隨意生故。

一三昧樂正受意生身。謂以三昧力。得自在樂。於正受中。普應無礙。二覺法自性性意生身。謂覺了

諸法。自性如幻。本無所有。故能普應。三種類俱生無行作意生身。謂不揀種類。但能離念。俱時而生。無作無爲。而普應故。**即頓教中應**頓教以離念所顯眞如爲佛。無相無形。故應機唯以意成。又三種意成身中。前二顯能應之由。後一顯正應之普。**五諸善知識及十身佛。**諸善知識事出華嚴。即善財所參。五十三位勝友是也。十身佛乃華嚴大疏依經所立。謂菩提身。乃至法身是也。**即圓教中應**諸善知識應善財一類之機。所說法門皆不可思議境界。十身佛者。即是三身。謂法報化也。如頌云。菩提願化力持意。五身皆屬於應化威勢福德屬他報。嚴智自報。法即法。又三身即是二身。謂法身與自報自性自證合爲眞身。他報與應化既涉化門。合爲應身。又二身即是一身。謂一法界身。據此則若二若三若十。相即相入。統爲一無障礙法界身也。詳釋十身。見前體用門中。**上云爲感此云爲應俱準前可知。列釋竟。**

三總結

此十對法。諸佛菩薩。辟支聲聞。四聖法界。乃至地獄餓鬼畜生。天人修羅。六凡法界。性中無有不起具也。經云。若人欲了知。三世一切佛。應觀法界性。一切惟心造。

首句。總指前法。謂總指前來教義理事。乃至逆順感應等十對法也。諸佛下。結示同圓。諸佛極聖圓證聖性故。菩薩分聖。分證聖性故。辟支聲聞皆小聖。小乘聖位故。大小各二。故云四聖法界。乃至者。超略兩乘賢位。且言凡夫也。地獄餓鬼畜生。惡道凡夫也。三品惡業感故。天人修羅。善道凡夫也。三品善業感故。善惡各三。故云六凡法界。然四聖六凡。同稱法界者。法謂法相。可名狀故。而有世出世間。謂四聖出世法。六凡世間法。故界者有性分二義。以四聖六凡。各具差別之性。分齊各不同故。性中者。本性之中。非指差別性中。以差別屬緣起性。本性是性具性。以一切差別之性。皆在本性中具故。是則一切性皆依本性。所謂一眞法界性也。然十界性尚依一性。何況五教中所有教義等十對。故云無有不起具者。蓋以起則必具。不具何起。故云無不起。無不具也。經云下。引偈以證。經指華嚴。以此偈乃華嚴經第四夜摩會中。十行頌也。若人者。已發菩提心人。爲求成佛。故欲知佛。言了知者。現量分明。不同比量知故。如是而知。乃爲眞知。必言三世者。考諸三佛而不謬。故十界之中。唯言佛界者。以佛乃窮盡緣起。極證法界性故。是知所謂欲了知者。非緣起之佛。乃一眞法界之佛。故次句卽教以應觀法界性。以一眞法界之性。卽是佛故。設不了此性。雖佛界亦屬緣起。況夫九界。及五教中十對法乎。故總以教之曰。一切惟心造。一切者。

總該十法界。及五教中。十對之法。是等皆以惟性所具。唯心所造。文中但言心造。不言性具者。以造則必具。不言可知。據此則心造二字。指緣起心。統論不出八七五六。言八識持種。變起根身。七識思量。內外恆審。前五識對境生情。第六識隨情造業。業分有漏無漏。如是則有六凡四聖。此心造十法界也。此十法界。若欲轉惡爲善。轉凡成聖。轉小成大。如是則有五教。教各十對。此心造十對法也。又此偈雖爲證前。仍兼起後。證前如上。起後者。應觀法界句。不觀法相。但觀法性。卽起眞空觀。一切惟心句由性起相。卽起理事觀。起則必具一性含融。卽起周徧觀。故向下。卽明三觀所依體事竟。

賢首五教儀開蒙增註卷四終

賢首五教儀開蒙增註卷五　三觀

賢宗後學通理述　嗣法門人心興較訂

二能依觀法二　一總標三重　二依次明觀

初

次能依觀法門有三重。

體事先明。觀法後出。故云次也。觀法名能依者。對所依言。謂能依體事。成觀法。故門有三重者。圭峯引淸涼新經疏云。統唯一眞法界。謂總該萬有。卽是一心。若心融萬有。便成四種法界。一事法界。界是分義。一一差別有分齊故。二理法界。界是性義無盡事法同一性故。三理事無礙法界。具性分義。性分無礙故。四事事無礙法界。一切分齊事法。一一如性融通。重重無盡故。今於四中。除事法界。以事不獨立。若獨觀之。則是情計之境。非觀智境故。是故分析義門。雖有其四。爲對觀智。唯取三重。此三但是一道豎窮。展轉玄妙。非初理法界外。別有第二第三。既不傍橫。故唯云三重。不云三段也。總標三重竟。

二依次明觀三　一眞空絕相觀　二理事無礙觀　三周徧含容觀　初三　一標名定門　二

開四具十　三例餘證體　初

第一眞空絕相觀。於中自有四句十門。

首句標初觀名。華玄云。卽指法之本。總攝歸眞實者。卽是眞空絕相。裴序云。凡夫見色爲實色。見空爲斷空。內爲觔骸所梏。外爲山河所眩。故困踣於迷途。局促於轅下。而不能自脫也。於是菩薩開眞空門以示之。使其見色非實色。擧體是眞空。見空非斷空。擧體是幻色。則能鄭情塵而空色無礙泯智解而心境俱冥矣。於中下。中定句門。於中者。卽於眞空觀中。自有者。自然應有。非四句不足以發明此觀義故。十門者。初二句中。各有四義爲八門。後二句各爲一門。共爲十也。標名定門竟。

二開四具十　一第一句四門　二第二句四門　三第三句一門　四第四句一門　初二

一依句標門　二隨列隨釋　初

第一句會色歸空觀。又開四門。

會色歸空者。會一切色法。歸於眞空性也。又開四門者揀情顯理故。

二隨列隨釋四　一揀幻色非斷空　二揀實色非眞空　三揀色空非非眞空　四顯色空卽眞空

初

一色非斷空門。幻色不卽是斷空故。

首句列門名。經云色卽是空。有不得意者。遂計色是幻妄。空是眞實。乃欲離色滅色而取斷滅之空。由此誤入邪見鈍滯化城。故以此第一觀揀之。幻色句出名義。幻色者。計色爲幻。故名幻色。幻卽無體。無體卽眞。故不卽是斷空。是知不取眞空而取斷滅空者爲失計矣。揀幻色非斷空竟。

二揀實色非眞空

二色非眞空門。實色不卽是眞空故。

首句列門名。經云。空卽是色。有不得意者。遂計眞空能生實色。實色卽是眞空。由此不達相妄空。說性眞。故以此第二觀揀之。實色句出名義。實色者。計色爲實。卽常見也。實卽有體。故不卽是眞空。以眞空無妄體。故是知不了性空。執實色爲眞空者。爲失計矣。揀實色非眞空竟。

三揀色空非眞空

三色空非空門。實色斷空。非眞空故。

首句列門名。經云。色不異空。空不異色。有不得意者。纔聞色不異空。便謂不異斷空。纔聞空不異色。

便謂不異實色。二俱失計。不得眞空之理。故以此第三門揀之。實色句出名義。然經云。色不異空。空不異色。意顯二(色空)俱無體。卽眞空義。而彼執實取斷。是不解無體。故非眞空。是則欲契眞空。而執實取斷者。爲失計矣。揀色空非眞空竟。

四顯色空卽眞空

四色卽是空門。色空無性。卽眞空故。

首句列門名。色之一字。該前幻色實色及與斷空。以空是一顯色故。然前三門已揀妄情。恐猶不悟故以此第四觀顯之。色空句出名義。色兼幻色實色空卽斷空。經云。色不異空。色無性也。空不異色空無性也。二俱無性。卽是眞空。以色空原依眞空起。故楞嚴云。空生大覺中。如海一漚發。漚滅空本無。況復諸三有。然漚滅空本無。卽顯空無性。況復諸三有。亦顯色無性。二俱無性。還一覺海。卽是眞空。總結第一句四門竟。

二第二句四門二　一依句標門　二隨列隨釋

初

第二句明空卽色觀。亦有四門。

明空卽色者。謂發明眞空。卽是一切色之性也。亦

有四門例上可知

二隨列隨釋四　一揀斷空非幻色　二揀眞空非實色　三揀眞空非空色　四顯眞空卽空色

初

一空非幻色門斷空不卽是幻色故

首句列門名經云色卽是空有不得意者遂計幻色從斷空起斷空卽是幻色之性由此迷於眞空不知更求故以此第一觀揀之斷空句出名義斷空者斷滅之空斷滅之空無生色義故云不卽幻色謂不卽是幻色性也據此必是眞空乃爲幻色

之性。不可不知。尤不可不進以求之也。揀斷空非幻色竟。

二揀眞空非實色

二空非實色門眞空不卽是實色故。

首句列門名。經云空卽是色。有不得意者。遂計實色從眞空起。眞空卽是實色之相。由此不達相妄終礙性眞。故以此第二觀揀之。眞空句出名義。眞空者眞性之空。眞性之空。無質礙義。故不卽是實色之相。據此則口口談空。步步行有者。皆由不達相妄。不可不知其非也。揀眞空非實色竟。

三揀眞空非空色。

三空非空色門，眞空非斷空實色故。

首句列門名。經云色不異空空不異色。有不得意者。遂計斷空實色。由眞空起。眞空即是斷空實色。斷空是一顯色。實色是有表色。皆約色相言之。由此執空爲斷。執色爲常實即常見墮斷常見。背眞空理。故以此第三觀揀之。眞空句出名義。眞空者。眞性之空。眞性之空。能空能色。故經言色空不異色。色不異空。故雖色非常。空不異色。故雖空非斷。據此則執斷執常。徒說色空不異。終不解眞空義也。揀眞空非空色竟。

四顯眞空卽空色

四空卽是色門空無我理卽空色故。

首句列門名。空卽眞空。色兼幻色實色及與斷空。亦同前說。然前三門旣已揀情料其易悟故以此第四門顯之。空無我理。謂二空所顯。人無我法無我理。所謂眞空是也。能空能色。故云卽空色。謂卽是空色性故。然此中空色二字。皆指色相。以空是一顯色言。一切色皆依眞空。故此門名空卽是色。謂眞空卽是一切色之性故。據此則迷己爲物。爲物所轉者。皆由不達乎此。所以不能轉物同如來也。總結第二句四門竟。

三第三句一門（第三句不分，卽以句爲門也。）

第三句，空色無礙觀，謂色卽空，而色不盡，空卽色而空不隱，無障無礙，爲一味法。

首句列門名，准前第一門，雖有四句，其意唯是會色歸空，故第四句名色卽是空門。第二門雖有四句，其意唯是明空卽色，故第四句名空卽是色門。然色卽是空，似是色盡空存，易招斷見；空卽是色似是色顯空隱，易招常見，二俱有過。故以此第三句一門折之。空色者，卽前一空二色，空色相對言之。無礙者。同依眞空性故。唯是一性。豈有礙乎。謂色下。出名義。色卽空者。言性若隨緣現空。卽當色處成空。云色卽空。色雖卽空。而色性猶在。云色不盡。謂不盡滅也。設如盡滅。則是斷空。非性空矣。此顯空不礙色。以折斷見。空卽色者。謂性若隨緣現色。卽當空處成色。云空卽色。空雖卽色。而空性猶存。云空不隱。謂不終隱也。空如終隱。則是常色。非性色矣。此顯色不礙空。以折常見。無障者。現色不障於空。現空不障於色。無礙者。卽色可以見空。卽空可以見色。左右逢源。隨流得妙。故云爲一味法第三句一門竟。

四第四句一門(以句為門准上)

第四句。泯絕無寄觀。謂此所觀眞空。不可言卽色不卽色。卽空。不卽空。迥絕無寄。言解不及。

首句列門名。准前第一門會色歸空。乃略顯眞空之體。第二門明空卽色。乃略顯眞空之用。至第三門空色無礙。則大用全彰。今此第四泯絕無寄。而全體畢露。觀眞空者。必至此乃爲究竟。泯絕者。泯絕色空。卽離等相。無寄者。無有語言文字。可以寄託。蓋由前三門雖顯眞空體用。尙有色空卽離等相及語言文字可以寄託猶未是眞空全體故令以此第四門觀之謂此下出名義所觀眞空者謂修眞空觀時以根本智照眞空理也然旣曰眞空則彌滿清淨中不容他若言卽色則與色原二若言不卽色則與色現離均為容他豈稱滿淨卽空不卽空亦爾故俱不可言逈絕者逈然一體絕諸對待無寄者心言路絕無可寄託正以無可寄託故言解不及（無語言可託故言不及無文字可寄故解不及）言不及則不可議解不及則不可思蓋必至不可思議乃見眞空全體此上通結眞空觀中第二開四具十竟

三例餘證體

如色空既爾。一切法亦然。經云。法性本空絕無取亦無見。性空即是佛。不可得思量。

首二句。例餘法性。言色空之性。如上已說。故云既爾。今取已說者為能例。故云如也。一切法者。除色空相對之外。其餘受空想空行空識空。入空處空界空乃至一切法空之性。上所未說者。例上色空可知。故云亦然。謂亦如色空等同為一性然也。經云下。證真空體。法即色空受空等。一切對待之法。性。即一切法所依之性。本空者。本來自空。證其是眞空也本絕者本自絕於色空等一切諸法證其絕相也然既稱絕相不唯絕於色等有相亦復絕於色等無相絕於有相不可以色取絕於無相不可以空見若爾云何成觀故下云性空謂但了性空卽是觀成也此觀成時何所饒益眞以性空卽是法身全體了此觀成卽是佛故不可得思量者有二義一約此觀將成時只須離念如起信云離念相者等虛空界卽是如來平等法身二約此觀正成時唯證能知如法華云是法非思量分別之所能解唯有諸佛乃能知之據此二義應於佛字

下雙致二問。一問既無取無見何以能了性空。答曰不可得思量。只須離念故。二問雖性空即佛何以能知。答曰。不可得思量。唯證乃知故答前問能遮盲修。答次問可免瞎證。修觀者。不可不知總結以上。真空絕相觀竟

二理事無礙觀三　一標名列門　二隨列隨釋

三例餘引證　初

第二理事無礙觀。亦有十門。

首句標觀名。始則以理鎔事。終則以事融理。二而不二。故云無礙。廣本云。理事鎔融是也。問前引證空觀偈云

性空即是佛。若爾則空觀已足。烏用更開答。裴序云。菩薩曰。菩薩指杜順和尚是文殊化身。於理則見矣。結前觀。於事猶未也。生後義於是開理事無礙門以示之。使觀不可分之理。皆圓攝於一塵。本分限之事。亦通遍於法界。然後理事圓融。無所罣礙矣。問。前觀中。色空亦即事理。何故不得此名。答。觀註云。前門雖說色空是揀情計以成眞空。空色無礙。泯絕無寄。方爲眞如之理。未顯眞如妙用。故唯是眞空觀門。今事與理。炳然雙融。故得此觀名。然此中理事無礙。屬境。爲所觀。觀之一字屬心。爲能觀。若但觀於事。起世俗心。恐樂着有漏。若但觀於理。起出世心。恐樂着無漏。今既理事並觀。鎔融無礙。起無偏着心。自能悲智相導。成無住行。而證無住處。大般涅槃。已當大乘。同教之極致也。亦有句列門數。亦者。例上之詞言上來眞空觀中。開四句為十門。今雖不開四句。亦有十門。然必具十門者。準華嚴教展轉互具。成百成千成萬等。顯無盡故。又必至十門。義方足故。標名列門竟。

二隨列隨釋十　一理徧於事門　二事徧於理門　三依理成事門　四事能顯理門　五以理奪事門　六事能隱理門　七眞理卽事門　八

事法卽理門　九眞理非事門　十事法非理門

初

一理徧於事門。謂無分限之理。全徧有分事故。

首句列門名。二乘不堪入世。唯思住理遺事。故以此第一門示之。謂無下。出名義。理超流數。亦絕方位。故無分限。謂時分齊限不可得故。事屬遷流。亦有形狀。故有分限。（文缺限字省言耳）謂時分齊限各不同故。然理既無有分限。何能全徧於有分限之事法。蓋以元是一體。不分而徧。故能全徧。知此義者。自不思住理遺事而滯聲聞辟支地矣。理徧於事門竟。

二事徧於理門

二事徧於理門。謂有分限之事。全同無分理故。

首句列門名。凡夫不思出世。一味着事迷理。故以此第二門示之。謂有下。出名義。事有分限。理無分限。俱準上可知。然事旣各有分限。何能全同無分限之理性。蓋以緣起無性。分而不分。故能全同。（旣同卽徧也。）知此義者。自不至着事迷理。而淪善道惡道中矣。又按起信論。初以一心爲本源。（卽一眞法界性也。）次依一心開二門。一者。心眞如門。約不變義說。卽此中所謂無分限之理也。二者。心生滅門。約隨緣義說。卽此中所謂有分限之事也。然旣唯依於一心。則眞如卽是生滅。生滅卽是眞如。眞如卽是生滅故理能全徧於事。乃不分而徧也。生滅卽是眞如。故事能全同於理。乃雖分而同也。又此與上門。亦可合而爲一。名理事相徧門。所以開者。爲順華嚴足十。顯無盡故。事徧於理門竟。

三依理成事門

三依理成事門。事攬理成故。

首句列門名。恐聞理徧於事。有不得意者。遂謂理無分限既徧於事。隨事亦有分限。若爾則理爲事礙。終不見一性之全體。故以此第三門示之言依理成事者。顯理但是所依。故事攬句。出名義言成事之緣起於理。非理無以成事。故曰事攬理成。正由事攬理成。顯理但是所依。實不與能依之事而成分限。詳此門義。一切事法。不過攬理而成。而眞空理性。但是所依。雖衆事各別。而一理通同。如經云。法身徧在一切處。(依理成事)乃至云亦無形相而可得。(理不隨異)不正可證此門義也。依理成事門竟。

四事能顯理門

四事能顯理門。理因事顯故。

首句列門名。恐聞事徧於理。有不得意者。遂謂事有分限。同理亦無分限。若爾則事為理拘。終不顯繁興之大用。故以此第四門示之。言事能顯理者明事但是能顯故。理因句。出名義。言顯理之因由於事。非事不能顯理。故曰理因事顯。正由理因事顯。明事但是能顯。實不同所顯之理。而無分限。詳此門義。言真空理性。不過因事而顯。而一切事法但是能顯。雖一理通同。而眾事各別。古德云。動容揚古路（事能顯理）不墮悄然機（事不同一）蓋深契此境語也又此與上門。亦可合而為理事相成門。事能顯理門竟。

五以理奪事門

五以理奪事門。理外無事可得故

首句列門名。恐聞依理成事。有不得意者。遂謂依理成事。事成障理。如是而觀。仍不見理。故以此第五門示之。理外句。出名義。言既依理成事。則理有力。事無力也。有力者實。無力者虛。但悟事虛。理恆周徧。見理周徧。自不着事。故云無事可得。又周徧則無外。縱有事亦在理中。故不可得。知此義者。則理觀精純。自不爲事所轉矣。法華云。常在於其中。經行及坐臥。可證此義。以理奪事門竟。

六事能隱理門

六事能隱理門。事外無理可得故。

首句列門名。恐聞事能顯理。有不得意者。遂謂事能顯理。理顯事隱。如是而觀。何以涉事。故以此第六門示之。事外句。出名義。言雖事能顯理。而理無形。事有相也。但了無形事常圓現。見事圓現。自不滯理。故曰無理可得。又圓現則無外。縱有理亦無形相。故不可得。知此義者。則涉事利生。自不爲理所拘矣。又此與上門。亦可合而爲理事相奪門。事能隱理門竟。

七眞理卽事門

七眞理卽事門。理非事外有故。

首句列門名。恐聞以理奪事。有不得意者。遂執理廢事。躭着小乘。甚至撥因撥果。而墮無因。故以此第七門示之。理非句。出名義。言眞理無形。因事而顯。是故悟理之人。必不廢事。以理非事外有故。知此義者。自能以智導悲。依因緣而造乎大乘之域矣。眞理卽事門竟。

八事法卽理門

八事法卽理門。事非理外有故。

首句列門名。恐聞事能隱理。有不得意者。遂着事迷理。淪溺生死。甚至奉水事火。而墮邪因。故以此第八門示之。事非句。出名義。言事法無體。攬理而成。是故達事者。必不廢理。以事非理外有故。知此義者。自能以悲成智。依正因緣而造乎一乘之域矣。又此上二門。亦可爲理事相卽門。事法卽理門竟。

九眞理非事門

九眞理非事門謂卽事之理而非事故。

首句列門名。恐聞眞理卽事有不得意者。遂謂眞理卽事。則全理成事。成事則是事而非理。依然理爲事礙。何成無礙觀義。故以此第九門示之。謂卽下。出名義。卽事之理者。以上言眞理卽事。謂理爲能卽事之理故。而言非事者。以雖能卽事。而事是相。理是性。理固非事。如像依鏡現。像有起滅。而鏡自如如。知此喻者。則眞理非事之義不難辨也。眞理非事門竟。

十事法非理門

十事法非理門。謂全理之事。而非理故。

首句列門名。恐聞事法卽理。有不得意者。遂謂事法卽理。則全事成理。成理則是理而非事。依然事爲理礙。何當無礙觀名。故以此第十門示之。謂全下出名義。全理之事者。以上言事法卽理者。謂事法全。爲顯卽理之事故。而言非理者。以雖顯卽理而理是一。事是異。事固非理。如水因波顯。水性不改。而波相依分。知此喻者。則事法非理之義。不難辨也。又此上二門。亦可合爲理事相非門。通結理事觀中。第二隨列隨釋竟。

三例餘引證

如理事既爾。餘九對亦然。經云。如金與金色。其性無差別。法非法亦然。體性無有異。

首二句例餘無礙。言理事無礙。如上已說。故云既爾。今取已說者。爲能例。故云如也。餘九對者。前有教義後有境智。乃至感應。通皆無礙。例上可知。故云亦然。謂亦如理事。同一無礙然也。經云下。證無礙義。經指華嚴夜摩天偈云。謂精進林菩薩說也。會玄有釋。今不依彼。以法喩難齊故。愚謂金是體色是相。其性者。體以不變爲性。可喩眞理。相以隨緣爲性。可喻事法。雖不變而隨緣。即隨緣而不變。故無差別可喻理事鎔融。無障無礙。法謂法性。理也。合金體非法。謂非法性。事也。合金色。亦然者。謂法性之眞理。與非法性之事法。亦如金體與金色然也。又亦然二字。但是總合。恐猶未明。故仍以體性句而分別合之。體性者。理以不變爲體。性事以隨緣爲體性。無有異。即合無差別喻義如上明。總結以上理事無礙觀竟。

三周徧含容觀三　一正明本觀門　二準古開十玄　三依論出六相　初二　一標名列門

二隨列隨釋　初

第三周徧含容觀亦有十門

首句標名。華玄云。然此觀名。卽當事事無礙。以理有普徧廣容二義。融於諸事。皆能周徧含容。裴序云。菩薩曰。菩薩見前以理望事則可矣。結前觀以事望事猶未也。於是開周徧含容門。以示之。使觀全事之理。隨事而一一可見。全理之事。隨理而一一可容。然後一多無礙。大小相含。則能施爲隱顯。神用不測矣問古德云。理隨事徧。一多緣起之無邊。事得理融。千差涉入而無礙。上二句猶屬理事無礙。下二句。卽是事事無礙。據此則事事無礙。功由理事無礙。而理事無礙中。已具事事無礙。何故此觀乃當周偏含容答會玄引通玄記曰前但明一眞理體有緣起用故與事法融通無礙猶是約理而談妙用今則一一事法如理融通包偏自在乃約差別事法而論體用也若釋名者謂一一事法暨無不窮曰周橫無不極曰偏外無不包曰含內無不攝曰容亦有句列門數準前二觀皆有十門今十門例前故云亦有然必具十門者意亦準上可知標名列門竟

二隨列隨釋十　一理如事法門　二事如眞理門　三事含理事門　四通局無礙門　五廣狹

無礙門　六徧容無礙門　七攝入無礙門　八交涉無礙門　九相在無礙門　十普融無礙門

初

一理如事法門。謂全理爲事。理亦如事無有盡故。首句列門名。由前觀中理徧於事故有此門。以徧事即如事。亦有千差萬別等也。謂全下。出名義。蓋以理徧如事。即是全理爲事。然理無分限。既全爲事。則亦如事而有分限。所謂一多大小等千差萬別。乃至無有盡極。故以理如事法名之。此且變理爲事。與下門作因。仍屬理事無礙。古德云理隨事變。一多緣起之無邊。卽此義也。理如事法門竟。

二事如眞理門

二事如眞理門。謂事不異理。事亦隨理而圓徧故。

首句列門名。由前觀中事徧於理。故有此門。以徧理卽如理。亦皆圓滿周徧等也。謂事下。出名義。蓋以事徧於理。卽是事不異理。然事有分限。旣不異理。則亦隨理而鎔融。事同所以一塵一毛等。相涉相入。乃至圓滿周徧。故以事如眞理名之。此由上門變理爲事。事全同理。乃得身刹塵毛。事事無礙。古德云。事得理融。千差涉入而無礙。卽此義也。事如眞理門竟。

三事含理事門

三事含理事門。不唯理含事理。亦且事含理事。故首句列門名。由前觀中依理成事。展轉而有此門言依理所成之事。亦各具理。而各具之理。又能成事。據此則又成之事。與各具之理。均爲一事之所含容。不唯下。出名義。蓋依理成事。即是理含事理。以所成之事。向在理中。況事所具理。豈在理外。故均爲所含。此理含事理。粗淺易知。故曰不惟。謂不獨此爲當觀也。事含理事者。事即依理所成之事。

爲能含理事者。卽事所具理。及轉成之事。爲所含。故云事含理事。此又深玄難知。故云亦且。謂且宜以此立觀也。事含理事門竟。

四通局無礙門

四通局無礙門。不唯全徧十方。而又不動本位故。

首句列門名。由前觀中事能顯理。故有此門。言事能顯理。則事事具理。然理隨緣徧。故能令一一事法通局無礙。不唯下。出名義。蓋由事事具理。一事隨理而起徧十方。所以十方皆事。十方皆理。是謂局不礙通。而言全徧者。謂於十方界中無處不徧也。若唯全徧十方。根本一事。不能自立。則是動於本位。局被通礙。仍非眞徧。故曰不唯全徧。而又不動等。是謂通不礙局。由此局不礙通。通不礙局。故名此門。爲通局無礙。一事具理。旣爾。事事具理皆然。重重無盡。妙境難思。此境亦唯實證眞理。如佛及法身大士。乃能融事如理。如此。且不可以會得道得。便墮增上慢也。通局無礙門竟。

五廣狹無礙門

五廣狹無礙門。不唯廣容剎海。而能不壞一塵。故首句列門名。由前觀中以理奪事。故有此門。以理奪事者。謂證理之人。見事皆理。不見事相。由此能令一一事法。廣狹無礙。不唯下。出名義。蓋由不見事相。故能令一塵之狹。可容剎海之廣。是爲狹不礙廣。若唯廣容剎海。而一塵不能自全。狹被廣礙仍非眞容。故曰不唯廣容。而又不壞等。是謂廣不礙狹。由此狹不礙廣廣不礙狹。故名此門爲廣狹無礙。一塵既爾塵塵皆然。以依望依既爾。以正望正。乃至依正互望皆然。不思議境。亦唯實證眞理。見事皆理不見事相者。乃能無礙如此。廣狹無礙門竟。

六徧容無礙門

六徧容無礙門。以一望多。則一法徧一切時。還復容彼一切。蓋由普徧卽是廣容故。

首句列門名。由前觀中。事能隱理。故有此門。事能隱理者。謂證理之人。以理用事。事事皆隱含眞理。隨理運用。由此能令一一事法。遍容無礙。以一下。出名義。以一望多者。謂先約一事望多事。論徧論容也。法卽事也。一法徧一切者。謂一法隨理。起成多法。則是一事徧一切事。所謂一不礙多也。時卽正徧之時。當此之時。若唯徧一切。不能容一切。則是一爲多礙。仍非眞徧。故云還復容彼一切。所謂多不礙一也。此上略出徧容。末句結顯無礙。卽是者。謂正徧正容同時無礙。故此門以徧容無礙名之。徧容無礙門竟。

七攝入無礙門

七攝入無礙門。以多望一。則一切攝一法時還復入彼一法。蓋由攝他卽是入他故。

首句列門名。由前觀中眞理卽事。故有此門。眞理卽事者。理在事中。由此故令一一事法攝入無礙然攝卽是容。入亦同徧。上是以一望多。此是以多望一。略變其名耳。以多下。出名義。以多望一者。謂次約多事望一事。論攝論入也。法亦事也。一切攝一法者。謂一切事。得理融爲一事。是爲一切事攝一事。所謂多不礙一也。時卽正攝之時。當此之時。若唯攝一。不能入一。則是多爲一礙。仍非眞攝。故云還復入彼一法。所謂一不礙多也。此上略明攝入。末句結顯無礙。卽是者。正攝正入。同時無礙。故此門以攝入無礙名之。攝入無礙門竟。

八交涉無礙門

八交涉無礙門。一多俱爲能入攝故。而有四句。初一攝一。一入一。次。一攝一切。一入一切。三。一切攝一。一切入一。四。一切攝一切。一切入一切。一能攝入。與多能攝入。交涉無礙。

首句列門名。由前觀中事法卽理。故有此門。事法卽理者。事在理中。由此故令一事多事。交涉無礙交涉者。彼此互相干涉。如貿易者。共財夥計。增利虧本。皆相關也。一多下。出名義。蓋以事法卽理。則事在理中。事在理中。則全事如理。全事如理。故能令一多交涉。言入則一多皆爲能入。言攝則一多皆爲能攝。如一鏡與多鏡相對。當一鏡爲能入。入於多鏡時。而多鏡亦各爲能入。入於一鏡。當一鏡爲能攝。攝彼多鏡時。而多鏡亦各爲能攝。攝於一鏡。此一法與多法相對既爾。餘一法與多法相對亦然。故云一多俱爲能入攝故。此畧出也。而有下。詳明有四句者。非四句不足以顯無盡義故。初謂第一句也。第一句先約一法與一法相對。明攝入者。取易於觀照故。上一字。指起首之一法。爲能對。下一字。指所對多法中之一法。言起首之一法。攝彼多法中之一法時。而此一法。早已入彼一法之中。故云一攝一。一入一。然此一攝彼一時。此一爲能攝。彼一爲能入。而此一入彼一時。彼一又爲能攝。此一反爲能入。是此一彼一。皆爲能攝入也。兩鏡相對。可以喻此。次謂第二句也。第二句次約一法與多法相對。明攝入者。觀少淸。境少玄故。言此一法。攝彼一切法時。而此一法。早已入彼一切法中。故云一攝一切。一入一切。然一法攝一切時。一法爲能攝。一切法爲能入。至一法入一切時。而一切又爲能攝。一法反爲能入。是一法與一切法。皆爲能攝入也。一鏡與多鏡相對。可以喻此。三謂第三句也。第三句。又約多法與一法相對。明攝入者。

觀又湻境又玄。故言一切法攝一法時而一切法早已入於一法。故云一切攝一。一切入一。然一切攝一時。一切爲能攝。一爲能入。至一切入一時而一又爲能攝。攝一切反爲能入。是一切法與一法皆爲能攝入也。多鏡與一鏡相對。可以喻此四。謂第四句也。第四句乃約多法與多法相對。明攝入者觀極湻境極玄。故言此一切法攝彼一切法時而此一切法早已入彼一切法中。故云一切攝一切。一切入一切。然此一切攝彼一切時。此一切爲能攝。彼一切爲能入。至此一切入彼一切時而彼一切又爲能攝。此一切反爲能入。是多法與多法。皆爲能攝入也。多鏡與多鏡相對。可以喻此。此上詳明攝入。下乃結顯無礙。四句中。第一句。一與一互爲能攝入。第二句。一與多互爲能攝入。第三句。多與一互爲能攝入。第四句。多與多互爲能攝入。總不出一之與多。故總結之曰。一能攝入。與多能攝入。由互爲故。故云交涉。正攝時入。正入時攝。故云無礙。此亦實能證到全事如理者之境界。勿易視也。交涉無礙門竟。

九相在無礙門

九相在無礙門。多一俱爲所攝入故。亦有四句。初攝一入一。次攝一切入一切。三攝一入一切。四攝一切入一。多所攝入。在於一所攝入。互相無礙。

首句列門名。由前觀中。眞理非事。故有此門。相在者。所攝與所入。彼此俱在。同時顯現。亦無先後。故云無礙。多一下。出名義。言眞理非事者。理實事虛。唯事不能自立。全事全理。故令多一俱爲所攝所入。上門言一多。似是以一望多。其四句中。亦有以多望一。此門言多一。似是以多望一。其四句中。亦有以一望多。故知一多多一。兩門互顯。勿膠柱也。

亦有四句者。例上門有四句。故云亦有。必四句者。亦如上說。初謂第一句。言第一句中。先約以一望一。明所攝所入也。上門言一攝一。一入一。是言能攝之一。同時爲能入之一。交涉無礙。此言攝一入一者。是言所攝之一。同時爲所入之一。相在無礙。次謂第二句。言第二句。又約一切望一切。明所攝所入也。上門言一攝一切。一入一切。是能攝之一。同時爲能入之一。交涉無礙。此言攝一切入一切者。是所攝一切。同時爲所入一切。相在無礙。三謂第三句。言第三句。亦約一望一切。明所攝所入也。

上門言一切攝一。一切入一。是能攝之一切同時爲能入之一切。交涉無礙。此言攝一入一切者謂上門一切所攝之一法同時現多爲所入之一切。相在無礙。四謂第四句。言第四句。又約一切望一。明所攝所入也。上門言一切攝一切。一切入一切。是能攝之一切。同時爲能入之一切。交涉無礙。此言攝一切。入一者。謂上門一切所攝之一切同時現一。爲所入之一。相在無礙。此與上門。大意不過易能爲所顯互攝互入。此中後二句。與上門後二句。易能爲所。不盡相符者。以第三句中。兼顯一中現多。第四句中。兼顯多中現一。若必欲相符。恐愈明愈晦。置之可耳。此上詳明四句。下乃結顯無礙四句中初句爲一所攝。一所入。次句爲多所攝多所入。三句爲一所攝多所入。四句爲多所攝一所入。遞互相在。故云多所攝入。在於一所攝入。此但顯多在於一。義猶不足。具足應更云。一所攝入。在於多所攝入。如是則一多多一。所攝所入。同時顯現。故云互相無礙。謂遞互相在。而無障無礙也。相在無礙門竟。

十普融無礙門

十普融無礙門。一多遍容，能所攝入。普皆同時。圓融無盡故。若望前八九門。具有兩重四句。初重四句者，一法攝一入一○一法攝一切入一切○一法攝一入一切○一法攝一切入一○二重四句者。一切攝一入一○一切攝一切入一切○一切攝一入一切○一切攝一切入一○如是一能攝入。融於多所攝入。普無障礙。

首句列門名。由前觀中。事法非理。故有此門。普融者普融前之九門。如九藥合成一丸。雖同爲一味。而九力具足故云無礙。一多下。出名義。言事法非理者。事有相。理無形。唯理不能自顯。全理全事。故令一多徧容等。同時無礙。一多者。初門中理如事法。一可爲多。二門中事如眞理。多可爲一。故文中但言一多。即該多一。可意會也。徧容者。如第二列門雖明多可爲一。而出義亦兼顯能徧。如文云。事亦隨理而圓徧故。第三事含理事。則直顯能容。蓋含即容也。第四通局無礙。雖全徧而不動本位。第五廣狹無礙。雖廣容而不壞一塵。第六則正徧時容。正容時徧。互徧互容。同時無礙。據此則徧容二字。即該從二至六。五門中義也。能所攝入者。第七門。但明一多攝入。而未分能所。第八門。交涉無礙。則一多俱爲能入能攝。第九門相在無礙。則一多俱爲所攝所入。據此則能所攝入。卽該七八九。三門中義也。通該前之九門。故云普皆。一時俱現。無前無後。故云同時圓融者。彼此不相障礙。旣彼此不相障礙。自應主伴重重。無盡無盡。此上略出名義。若望下詳辨普融。但望八九二門。足攝前七門義。故準前八門中。有能攝入四句。九門中。有所攝所入四句。今旣以此第十望彼八九。故具足應有兩重四句。以融彼卽具彼故。初重四句者。約能攝能入言之第一句。一法攝一入一者。全同八門中初句。以彼云一攝一。一入一故。蓋凡言一法者。皆是一切法中。別舉一法爲能攝。謂一切法中。此一法能攝彼一法故。一入一者。謂此一法。當攝彼一法時。早已入彼一法。是能攝之一法。同時爲能入之一法。互融無礙。第二句。一法攝一切入一切者。亦全同八門中次句。以彼云一攝一切。一入一切故。言一法者。亦是於一切法中。別舉一法爲能攝除此一法之外。餘法尚多。稱爲一切。謂此一法。不壞一相。而能攝彼一切。故云一法攝一切。此一不礙多也。入一切者。謂此一法。正當攝彼一切法時。早已入彼一切法。而彼一切法中。各各具此一法。此一能現多也。第三句。一法攝一入一切者。此一法仍是於一切法中。別舉一法為能攝。攝一者。謂直攝正對之一法。除此一法之外。餘法仍稱一切。而言入一切者。謂此一法。直攝彼正對一法時。仍復旁入於一切法中。而一切法中。各各具此一法攝一。此一法攝一。不礙現多入多也。第四句。一法攝一切入一者。亦是於一切法中。別舉一法為能攝。除此一法。及正對之一法。餘法仍稱一切。而言入一者。謂能攝之一法。旁攝彼一切法時。直入於正對一法之中。而正對一法之中。仍現一攝一切。此一法攝多。不礙現一入一也。二重四句者。約所攝所入言之。第一句。一切攝一入一者。事法無盡。凡言一切。皆是於無盡法中。別舉多一。名爲一切。今言一切攝一者。謂此一切法。不壞一切。而能顯現一相。爲他所攝。故云一切攝一。此多能現一也。而又言入一者。謂此一切法。正爲所攝一時。卽爲所入之一。又雖雙現一相。而不壞一切。此一不礙多也。第二句。一切攝一切入一切者。此之一切。亦是於無盡法中。別舉多一。名爲一切。除此一切之外。更舉多一。亦名一切而言一切攝一切者。謂此一切法。一一皆爲他所攝。爲所攝之一切。然既爲他所攝。卽能徧他。而又言入一切者。謂此一切法。正爲所攝一切時。卽爲所入一切。爲他所入故。然既爲他所入。卽能容他。此普徧廣容。同時無障礙也。

第三句。一切攝一入一切者。言此一切法。不壞一切顯現一相。爲他所攝。而爲所攝之一。此多能現一。爲他所攝。能徧於他故。而言入一切者。謂此一切法。正顯現一相。爲他所攝之一時。仍復顯本一切。爲他所入而爲所入之一切。此一能現多。爲他所入。能容於他故。第四句。一切攝一切入一者。此之一切。亦是於無盡法中。別舉多一。名爲一切。而言攝一切者。謂此一切法。一一皆爲他所攝。而爲所攝之一切。然旣爲他所攝。則一一皆能徧他。而又言入一者。謂此一切法。正爲所攝之一切時。不壞一切。顯現一相。爲他所入。而爲所入之一。此多能現一。爲他所入。能容於他故。此是詳辨普容。如是下。結顯無礙。如是者。卽指兩重四句。一能攝入。指初重四句。融於多所攝入。指二重四句。此且言以能融所。

以一融多。具足應云。多所攝入。融於一能攝入。此則兼以所融能。以多融一。旣一多多一。能所所能。遞互相融。同時顯現。故云普無障礙。嗚乎。事事無礙。妙境難思。非心路之可到。詎言道所能詮。惟我初祖。帝心和尚。如證而說。說所不能盡。用少言而攝多義。二祖至相尊者。（即雲華大師。）依論（十住）示相。示所不能周。緣六相而開十玄。賢宗諸祖。相沿承用。雖亦大同。不無小異。至教儀與開蒙。咸出一手。（皆灌頂老人所出。）而普融無礙門中。兩重四句。彼此差互。是否難評。然旣出一手。其意義自不相違。故今唯依現文釋之若論望前八九二門即應用前八門中四句九門中四句但加以遞互相融之義則是也今釋如上所列兩重四句唯初重四句中前二句全同八門其後二句並二重四句與八門九門皆不相符蓋為深示玄境如一法攝一不礙現多入多一法攝多不礙現一入一等義若唯用八九二門中兩重四句恐重玄之義不甚顯着耳又聞事事無礙全以理事無礙為因故今釋周徧十門次第約理事十門而為因起問玄鏡云此之十門展轉相生然事理相如大同理事觀中理事相徧即為總意能成下八此二猶兼理事無礙有此二故得有事事無礙屬事事攝據

此則十門中。前二是總猶屬理事。後八門。乃屬事事無礙。今釋十門。次第以理。事十門爲因起。則此之十門。皆屬事事無礙。豈不與清涼相違耶。答。愚意既以前二爲總。而理事門中。亦應以前二爲總。據此則是理事中前二。爲事事中前二之因。理事中後八。爲事事中後八之因。與清涼亦不相違。若謂前二。猶屬理事。後八乃屬事事無礙者。是未答玄鏡中。清涼之本意也。蓋清涼以前門中理事相徧。統論事理互相周徧。此門中理事相如。別論事理。各有如義。謂初門乃全事之理。理如事而緣起無盡。次門乃全理之事。事如理而稱性普融。正由理如事。事如理。故云猶兼理事。至於緣起無盡稱性普融。乃正屬事事無礙。夫如是。則今釋十門。詎有違於清涼哉。但意在開蒙。釋取淺顯。伏望後之學賢首者。了此淺顯。再詳科註。因阤陵而爲高。其於全本教儀。求必無少補云。正明本觀門竟。

二遵古開十玄三　一古德準開十玄　二依玄

別立十喻　三展轉以顯無盡　初三　一總標

二別明　三例餘　初

古德準此十義。重開爲十玄門。

按向下別明中所列十玄。係賢首新立。而初標古德者。指華嚴第二祖也。祖諱智儼。初剃染時。徃終南山。禮初祖杜順和尚。授以法界觀。令其傳通。偶遇異僧謂曰。汝欲解華嚴一乘法界宗者。其十地中六相之義。宜靜攝思之。言訖不見。因卽淘研。不累朔而豁然貫通。隨於至相寺。製華嚴搜玄義鈔。五卷。題名搜玄。分劑。通智方軌。明六相。開十玄。一時景仰。不忍名其名。遂以至相尊者稱之。後於雲華寺講華嚴經。宗風大振。緇白咸歸。至今稱爲雲華大師者。蓋由於此。儀主不定指者。以二祖首創。三祖因修。不便別指。故渾以古德稱之。（問。何故科註釋古德。指至相儼和尙耶。答。以制作自其始故。）準謂準照。此指周徧觀中十義。以二祖首創玄門。三祖因修玄門。皆準此故。（問。既云準照。亦是因修。何稱二祖首創。至三祖乃稱因修耶。答。義雖準照十門。玄名乃其首創。以從前稱門稱義。尙未有玄之稱故。）重開者。有二釋。一謂義既準前。故云重開。此約至相重開十義。爲十玄也。二謂首創因修。兩次方成。此兼賢首。兩次開立。乃成玄也。總標竟。

二別明　別明中。列釋唯依賢首。以賢首所立。有次第。故。又既屬因修。理極成故。至相所立。亦應隨科略出。以創始者難。不應竟諱故。又元依首創因修益可信故。試略出之。第一同時具足相應門。謂一攝一切同時具足。各各相應。無差忒故。第二因陀羅網境界門。謂一中具一切。一切中復具一切。如帝網珠。重重無盡故。第三秘密隱顯具成門。此約緣說。或彼顯此隱。或此顯彼隱。隱顯同時彼此俱成秘密故。第四微細相容安立門。此約相說。謂一切法於一法中。炳然齊現相容不壞相故第五十世隔法異成門。此約時說。十世者長短劫也。長劫有九。短劫一念。共爲十世。如法數中明。時劫既相隔。法亦相隔。相隔之法。能令異世相成。如日月燈明佛。說法華經。六十小劫。聽衆謂如食頃之類。第六諸藏純雜具德門。此約行說。諸藏者。十無盡藏。謂信戒慚愧聞施慧念持辨也。十藏中。隨舉一藏爲純。卽具諸藏名雜。若純若雜。各能含攝一切諸法門海。菩薩依之。普入一切佛法之門。故云一具德。第七一多相容不同門。此約理說。謂一眞法界。性海緣起。隨起一法名一。徧起多法名多。若一若多。彼此不相妨礙。名曰相容。雖彼此不相妨礙。而一多。可別。故云不同。第八諸法相卽自在門。此約用說。謂彼此全相作。故如華嚴十身歷然而彼此相作。雖彼此相作。而十身歷然。任運無礙。故以自在爲言。第九唯心迴轉善成門。此約心說。迴轉者。運用義。言八門中。諸法相卽。得有如是任運自在者。唯以一正觀心。迴轉運用。善巧方便所成就故。第十託事顯法生解門。此約智說。謂隨託一事。便可以生解成智。以一事顯一切法。一事無礙。法法皆無礙。生解成智故。三祖因修亦十。

一同時門　二廣狹門　三相容門　四相卽門　五隱顯門　六微細門　七帝網門　八託事門　九十世門　十主伴門　初

一同時具足相應門。以是總故。冠於九門之初。

一。謂十玄門中第一門也。此第一門。以下之九門得名。蓋由下之九門頓現於正觀心中。無前無後。故云同時。無欠無闕。故曰具足。互爲緣起。故曰相應。會玄云。同時明無前後。具足明無所遺。相應明不相違。此是總攝九門。爲同時具足相應門也。妨云。因別成總。應居最後。通曰。以是總故。冠去聲於九門之首。其猶冠冕。必冠束於首也。又約初心自修。由漸入頓。故總應居後。今約深位設教。依頓開漸。故總應冠首。同時門竟。

二廣狹門

二廣狹自在無礙門。別中先辨此者。此是別門之由。由前初二門。指周遍觀中。事理相徧。故生餘八門。且約事如理徧故廣。不壞事相故狹。故爲事事無礙之始。

初標門。二謂十玄門中第二門也。廣兼寬大。狹兼窄小。如經云。毛端現刹。狹不礙廣也。刹入毛端。廣不礙狹也。又毛端現刹。不壞毛相。卽狹而廣也。刹入毛端。不壞刹相。卽廣而狹也。任運俱現彼此各不相妨。故云自在無礙。別中下。通妨。妨云。初門爲總。九門皆別。總應冠初。已如上說。別中何以先辨此耶。通曰。別中先辨此者。此是別門之由。會玄云。以具廣容普徧義故。由前下。舉例。問。初門爲總。足爲九門之由。謂依別成總。法應爾故。何待更用此第二門。乃為無礙由耶。例曰。**由前初二門事理相徧故生餘八門**。由因也。前初二門。指本觀門中初二。一曰理如事法門。二曰事如眞理門。然理如事法者。全理為事。則是理徧於事。事如眞理者。事不異理。則是事徧於理。蓋儀主約義說耳。生餘八門者。由第三事含理事。至第十普融無礙。皆以初二門為能生因故。用此為例。則廣狹門。義同事如理徧。故先辨此為無礙之由。**且約下承明**。謂承上能例明所例也。問。適言廣狹門。義同前之事如理徧者。何以見之。承曰。**且約事如理徧故廣。不壞事相故狹。故為事事無礙之始**。

且約者。權且約此。顯尚有餘義。以前事如眞理中。有圓徧二義。如彼云。事亦隨理而圓徧。故但一筆不能具書。故且約徧義明之。而圓義可例知故。蓋圓即能容。若必於例者。亦應云事如理容故廣。不壞事相故狹。故為句。即承上廣狹容徧之義言之。蓋以事事無礙。雖有下之八門。總不出廣狹容徧義也。妨云。能例所所例。略有似於喻之與法。今能例中。以前初二門。能生後八。所例中。唯取第二門。能生後八。方之法喻。宛有不齊之過。云何爲能例與所例耶。通曰。前初二門雖皆爲能生。而因有親疎。準前第一門云。理如事而無盡。然既曰。如事無盡。但顯其事事具理。可謂無礙總因。其猶孫由祖生。而祖不得爲能生親因。初門亦爾。但是八門疎因。至前第二門云。事隨理而圓徧。然既曰。如理圓徧。足見其事事皆能容入。可爲無礙別因。其猶子因父生。而父乃可稱能生親因。二門亦爾。乃屬八門親因。所例中。亦應以初二門。爲八門之由。但同時具足。總義偏顯。而因義較疎。故別開爲總。由總成別。因義自具。故獨以第二爲八門之由。重親因也。

二廣狹門竟。

三相容門

三一多相容不同門。由廣狹無礙。所徧有多。以己一望彼多。故有一多相容。相容則二體俱存。但力用交徹耳。

初標門。三謂十玄門中第三門也。一謂於多事中。隨舉一事爲一。除此一事。餘有多事爲多。相容者。遞互相容。如一徧於多時則多能容一。多徧於一時。則一能容多。雖遞互相容。而一多歷然。故曰不同。由廣下。出由。應徵云。以何義故得成斯門。乃以此釋云。由廣狹無礙。蓋以上門能生此門。爲此門之由也。所偏有多者。以上門言事如理偏。故以已下。承明。於多事中。隨舉一事爲主。故云已一。言已者。卽爲主義也。一既爲主。多則爲伴。故云彼多。言彼者。對此立稱。卽爲伴義也。望猶對也。以主對伴。遞互相徧。由此故有一多相容。然旣稱相容。必是能所歴然。故二體俱存。此明不同義也。不同則一自一。多自多。何言相容。是知言相容者。但力用交徹。如一燈與多燈相對一室。一多各住。但光照互徧耳。相容門竟。

四相卽門

四諸法相卽自在門。由此容彼。彼便卽此。由此徧彼。此便卽彼。故相卽也。

初標門。四謂十玄門中第四門也。諸法者。不分一多。總言諸所有法。如十界依正等事也。相卽者。事如理徧。徧卽不分。故曰相卽。相卽故法爾相作。故云自在。由此下。出由。亦應徵云。以何義故。得成斯門。乃以此釋云。由彼此容徧故。接前事如眞理門中。具有容徧二義。今於第二玄中。偏約徧義。以彼云。且約事如理徧。故廣云云。第三玄中。偏約容義。以彼云。以巳一望彼多。故有一多相容。云云。此第四玄。乃兼約容徧。以成相卽之義。此字。且指一言。彼字。權指多言。卽就也。謂由一容於多時。多便就於一中。一徧於多時。一便就於多中。以一望多既爾。以多望一亦然。故置等言。故訓所以。謂由上互容互徧。所以名相卽也。問。相徧約體可說相卽。相容約用。何亦言相卽耶。答。用必依體而發。說用卽必依體故。如二燈交光。光光交卽說燈交。相卽門竟。

五隱顯門

五祕蜜隱顯俱成門。由互相攝。則互有隱顯。故有此門。謂攝他可見。故有相容門。攝他他無體。故有相卽門。攝他他雖存而不可見。故有隱顯門。此三皆由相攝而有。爲門別故。相容。則如二鏡互照。相卽。則如波水相收。隱顯。則如片月相暎。

初標門。五。謂十玄門中第五門也。祕蜜者。祕藏蜜收、卽攝受義也、於中有能有所。如此若攝彼、則此爲能秘蜜、彼爲所秘蜜、彼若攝此、則彼爲能秘蜜、此爲所秘蜜。能秘者爲顯、所秘者爲隱、俱成者、此正攝彼時。彼卽攝此。隱顯同時。互爲秘蜜、無前後也。由互下。出由。亦應徵云、以何義故得成斯門。乃以此釋云。由互相攝、言互相攝者。指前第二廣狹門也。由有廣義。故爲能攝、顯此能攝彼。由有狹義。故爲所攝。顯彼能攝此。此能攝彼。則此顯彼隱。彼能攝此。則彼顯此隱。故曰互有隱顯。正以互有隱顯。故得有此俱成之門。此是正出本由。本門之由。緣於互攝。

下乃兼明同依。三四五門。同依第二。故前稱第二。爲事事無礙之始。言兼明者。良以第五由二。業經詳辯。三四同依。各出未悉。試兼明之。謂攝他他可見。故有相容門。云云。言攝他他可見者。所攝不壞相故。若壞其相。是不能容。今以不壞相故。名相容門。攝他他無體者。體合能攝故。若各有體。是不能卽。今以他無體。故名相卽門。攝他他雖存而不可見者。所攝隱彼顯。故所攝隱彼顯。則能攝顯彼隱。若不如是。非隱顯俱成。今以遞互相攝。遞互相顯。名隱顯門。此三下。結同顯別。結由同。顯門別。此三者。三四五門。謂相容相卽及隱顯門也。皆由相攝而有者。同依第二廣狹門爲由。以廣故爲能攝。狹故爲所攝。彼此互爲廣狹。卽是相攝。問。既皆由相攝。何故有相容。相卽及隱顯異也。答。爲門別故。謂隨彼能觀者。智解之不同故。相容下依別立喻。別門義玄。諸有智者。以譬喻而得解故。相容者。此攝彼時。不壞彼相。彼攝此時。不壞此相。所謂二體俱存是也。雖二體俱存。而此中現彼。彼中現此。重重互現。所謂力用交徹是也。喻中二鏡。可喻二體俱存。互照可喻力用交徹。請以二鏡相對。其間妙影重重。則一多相容之義。可以神會。相卽者。一若攝於多時。多便卽一。所謂由此容彼。彼便卽此是也。多若攝於一時。多攝於一。即是一遍於多。一便即多。所謂由此徧彼。此便即彼是也。喻中波水可喻多一。波相有多。水體惟一故。以水收波。波即是水可喻一若攝於多時。多便即一。以波收水。水便即波可喻一若徧於多時。一便即多。請觀海潮依水與波。則諸法相即之義。可以意得。隱顯者。一切諸法。遞互相攝。互有隱顯。能攝則顯彼所隱。所攝則隱彼所顯。無前無後。同時俱成。喻中片月者。初八初九之月。可喻一法上。俱能攝所攝義故。相暎者。隱顯相暎。可喻隱顯俱成。隱顯門竟。

六微細門

六微細相容安立門由此攝他一切齊攝彼攝亦然故有微細相容。

初標門六謂十玄門中第六門也微細者謂於諸法中隨舉一法為能攝普攝餘一切法彼所攝一切法隨舉一法為能攝仍復普攝一切如是重重相攝極至不可分析名曰微細而云相容者彼此各不壞相故由不壞相各住自位其成一緣起法門是曰安立由此下出由徵云以何義故得成斯門釋曰由此攝他云云會玄云由攝他下六因五

成此要一能齊攝一切彼所攝中隨一爲能攝其義亦然此釋隱略請助一喻其猶衆髮作辮隨舉一莖皆通辮諸髮彼所辮諸髮隨舉一莖仍復通辮諸髮其微細相容安立之義可見微細門竟

七帝網門

七因陁羅網境界門由互攝重重猶如帝網無盡故

初標門七謂十玄門中第七門也因陁羅具云因陁尼羅此云天赤珠或云帝珠謂帝釋天所有珠也用此交結而爲網羅取珠光交暎重重無盡之義所觀境界同此故以名門由互下出由徵云以

何義故。得成斯門。釋曰。由互攝重重。云云
云會玄云。由互攝下。七因六起。由六互攝。乃重現無盡。問。若
爾與前門何異。答。前約體攝。故私釋以辮髮爲喻。
此約影傳。故祖家以帝網標名。重現無盡。卽光影
重重義也。帝網門竟。

八託事門

八託事顯法生解門。由旣如帝網已。隨一卽是一切
無盡故。

初標門。八謂十玄門中第八門也。託事者。一切事
法。互爲緣起。隨託一事而觀。便顯一切事法。能生

事事無礙勝解。故爲門也。由既下。出由。徵云。以何義故得成斯門。釋曰。由既如帝網。云云上門名帝網者。爲明影現重重如帝珠網。故事事無礙境界。至此稱極。故名爲已。已結詞也。既謂已經。言已經如帝網則不須徧觀諸法。但隨託一事而觀。卽是一切諸法。以皆無盡故。會玄云。由重現故。隨應依託一法。卽是一切無盡之法。託事門竟。

九十世門

九十世隔法異成門。由上八門。皆是所依。所依之法既融。次辨能依。能依依之時亦爾。故有十世異成。

初標門。九謂十玄門中第九門也。十世者。長劫有九謂過現未中。重分過現未故。短劫唯一。一謂現前一念也。時既不同。法亦相隔。今以法融通故。能令。時亦融通。所謂過去無量劫。安置未來。今未來無量劫。迴置過去。世至於長短相攝。同異相入。皆十世異成義也。由上下。出由。徵云。以何義故。得成斯義。釋曰。由上八門。皆是所依。云云 上八門皆是所依者。以時是不相應法。依法稱時。如云。風時雨時。寒時熱時等。是也。所依既融者。謂同時具足。廣狹無礙。乃至託事顯法。皆融通也。能依之時亦爾者。

謂時亦同時具足廣狹無礙乃至託事顯法皆融通也十世門竟

十主伴門

十主伴圓明具德門由法法皆然故隨舉其一則便爲主連帶緣起便有伴生故有主伴門

初標門十謂十玄門中第十門也主伴者謂於諸法中隨舉一法爲主卽該一切諸法爲伴彼所該一切諸法中隨舉一法爲主亦全該一切諸法並前能該之法亦爲所該之伴如是主伴重重若能圓明了知則凡觀一法皆能具足無盡德相所以

徵塵經卷極大千而未展全文普眼法門竭海墨而不書一偈者皆主伴圓明之力也由法下出由徵云以何義故得成斯門釋曰由法法皆然云云法法皆然託事門中義也以彼云既如帝網已隨云一即是一切無盡故會玄云由上諸法皆融故隨舉其一有力爲緣者名主餘多連帶無力爲起者名伴由此故有主伴門也別明竟

三例餘

事如理徧既爾餘九具玄亦然

首句結已說具玄事如理徧即本觀十門中第二

門也以彼云有分限事全同無分限之理故問何不先約第一門明玄而跨一取二耶答第二門具有圓徧二義事事無礙義顯易於成解故先取之第一門理如事事法但明理隨事變而事事無礙尚費申明故留爲所例　此第二門具玄之義上所已說故云既爾謂既已如爾說也餘九門例未說具玄餘九具玄者本觀十門中除第二事如理徧一門餘之九門亦各具十玄此是上所未說例上可思故云亦然謂亦如第二門具玄然也古德準開十玄竟

二依玄別立十喻二　一設言標喻　二正以喻明　初

若以喻之。良以十重玄門。義極深遠。設若以喻顯之。庶有發明。

二正以喻明十 一喻微細門 二喻同時門 三喻相容門 四喻隱顯門 五喻羅網門 六喻十世門 七喻託事門 八喻主伴門 九喻相即門 十喻廣狹門 初

炳然齊現猶彼芥瓶。

炳然者。光明照著之貌。齊現者。無前無後同時顯現之義。教章云。一切法門於一念中。炳然同時齊頭顯現無不明了。猶如束箭。束喻一念。箭喻一切法門。相雖可比。義似未齊。會玄云。如琉璃瓶。盛多芥子。琉璃瓶內外通徹。可喻一念。以一念屬觀心。有通徹義故。盛多芥子者。芥子在瓶。有微細相容義。可喩一切法門。在一念正觀心中。有微細義。難可分析故。有相容義。同時顯現故。如來不思議境界經云。爾時世尊。在三昧中。放眉間光。未登十地諸菩薩等。遇斯光已。悉見空中諸毛端處。及微塵中。無量佛刹。如琉璃瓶。盛多芥子。蓋彼以琉璃寶瓶。喩塵毛稱性含容。以衆多芥子。喩佛刹依性容現。今借之以喩一切法門。容現於一念正觀心中。皆微細相容境也。喩微細門竟。

二喩同時門

具足同時。方之海滴。

具足同時者。謂於性海緣起法中。隨舉一法。卽攝無盡之法。華玄云。如大海一滴水。卽具百川之味。故云方之海滴。方猶比也。其意以大海中一滴。可比性海緣起中一法。以一滴具百川味。可比一法中具無盡之義。是故十玄門中。立此爲總。以旣具無盡之義。況餘九門。自應具足同時。而無礙也。喩同時門竟。

三喩相容門亦可云相入門。以彼若容此。此便入彼。此若容彼。彼便入此。故此門名標相容。而華玄釋兼涉入。

一多相入。等虛室之千光。

前十玄門中。第三云。一多相容。今云一多相入者。科下已辯。會玄云。由一與多。互爲緣起。力用交徹。交徹即相入義也。相入之義難明。取喻以顯。故置等言。等者同也。如也。會玄云。如一室內。千燈共照。燈隨盞異。一一不同。燈隨光通。光光涉入。常別常入。蓋如即是等。一室即是虛室。喻性海。室內千燈。喻性具諸法。共照者。喻諸法互爲緣起。燈隨盞異。一一不同者。喻法各有體。燈隨光通。光光涉入者。喻力用交徹。常別者。一多歷然而不混。常入者。互相容涉而無礙也。喻相容門竟。

四喻隱顯門

隱顯俱成。似秋空之片月。

隱顯俱成者。如維摩經云。卽時天女。變舍利弗令爲天女。天自化身爲舍利弗。舍利變爲天女。是舍利身隱。天女身顯。天女化爲舍利。是天女身隱。舍利身顯。然舍利本顯。變爲天女。則隱其所顯。名之爲隱。雖名爲隱。而亦不無舍利。名爲隱顯俱成。天女化爲舍利。亦如此說。此約正報言之。若約依報。則淨穢大小廣狹等。隱顯俱成。亦準此可知。片月者。缺月也。俱舍云。近日日影覆。故見月輪缺。言日行速。月行遲。行度有異。至月盡時。漸近日輪。日光赫奕。照彼月轉暎奪不現。今取暎奪一半之八九夜月。故云片月。謂一伴明。一半暗也。其義以半明喻顯。半暗喻隱。然隱不自隱。依顯而隱。顯不自顯。由隱而顯。由隱而顯。知顯時有隱。如明下有暗。依顯而隱。知隱時有顯。如暗下有明。雖暗下有明。而現爲暗覆。前於第五門中。所謂攝他。他雖存而不可見。故有隱顯門也。又秋空者。中秋之空。片月者。兩分之月。中秋之空。蒼然一色。可喻性海圓融。兩分之月。晦明相並。可喻緣起諸法。如是正以性海

緣起。能令法法皆融。故得隱顯俱成而無礙也。喻

隱顯門竟。

五喻帝網門

重重交暎。若帝網之垂珠。

帝網即喻。而云喻帝網門者。蓋是以帝網喻。喻帝網門中義耳。首云重重交暎者。即帝網門中義也。其義云何。謂於性海緣起法中。隨舉一法為能攝。即攝一切諸法。而一切諸法中。隨舉一法為能攝。亦攝一切諸法。是一法一法。皆為能攝。一切法一切法。皆為所攝。然一法一法皆為能攝者。如十法

界。皆性海緣起法也。既皆性海緣起。則一法卽一切法。故首舉天法界爲能攝。則人等九法界。皆爲所攝。次舉人法界爲能攝。則天等九法界。皆爲所攝。至三舉修羅界爲能攝。則天人地獄等九法界。皆爲所攝。至四舉地獄界爲能攝。則天人修羅餓鬼等九法界。皆爲所攝。至五舉餓鬼界爲能攝。則天人修羅地獄等九法界。皆爲所攝。至六舉畜生界爲能攝。則天人修羅地獄餓鬼等九法界。皆爲所攝。至七舉聲聞界爲能攝。則天人修羅地獄餓鬼等九法界。皆爲所攝。至八舉緣覺界爲能攝。則天人修羅地獄餓鬼畜生聲聞等九法界。皆爲所攝。至九舉菩薩界爲能攝。則天人修羅地獄餓鬼畜生聲聞緣覺等九法界。皆爲所攝。至十舉佛法界爲能攝。則天人修羅地獄餓鬼畜生聲聞緣覺菩薩九法界。皆爲所攝。此暎攝十法界。從天及人。次第言之者。爲是性海從緣已起法故。可以序列。至所攝一切諸法。唯以總言者。爲是性海無緣。未起法故。未起之法。逢緣便起。彼若起時。亦爲能攝。餘未起者。皆爲所攝。據此則未起者無盡。逢緣必起。故云重重交暎。重重者。前起後起。重重無盡也。

交暎者。交相暎現於性海中也。喻中若猶如也。帝網垂珠者。華玄疏第六云。如天帝網。珠珠明徹。互相現影。而無窮盡。會玄記第十一云。如天帝下華藏疏云。帝釋殿網。貫天珠成。先以大珠當心。次以其次大珠貫穿匝繞。如是展轉遞繞。經百千匝。若上下四面四角望之。皆行伍相當。喻諸法重重互現。以爲境界。若別喻者。上面望。見上面珠。喻已起者爲能攝。餘皆影傳。喻未起者皆爲所攝。下面望。見下面珠。喻已起者爲能攝。餘皆影傳。喻未起者皆爲所攝。東面望。見東面珠。喻已起者爲能攝。餘皆影傳。喻未起者皆爲所攝。至三面四角望者。皆以現見之珠。喻已起者爲能攝。餘皆影傳。喻未起者皆爲所攝。如是而觀。則重重交暎之旨。頓於一法中見矣。喻帝網門竟。

六喻十世門

念念圓融。類夕夢之經世。

念念者。前念與後念。圓融者。圓滿融會。謂圓滿無量劫。融會無量劫也。華玄鈔云。一念卽無量劫。（謂一念圓滿。於無量劫故。）無量劫卽一念。（謂一念融會。於無量劫故。）普賢行品云。無量無數劫。解之卽一念。喻中類猶似也。夕夢者。一夕之夢。揀非長夜。喻一念。時最少也。經世者。經於一世。揀非半世。喻無量劫。時最長。事最多也。如黃粱南柯。皆一夕之夢。經一世之事。此異聞錄所云。有足徵者。錄云。唐呂祖純陽。經邯鄲邸舍中。遇少年盧生。自歎貧困。言訖思睡。時主人方炊黃粱。呂祖探囊中。取枕示生曰。枕此則榮遇如意。生枕之。忽夢至家。娶妻崔氏。舉進士。官至中書令。封燕國公。生五子。孫十餘。壽五十年。病卒。欠伸而寤。顧呂祖在旁。主人炊黃粱猶未熟。又云。齊淳於棼。醉夢入大槐安國。見王。王命爲南柯郡。郡守。凡二十年。後以致仕。有使者送出。遂寤。尋於古槐下。見一蟻穴。即槐安國。又一穴。直上南枝。即南柯郡也。喻十世門竟。

七喻託事門

法門層疊。如雲起於長空。

法門者。一切事法。總名爲門。以能生智解故。層疊者。隨託一事。卽見一切無盡法故。此義深遠。要以喩明。故云如也。雲有多種。今是出岫之雲。謂天將雨故。天旣將雨。雲必繁興。是故依雲生雲。層疊徧起。至於長空彌綸。見者慶爲雨狀。然此乃以出岫之雲。喩隨託一法爲門。以起徧長空。喩於一法門中。卽見一切無盡法。故見無盡法。隨應爲說。可比沛然爲雨義也。喩託事門竟。

八喩主伴門

主伴遍周。例星圍於北極。

主伴者。一切諸法。互爲主伴。旣互爲主伴。則法法皆主。法法皆伴。故云徧周徧周之義難思。且置勿論。主伴之義云何。當以喻明。故云例也。例者。比例。卽同喻義。星圍北極者。論語之上云。譬如北辰居其所。而眾星拱之。北辰卽是北極。君相也。居其所。謂居天之中。凝然不動。君位相也。眾星者。周圍諸星。臣民相也。拱之者。四面旋繞。臣民歸向相也。今云星圍者。取眾星旋繞拱向。可例伴義。北極者。取北辰位極不動。可例主義。若必於例徧周之義者。但約北辰眾星所相者言之可耳。如君臣民三。皆人也。能修君德。則可以爲君。如北辰居所。能盡臣道。則可以爲臣。能安民業。則可以爲民。如衆星皆拱。據此則人人可君。並可臣民。所謂法法皆主。法法皆伴者。例此可知。本喻中。但例主伴。不顯徧周。恐疑法喻不齊。故並約辰星所相以例明徧周義也。喻主伴門竟。

九喻相卽門

彼此相卽。像百般之具。體依一金。

彼此相卽者。此若攝彼。彼便卽此。彼若攝此。此便卽彼。所謂攝他他無體。故有相卽門也。相卽之義。

難可了知。將以喻明。故置像言。像猶似也。百般之具者。餅盤釵釧。人龍鳳鳥等。凡是用金作者。皆可言之。體依一金者。正顯其是金所作也。用此爲喻者。若但言此是餅。此是盤。此是釵。此是釧等。並不言金。而觀者亦秖見餅盤釵釧等。並不見金。此喻彼若攝此。此便卽彼也。若但言此是金。並不言餅盤釵釧等。而觀者亦秖見金。並不見有餅盤釵釧等。此喻此若攝彼。彼便卽此也。華嚴經夜摩天偈云。諸法無差別。此卽彼。彼卽此也。無有能知者。用分別心故。唯佛與佛知。離徧計執。及依他起故。智慧究竟故。唯圓成實故。如金與金色。喻法與非法。其性無差別。喻此即彼，彼即此也。法非法亦然。體性無有異。此結標詞，謂諸法無差別故。喻相即門竟。

十、喻廣狹門

廣狹融通。比徑尺之鏡，影現千里。

如華嚴。不起樹王。狹也。羅七處於法界。廣也。正羅七處時。不起樹王。不起樹王時。正羅七處。故曰融。曰通。謂融無限。通無礙也。比者比配。即是喻義。徑尺之鏡者。大疏云。如一尺之鏡。現千里之影。科註云。此即千里鏡也。然私固無知。淺見寡聞。千里之鏡。名無所考。憶昔住山時。忽有客至。飯後擬登高遠望。呼家人帶千里眼隨之。晚歸余索視。乃徑尺一筒也。拋開內有三層鏡。初層大。二層次之。三層又次之。置眼上望之最遠。而得境亦最真。今云徑尺之鏡。影現千里。而科註謂卽千里鏡者。蓋尋常譌鏡爲眼耳。問。法喻配合。次第應同。今觀前之十玄。與此之十喻。前後參差。錯落不齊。何以成法喻配合之例乎。答。至相十玄。本無次第。十喻安排。前後各出。至賢首十玄。雖依次第裁成。而十喻音韻。並作對偶。難以遞易。故儀主照舊列之。其間法喻配合。要在後之覽者。略以舌辯配合。則法喻自順矣。依玄別立十喻竟。

三展轉以顯無盡

將前能起十觀門中。各具十玄。則爲百門。而此十觀。

又各互具皆含十玄。卽成千門。千中取一。亦具一千。
餘皆例爾。卽爲百萬。前二觀事。準此知之。

能起十觀門。卽指本觀中十門。能起者。對十玄爲所起故。所起在後。故說能起爲前。將字有力。指修觀人說。言修觀之人。設有智辨之力。將前能起十觀門中。每一門開十玄義。故云各具十玄。十門中各具十玄。十十成百。故云則爲百門。而此十觀者。仍指能起十觀。又各互具者。十觀中隨舉一觀。卽具餘九觀。觀觀皆然。成百觀也。皆含十玄者。百觀中皆含十玄。百十爲千。故云卽成千門。千中取一者。千門中隨取一門爲主。兼帶九百九十九門爲伴。合主伴爲一千。故云亦具一千。餘皆例爾。者。如上千門中取一。主伴合一千。既爾。其餘九百九十九門。主伴合爲九十九萬九千門。亦例此可知。故云爾也。如是則有千千門。儀中以萬數論之。故云卽爲百萬前二觀事者。通指前理事眞空二觀事法。展轉無盡之義。不欲繁分。準此知之。準古開十玄竟。

三依論出六相三　一六相圓融　二十因成就

三證入玄境　初

一卽具多名總相。多卽非一名別相。彼此不違名同相。互不相濫名異相。共相成辦名成相。各居自位名壞相。

法界宗。初祖杜順和尚。集法界觀。傳與二祖雲華大師。令其講授。後志欲弘通。偶遇異僧來謂曰。汝欲解一乘法界宗者。其十地中六相之義。可靜攝思之。言訖忽然不見。因卽淘研。豁爾貫通。隨於至相寺。製華嚴搜玄義鈔。明六相。開十玄。立五教也。

五教十玄。已如上說。所謂明六相者。一總相。今云一卽具多。二別相。今云多卽非一。三同相。今云彼此不相違四異相今云互不相濫五成相今云共相成辦六壞相今云各居自位若詳釋者然緣起法一切皆通今且略就緣成舍辯如清涼鈔云問何等是總相答舍是總相問此但椽等何者是舍答椽等卽是舍以獨能作舍故離卽不成問若爾未有瓦等應卽是舍答未有瓦等不是椽故以無瓦等對何說椽若椽等諸緣共由少力不全作者有斷常過但諸緣少力不成一全舍故舍則斷也不成執有是無因常今去一椽卽非全舍明椽全成椽卽舍也由此全成便令此椽卽栿瓦等以去於椽舍卽

便壞。則瓦栿等亦皆壞故。故此諸緣。皆卽是椽。舍方善成。一一緣既爾。餘緣亦然。故緣起法。不成則已。成則圓融。第二別相者。清涼鈔云。椽等諸緣。別於總故。若不別者。總義不成。由無別時。則無總故。是故卽以總為別也。問。若總卽別。應不成總。答。由卽別故。故得成總。如椽卽舍。故名總相。舍卽椽故名別相。若椽不卽舍。不是椽故。若舍不卽椽。不是舍故。若不相卽。總在別外。卽非總也。別在總外。卽非別也。問。若不別者。復有何過。答。有斷常過。謂若無別。卽無椽等。舍成斷故。無而執有。無因常故。下之四相各有斷常可以意得第三同相者清涼鈔云椽等諸緣和合作舍不相違故皆名舍緣非作餘物故若不同者諸緣相背則不同作舍則不成問與總何別答總相唯望一舍同則衆緣互望成力義齊第四異相者椽等諸緣隨自形類相望差別故問異應不同答由相各異長短等殊方爲舍緣同力成舍問此與別何異答別則諸緣別於一舍異則諸緣自互相望第五成相者清涼鈔云由此諸緣舍義得成故由成舍故椽等名緣不爾二俱不成問現見諸緣各住自性何因得成答由不作

舍。舍方得成。以若作舍。失本緣故。舍不得成。今由不作。諸緣現在。故舍得成。又若不作舍。椽不名緣。今旣名緣。明知作舍。第六壞相者。淸涼鈔云。椽等諸緣各住自法。本不作故。若作舍者。則失本法。舍則不成。由不作故。舍得成也。又總相者。一舍多德故。別相者。多德非一故。同相者。多義不相違故。異相者。多義不相似故。成相者。由此諸義。緣起成故。壞相者。諸緣各住自性。不移動故。會玄記引貞元疏云。一總相者。一位含多德故。卽普賢位。總含多位之一位故。二別相者。多位非是一位故。謂信住等。依止於總。滿彼總故。三同相者。多位不相違。同成總故。謂信住等同名普賢位。不依餘故。四異相者。積以諸位相望。各各異故。如信非住等。由此異故。方能同力名普賢位。然不望總名異。故與別相不同。五成相者。由此諸位。緣起成故。謂成此普賢位。則信住等名緣。要由信等。互不相作。方能成此普賢位故。六壞相者。諸位各各住自性故。謂信住等。守信住等自性。若失信住等性。則不能成普賢位故。是故由此六相。始得有圓融義。又依總同成。則說圓融。依別異壞。則說行布。六相圓融竟。

二十因成就二　一總牒　二分釋　初

能令諸法得有如是混融者。

諸法差別。難得混融。能令得有者。必非小緣。將欲釋之。故先牒之。如是混融。通指六相十玄中義也。者。卽牒定。不牒無由釋也。準廣本有問緣。有答釋。今開蒙既無問緣。故但用者字牒定。而下文卽列釋之。總牒竟。

二列釋十　一惟心所現　二法無定性　三緣起相由　四法性融通　五如幻夢事　六如影像現　七因無限量　八佛果證窮　九深定大

用　十神通解脫　初

唯心所現故。

唯心所現有二。一眞心。二妄心。眞心具德。能現諸法。性德所現。名爲性起。性起唯性。故能混融無礙。妄心隨緣能現諸法。隨緣所現。名爲緣起。緣起無性。故能隨心迴轉。唯心所現竟。

二法無定性

法無定性故。

旣唯心現。卽無定性。小非定小。大非定大。小非定小。故能容太虛而有餘。以同大之無外。大非定大。

故能入小塵而靡間。以同小之無內。如小大既爾。廣狹一多染淨等。例此可知。法無定性竟。

三緣起相由

緣起相由故。

旨歸云。謂一與多互爲緣起。相由成立。故有如此。相卽相入等。一與多互爲緣起者。一不自一。緣多而有。多不自多。緣一而有。故曰互爲緣起。無一則多無由名。無多則一無由稱。故曰相由成立。修法界觀。於此理深明諦解。故有如此相卽相入等。而無礙也。緣起相由竟。

四法性融通

法性融通故。

法性者。諸法之性。謂眞如也。華玄云。眞如旣具過恆沙德。如所起事。亦具德無盡。以眞法性。融通諸事（諸法之事）故無礙也。又法卽法相事也。性卽眞性理也。華玄云。理事抗行。（唯約理行。唯約事行。）不得事事無礙。故知有言。須彌本不有。（唯約理。）芥子舊來空。（亦唯約理。）將空納不有。何物不相容者。斯言未當耳。（以唯是理無礙故。）今明法相。如理性融通。故得無礙。可卽入也。華玄二說。前說猶似理事無礙。後說乃成事事無礙。以事如理融故也。法性融通竟。

五如幻夢事

如幻夢事故

如幻如夢。各開五法。如幻五法者。如結一巾。幻作一馬。卽有五事。一所依之巾。二幻師術法。三所現幻馬。四馬生。卽是馬死。五愚小謂有。法合者。巾喻法性。謂眞如性也。幻師術法。喻能起因緣。謂惑業等也。所現幻馬。喻依他起法。謂依正等境也。馬生卽是馬死。喻依他無性。謂他所作也。愚小謂有。喻徧計所執。謂凡夫執我。二乘執法。動相凝也。圓頓菩薩反此。故無有凝。如夢五法者。如夢修因及夢得果。亦有五事。一所依悟心。二所因寐想。三所現夢相。四有而非有。五在夢爲實。法合者。悟心喻本性。寐想喻能起之緣。夢相喻緣所起法。有而非有。喻緣起不實。在夢爲實。喻迷位執有。歷別不同。悟證反此。故即入無礙。如幻夢事竟。

六如影像現

如影像現故。

影像現者。二。現各釋。一依水現影。喻性起諸識。二依鏡現像。喻識變萬法。是故諸識與萬法。不過如影如像。妄現無實耳。迷位執有執無。心法皆成障礙。悟證如影如像。境智法爾融通。如古德引如影偈云。譬如水中影。非內亦非外。菩薩求菩提。了世非世間。不於世住出。如影現世間。入此甚深義。離垢悉明徹。不捨本誓心。智入悉齊等。普化諸羣生。令其捨眾着。私曰。如像之義。例此可知。如影像現竟。

七因無限量

因無限量故。

華玄云。因無限量者。謂因多德遠。因果相稱故。但修一緣起之因。則果中倘如緣起無礙。況有無限之因。無邊行海。皆備修也。因無限量竟。

八佛果證窮

佛果證窮故。

會玄云。由佛無分別智。冥契眞性體用。證法在已。法爾能令諸法。混融無礙。旨歸云。謂佛地善根所起之法。妙極自在。是故一卽一切。無有障礙。佛果證窮竟。

九深定大用

深定大用故。

旨歸云。深定用者。謂彼自在三昧力。故令於小處而現大法。無有障礙。如賢首品云。入微塵數諸三昧。一一出生塵等定。而彼微塵亦不增。於一普現難思刹。又云。衆生形相各不同。行業音聲亦無量。如是一切皆能現。海印三昧威神力。海印三昧。從喻受稱。謂香海澄停。湛然不動。四天下中。色身形像。皆於其中。而有印文。如來三昧。亦復如是。智海清淨。識浪不生。澄停湛寂。至靜至明。無心頓現。一切衆生。心念根欲。由此故以海印名之。深定大用竟。

十神通解脫

神通解脫故。

靈變莫測曰神。於法無礙曰通。旨歸云。菩薩諸佛勝神通力。小處現大。無所障礙。又華嚴有十神力無礙用。一謂多世界置一塵中。二謂一塵中現多佛刹。三謂眾海水置一毛孔。往返十方。不嬈眾生。四謂多世界納自身中。示現一切神通。五謂一毛繫多金剛山。持行十方。令眾不怖。六謂多劫作一劫。一劫作多劫。示現成壞差別。七謂多世界現四大變壞不惱眾生。八謂多世界三災壞時。不損眾生。九謂一手持多世界擲如是界外。不驚眾生。十謂說一切刹同虛空。令眾生悟解。據此則旨歸所說。乃略言之耳。所作無障曰解。任運無礙曰脫。不思議法品疏云。解脫有三。一智障解脫。智慧離障故。二定障解脫（禪定離障故）三業用解脫（智定離障業用無礙故）智論云菩薩有不思議解脫諸佛有無礙解脫所作無障脫離拘礙故各於一塵中頓爲微細作用十因成就竟

三證入玄境

於此圓明顯了則常入重重法界之境經云一法解無量無量中解一了彼互生起當成無所畏

首句承前出因於此者此指六相十因圓明者圓滿發明無絲毫不明處也顯了者顯然了知無絲毫擬議處也又圓滿明了尙屬比量顯然了知乃

爲現量。此通承前二科。若能於此六相十因。圓滿發明。顯然了知。是入玄之因成矣。則常句依因入玄。入有二義。一悟入。二證入。然圓明旣屬比量。應是悟入。顯了旣是現量。應是證入。而云則常者。謂當下卽入。一入乘入。因成果現。理應然也。重重法界。卽前十重玄門。謂重重卽入。咸稱法界。爲智所入。故云境也。經云下。引經證成。一法解無量者。一卽多。多入一故。無量中解一者。多卽一。一入多故。互生起者。於前緣起所由中說。此於十因之中。略舉一因。以該餘因。及於六相。但惟不能了耳。設能

了彼則常入重重法界之境施設演說都無所畏如佛無異耳通結以前別釋五門竟

三指廣顯略

以上五門散在諸部今爲開蒙略錄於此

以上五門謂時儀教宗觀也散約未集時言儀主集成一部名曰教儀未集時散在諸部如賢首有華嚴新舊兩疏起信玄談疏記一乘教義章等清涼有華嚴玄談疏鈔等圭峯有圓覺玄談疏鈔禪源詮集原人論等皆有判釋三世諸佛說法儀式外宗不能深究妄議吾宗議爲有教無觀無有斷

證等儀主不忍坐視於康熙丙午出教儀六卷欲誦之而不能已酉略成一卷卽今名開蒙者練習之以爲日課及講全本聽衆茫然因出是略本普令錄之晝夜研誦不月而豁然貫通是知儀主錄此略本原爲開蒙故自云今爲開蒙略錄於此

賢首五教儀開蒙增註卷五終

五教儀開蒙增註引論名義

大智度論一百卷

龍樹菩薩造釋大般若經富詞妙辯理精事廣西域學者無不欽崇什法師云余若廣譯千卷有餘爲秦人識劣十分存一蓋從略也

十地論十二卷

天親菩薩造釋華嚴經中十地品

彌勒菩薩所問經論六卷

解寶積經第四十一會五卷中解十二支因緣義甚詳

大乘寶積經論四卷

解寶積經第四十三會

寶髻菩薩四法經論一卷、

天親菩薩解釋大集經四十七會寶髻菩薩品

佛地經論七卷

親光菩薩造說五法爲佛地一淸淨法界二大圓鏡智三平等性智四妙觀察智五成所作智經詮

此理論詳解釋

金剛般若經論三卷

無著菩薩造論釋經以十八住分經

金剛般若波羅蜜多經論三卷

天親菩薩造論解經以二十七疑分經

金剛般若波羅蜜經破取著不壞假名論二卷

功德施菩薩造論釋經

文殊師利問菩提經論二卷

天親菩薩造論解經

妙法蓮華經優波提舍二卷此云論亦翻義門

天親菩薩略釋法華經義

法華經論二卷

天親菩薩造論釋經

遺教經論一卷

天親菩薩造論釋經

勝思惟梵天所問經論三卷

天親菩薩造論釋經

三具足經論一卷

施戒聞三具攝眾行名三具足天親菩薩造論解釋甚詳而經本未譯

轉法輪經優波提舍

經說佛成道已爲五比丘等及諸天人初轉法輪天親菩薩造論解釋

涅槃經論　涅槃經本有今無偈論
皆天親造略釋涅槃義

無量壽經論
天親依經作偈復作論釋偈說極樂功德殊勝勸
求往生詞簡義廣理事圓具

瑜伽師地論一百卷
無著請彌勒夜降閻浮光集有緣誦出十七地經
隨誦隨解經四月夜方成此論聽衆同在一堂惟
無著得近彌勒餘但遙聞而不得見梵語瑜伽此
云相應謂一切乘境行果等皆相應故一切乘卽

是三乘境謂所緣境與心相應行謂所修行與理相應果謂所得果與因相應等該一切所有皆相應故既皆相應展轉教人名瑜伽師地謂十七地一五識相應地二意識相應地三有尋有伺地四無尋有伺地五無尋無伺地六三摩呬多地七非三摩呬多地八有心地九無心地十聞所成地十一思所成地十二修所成地十三聲聞地十四獨覺地十五菩薩地十六有餘依地十七無餘依地

顯揚聖教論二十卷

無著菩薩造宣說瑜伽論中要義顯揚聖教

大乘阿毘達磨集論七卷

無著造解釋五蘊十八界六度四攝四無量行四諦三十七菩提分等法義

王法正理論一卷

彌勒菩薩造說出受王問佛言有訶諫我不眞實過失心不悔惱有讚嘆我眞實功德心亦不喜惟佛能知諸王過失功德願爲我說佛言王有九種過失一不自在二性暴惡三猛憤發四恩惠薄五受邪佞六所作不思七不顧善法八不知差別九縱任放逸無此過失爲九功德當獲一切利益安

樂

中論四卷

佛入滅後論宗紛諍龍樹大士依大般若義造論以折中無言不窮無法不盡會通眞俗無有斷常之邊見故名中論亦名中觀論謂論定於口觀辯於心非徒論也

般若燈論十五卷

以般若燈破邊邪闇與中論本同譯異

百論二卷提婆造

廣百論聖天造釋百論

廣百論十卷護法菩薩釋廣百論義

破一切滞有滞空之見妙開中道使學者了悟眞
空唐玄奘於西域法師隨聽隨譯以成十卷
十二門論一卷
龍樹菩薩造叡法師序十二者總衆枝之大數門
者開通無滞之稱窮理盡性實相之折中也
大乘莊嚴經論十三卷
無著菩薩造解釋大乘菩薩從初發心至成一切
智修習證入種種功德法門
大莊嚴經論十五卷
馬鳴菩薩造與無著大同小異

十住毘婆沙論十六卷

龍樹菩薩造大不思議論十萬頌釋華嚴經備傳西域此十六卷卽彼論釋十地中之初二也

菩提資糧論六卷

龍樹造說諸菩薩求無上菩提皆以般若波羅蜜多爲母諸佛皆由此出生故詞約義廣理圓事備

順中論二卷

龍樹造無著釋破空有二邊之執是般若波羅蜜多初品空義

攝大乘論三卷

無著造眞諦譯收攝一切大乘聖教法門要義

攝大乘論釋四十八卷

無著依本論三卷又造釋論十二卷附世親解餘兄論本義

有二攝論三釋論皆與此本同譯別

佛性論四卷

天親造解釋佛說一切眾生皆有佛性論十品說

自性十相

決定藏論三卷

顯了大乘全量八識心境分量善惡因果論述此

理決定無移無作論人

辯中邊論頌

彌勒說執空執有爲二邊分別有於此二都無此

中惟有空等

中邊分別論二卷　辯中邊論三卷

世親造釋彌勒中邊論頌

究竟一乘寶性論四卷

顯示第一義諦佛性體相德用等不顯造者

大乘成業論一卷　業成就論一卷

本同譯別天親菩薩造說一切造善造惡生聖處

墮惡道皆不離三業而得成就三業者身口意也

因明正理論一卷　因明正理門論一卷

陳那菩薩造本同譯別此論抗辯標宗摧邪顯正彼時有一外道化爲石陳那立論難彼弟子不能答書於石石卽答出再難三日答出復再難乃至七日不卽答出大吼一聲破爲粉碎西域轟傳陳那有吼石之力也

大乘起信論三卷 二譯

馬鳴菩薩造以何因緣而造此論爲顯示摩訶衍法令人發起信樂故

大乘掌珍論二卷

清辯師造謂發明大乘空理如觀掌珍故

成唯識論十卷

天親菩薩攝瑜伽本地分義集施三十頌護法等十師相次造論釋義唐玄奘法師欲將十釋別翻基師請綜十文合爲一本此論三分成立唯識是故說爲成唯識論

大乘百法明門論

天親菩薩造於瑜伽六百六十法中提綱挈領取此百法者此論主急於爲人而欲學者知要也

後附

華嚴經品會大義

賢宗後學通理述

夫一眞法界。契證獲毘盧之果。萬行莊嚴。修習成普賢之因。因乃卽果之因。果亦卽因之果。卽因之果無盡。卽果之因靡涯。故一字法門。竭海墨而難書。微塵經卷。罄大千而莫展。是知大方廣佛華嚴經者。乃無盡修多羅之總名也。在龍宮有三本。上本有十三千大千世界。微塵數偈。一四天下微塵數品。中本有四十九萬八千八萬偈。一千二百品。下本有十萬偈。四十八品。然以眞道多秘。瑯函久貯於龍宮。至寶難藏。

龍樹偶覩於梵本嗟彼中上非閻浮心力所及誦茲下本與法界含識爲宗今所傳者又下本之畧也晉譯微言先賢頗得其傳唐翻靈篇後哲罕窮其奧廣文難閱大疏宴窮每欲挈領提綱自慚學疏智淺閒閱綸貫綸貫舛於文理時呈管窺管窺昧乎天心今見大鈔品會次第乃恍焉自失而豁然有得也鈔云夫聖人設教必有其漸將欲命乎微言先說三種世間嚴事爲九會之都序起大法之源由故受之以世主妙嚴品同諸經之序分二由致既彰將陳正說海衆興念舉其問端如來將酬先現瑞相口光遠召菩

薩來儀毫光普燭示說法主震動剎網以警羣機佛前現花表說依果暢白毫出衆彰教從佛流總爲說法之端倪故受之以如來現相品三瑞相既著法主將宣如來長子卽普賢菩薩毫光旣示懸解聖心欲顯難思先明入定內觀事理外鑒根宜上感佛加下爲物軌故受之以普賢三昧品四旣入至定諸佛讚揚定起發言言必眞當先陳如來依報總說剎海源由故受之以世界成就品五成就乃總明剎海次別彰本師昔所嚴淨安布成立無盡莊嚴量等虛空塵含法界故受之以華藏世界品六依報殊勝必有所

由其猶源遠流長根深果茂故說昔爲太子歷事難思備修勝因嚴淨剎海卽舉人顯法故受之以毘盧遮那品上之六品總明所信因果爲第一會亦名舉果勸樂生信分也次第二會有六品者七由上所信方舉依果欲起深信復須識正故先明如來三業正報謂身語意身是其總故先明之應物成身隨宜立號故受之以如來名號品八言隨物欲廣說法輪展四諦之法門名周法界一一世界各有百億十千之名故受之以四聖諦品九身語既彰意業將顯意玄叵測仍帶身明故足輪放光照事警物文殊普徧說

智光明雙照事理警令悟入身智二照合為一光令
二覺齊圓故受之以光明覺品十上之三品復為所
信正報之果次當正說十信法門有解行德先明解
窮玄致謂十甚深十首菩薩互相激揚故受之以菩
薩問明品十一既有正解復須正行歷境造修悲智
雙運無障不寂故受之以淨行品十二解行既圓便
成勝德住於圓位以圓功德而自莊嚴以圓力用建
立眾生賢首說此故受之以賢首品上之三品明十
信法第三會六品者第十三由上十信已周將說住
故不動覺樹而生釋天體用無方赴於物欲其猶澄

江一月。三舟共觀。一舟停住。一舟南北。南者見月千里隨南。北者見月千里隨北。停舟之者。見月不移。是謂此月不離中流而往南北。如來應現類此可知。即體之用。無不普周。去住在緣。佛無動靜。不動而徧。以赴彼機。故受之以昇須彌山頂品十四。既至彼天。菩薩雲集。讚揚佛德。顯住體深玄。故受之以須彌頂上偈讚品十五。感應已交。正陳所說。明信滿入位。得正定心。以深般若住於眞理。故受之以十住品第十六。十住是位別行不同。若欲通修。皆須淨行。故觀十種境。入甚深觀。觀法盡也。正法當興。惑智亡也。眞智方起修佛十力。起四等心。悲智雙流。初發心時便成正覺。故受之以梵行品。十七。行位既具。次彰勝德。十住之德。後後過前。但明初住。以況於後。初發心住。德已難量。由無分齊。等虛空界。舉斯勝德。勸物發心。故受之以初發心功德品。十八。自分已圓。將趣十行。說於明門。依爲勝進。故受之以明法品。第四會四品者。第十九。上之六品。十住已圓。將欲說行。亦須赴感。故受之以昇夜摩天宮品。二十。佛既赴感。助化讚揚。顯十行體。皆以佛智。故受之以夜摩宮中偈讚品。二十一。由致既彰。正說中賢十行之位。故受之以十行品。二十二自分已終欲階後位蘊積衆行擬將迴向故受之以十無盡藏品第五會三品者二十三前中第四會行德既具將說迴向說主赴感故受之以昇兜率天宮品二十四十方雲集助化讚揚顯迴向願皆以佛智故受之以兜率宮中偈讚品二十五由致既彰正說上賢十向之行謂迴向三處而無障礙大悲普覆故迴向衆生大智上求故迴向菩提入理雙寂故迴向實際三無前後大願普周故受之以十迴向品上之三品已周上賢離進趣相故無勝進第六會一品者卽第二十六十地一品謂上之三會三賢既具

解行願周親證眞如有十重勝德如地普載生成萬物若四河入海同趣佛智寶珠十德漸漸增修大地十山嶷然高出大海十德德該通爲諸如來微妙智業故受之以十地品第七會十一品者第二十七十定品謂十地旣滿將成正覺十地勝進立等覺名等覺法門量同法界畧申數義以顯深玄先明十定窮盡法源能爲通用智慧之本故受之以十定品二十八依定之用量周法界故受之以十通品二十九定通難量特由智極故終明智慧玄奧宏廣故受之以十忍品忍卽智也三十上定通智用一一難量若

欲較量非數能數故須歷數至不可說積不可說以至十重較量等覺功德難知以況妙覺位德微細阿僧祇為大數之首故受之以阿僧祇品三十一僧祇所說微細難知念劫圓融剎那莫窮其際塵剎該攝一塵有無盡普賢今畧陳指事明窮一切時故受之以如來壽量品以劫為日後後倍前剎劫難窮一切時佛壽亦爾故云壽量三十二復明徧一切處上就實說塵塵皆是諸佛菩薩所居今指事明麁令歸心自在故受之以菩薩住處品三十三佛不思議法品上之六品只辨等覺法門等覺義周終明妙覺妙覺

之果畧有二義。一不可說。二可寄言。寄言之中。復有
二義。一差別說。二平等說。差別說者。卽次下三品。酬
前諸因。因果別故。初總明佛德。逈超言念。故受之以
佛不思議法品。三十四。次辨身相普周。總有十蓮華
藏世界海微塵數相。一一相用。徧周法界。深廣難測。
故受之以如來十身相海品。三十五。大相既爾。隨好
更多。一一好中有多光明。一一光明用周法界。破地
獄苦。生兜率天。三重頓圓。十地速滿。彰其此用。故受
之以隨好光明功德品。三十六。上皆差別因果。次有
二品。明平等因果。謂因無異果之因。果無異因之果。

因果交徹。平等不二。不二而二。因果歷然。因卽普賢行門。故受之以普賢行品。三十七。明果卽十門出現。性起圓融。故受之以如來出現品。上之六會。總辨修因契果生解分竟。第八一會唯一品者。卽離世間品。由上差別平等因果生解既終。今躡解成行。六位頓修辨二千行門。一時齊起。而處世無染。故受之以離世間品。第九會唯一品者。卽入法界品。進望上文。大行既具。則證法界。遠取諸會。信解行願。本在於證。依入證入。故次辨之。如來自入師子頻申三昧。卽果法界。令諸大眾。頓證法界。善財歷位。漸證法界。頓漸本未融會。皆證法界。故受之以入法界品。是知無盡教海。唯證相應。無盡法門。自此畧畢。然雖至教難思。眞宗莫議。苟得其要。乃無廣而不收。旣辨其宗。雖多言而有會。一識完璧。不見全牛。劃然契遮那之心。稽首禮清涼之祖。無任慶躍。徧告同參。各書一紙。日三復而無虧。再覩全文。省百城而遍歷。更冀互相授受。展轉傳聞。同爲華藏莫逆艮朋。共作法海無上慈渡。則華嚴一燈。當明明無盡矣。

國家圖書館出版品預行編目資料

賢首五教儀開蒙增註 / （清）通理法師撰述. -- 1 版. -- 新北市：華夏出版有限公司, 2023.08
面； 公分. -- （圓明書房；017）
ISBN 978-626-7296-21-9（平裝）
1.CST：華嚴宗 2.CST：佛教儀注

226.34 112004234

圓明書房 017
賢首五教儀開蒙增註

撰 述 （清）通理法師
印 刷 百通科技股份有限公司
電話：02-86926066 傳真：02-86926016
出 版 華夏出版有限公司
220 新北市板橋區縣民大道 3 段 93 巷 30 弄 25 號 1 樓
電話：02-32343788 傳真：02-22234544
E-mail： pftwsdom@ms7.hinet.net
總 經 銷 貿騰發賣股份有限公司
新北市 235 中和區立德街 136 號 6 樓
電話：02-82275988 傳真：02-82275989
網址：www.namode.com
版 次 2023 年 8 月 1 版
特 價 新台幣 1080 元（缺頁或破損的書，請寄回更換）

ISBN： 978-626-7296-21-9